기독교문서선교회(Christian Literature Center: 약칭 CLC)는 1941년 영국 콜체스터에서 켄 아담스에 의해 시작되었으며 국제 본부는 미국 필라델피아에 있습니다.
국제 CLC는 59개 나라에서 180개의 본부를 두고, 약 650여 명의 선교사들이 이동 도서차량 40대를 이용하여 문서 보급에 힘쓰고 있으며 이메일 주문을 통해 130여 국으로 책을 공급하고 있습니다. 한국 CLC는 청교도적 복음주의 신학과 신앙 서적을 출판하는 문서선교기관으로서, 한 영혼이라도 구원되길 소망하면서 주님이 오시는 그날까지 최선을 다할 것입니다.

추천사

신 원 하 박사
고려신학대학원 원장

2021년 현재 한국 교회와 신자들은 몇 가지 뜨거운 사회 문제에 직면해 있다. 그중 대표적인 것이 동성애 문제, 환경 문제, 그리고 코로나19와 같은 전염병 문제이다. 포스트모더니즘이라는 시대 사조의 영향 아래 있으며, 심각한 환경오염과 코로나19 전염병을 경험하고 있는 신자들은 현재 이 이슈들에 대한 성경적 해답이 그 어느 때보다 필요하다.

이런 상황에서 구약학자 신득일 교수가 이 주제들을 정면으로 다루고 성경적으로 분석한 책을 발간한 것은 반갑고 감사한 일이 아닐 수 없다.

이 책은 크게 세 부분으로 구성되어 있다.

제1부는 성경과 과학에 관해 다루는데, 최근 진화론적으로 지구 및 인류의 기원을 설명하며 심지어 기독교 신앙을 부인하는 그릇된 과학적 접근에 대항해 어떻게 성경과 과학이 조화를 이룰 수 있는지를 보여 준다. 이를 위해 저자는 독자가 기독교 험증학에 따른 올바른 과학적 변증을 통해(1장), 성경 언어의 특수성을 잘 이해하는 가운데 성경과 과학을 바르게 연결짓고 성경적 진리를 파수해야 함을 강조한다(2장).

제2부는 최근 우리 사회에서 가장 뜨거운 이슈로 다뤄지고 있는 동성애와 차별금지법과 관련한 동성애 및 동성결혼 주제를 다룬다. 저자는 우선 창세기 1-2장이 창조질서의 관점에서 동성결혼을 결코 허용하지 않음을 단언한다(3장). 다음으로 해석상 논란이 있는 창세기 19장에 나오는 소돔의

극심한 죄는 동성애를 포함하고 있으며(4장), 레위기 18:22 및 20:13의 율법 조항 역시 동성애를 심각한 죄로 간주할 뿐만 아니라 이 규정이 오늘날에도 여전히 유효함을 역설한다(5장). 나아가 일부 학자들이 다윗과 요나단의 사랑을 동성애적 차원에서 읽는 것과 관련해, 다윗과 요나단을 다루는 사무엘상·하 본문은 동성애와 무관하며 오히려 다윗과 요나단의 깊은 신뢰와 우정을 나타냄을 입증한다(6장).

제3부는 구약 관점에서 여러 사회적 이슈를 다룬다. 우선 구약 모세오경이 말하는 '희년'(7장), '땅'(8장), '외국인'(9장) 규정 등의 의의를 논한 뒤, 신약 시대와의 연관성과 현대 사회에서 어떻게 그 정신을 구현할 수 있는지를 살핀다. 나아가 환경오염과 생태계 파괴에 대한 인간의 책임과 의무와 더불어(10장), 전염병 문제를 어떻게 바라봐야 하는지를 기술한다(11장).

제3부의 내용은 현재 지구촌과 우리 사회의 시민들이 엄청난 고통을 당하고 있는 코로나19 팬데믹 국면과 매우 밀접한 관련이 있다. 생태와 환경의 문제도 코로나19와 간접적으로 연결되어 있다는 것이 현재 학자들의 중론이다. 특별히 전염병 문제는 코로나19와 직접적 관련이 있어 더욱 적실성이 있는 주제이다.

전염병의 원인과 성격 등에 대한 구약적 분석을 제시하고 이를 근거로 오늘날 전염병의 성격과 의미를 분석하며 이 빛에서 현재 성도들이 이 국면을 어떻게 대처해야 할 것인지를 다룬 11장은 매우 도움이 될 것이다.

이 책은 현대 교회와 성도들이 직면한 여러 사회 이슈에 대한 성경적 통찰을 제공한다. 특히 신구약 전체를 아우를 뿐만 아니라, 옛 언약과 새 언약의 관점에서 현대를 살아가는 우리에게 각 주제가 어떻게 연결되고 적용될 수 있는지를 명쾌하게 알려 주는 안내서이다. 현대 사회 이슈들을 제대로 이해하고 바르게 설교하기를 원하는 목회자들, 나아가 이 주제에 대한 성경적 해답을 찾기 원하는 성도들에게 이 책을 강력히 추천한다.

이 저술을 위해서 연구비를 지원한
고현교회(박정곤 목사)에
이 졸저를 바칩니다.

구약과 현실 문제

Old Testament and Actual Problems
Written by Deuk-il Shin
All rights reserved.
Korean Edition Copyright ⓒ 2021 by Christian Literature Center, Seoul, Korea

구약과 현실 문제

2021년 4월 30일 초판 발행

지 은 이 | 신득일

편　　집 | 전희정
디 자 인 | 장정훈
펴 낸 곳 | (사)기독교문서선교회
등　　록 | 제16-25호(1980.1.18.)
주　　소 | 서울특별시 서초구 방배로 68
전　　화 | 02-586-8761~3(본사) 031-942-8761(영업부)
팩　　스 | 02-523-0131(본사) 031-942-8763(영업부)
이 메 일 | clckor@gmail.com
홈페이지 | www.clcbook.com
송금계좌 | 기업은행 073-000308-04-020 (사)기독교문서선교회
일련번호 | 2021 - 37

ISBN 978-89-341-2272-2 (93230)

이 책의 저작권은 저자와 (사)기독교문서선교회가 소유합니다. 신저작권법에 의하여 한국 내에서 보호 받는 저작물이므로 무단 전재와 무단 복제를 금합니다.

구약과 현실 문제

신득일 지음

Old Testament and Actual Problems

CLC

목차

추천사
    신원하 박사 | 고려신학대학원 원장   1

저자 서문   9

약어표   11

제1부   성경과 과학   13
   제1장   기독교 험증학의 가치와 한계   14
   제2장   성경 언어와 과학   32

제2부   구약과 동성애   46
   제3장   하나님의 창조질서와 동성결혼   47
   제4장   소돔의 죄   66
   제5장   구약의 동성애법   97
   제6장   다윗과 요나단의 관계   120

제3부   구약과 사회 문제   141
   제7장   희년 윤리   142
   제8장   구약과 땅(토지)   160
   제9장   구약과 다문화   181
   제10장 구약과 생태계   199
   제11장 구약과 전염병   223

저자 서문

신 득 일 박사
고신대학교 구약학 교수

구약성경의 계시는 수천 년 전 고대 이스라엘 민족에게 주어졌지만, 현대 사회에도 여전히 현실적이다. 현대 사회의 수많은 문제에 대한 질문에 대해 다양하고 포괄적인 신학적 해결책이 세시되었지만, 그 출발점은 역시 구약성경이 될 것이다.

이 책은 최근 사회에서 이슈가 되고 있는 다양한 문제를 열한 개의 주제를 따라서 정리했다. 이 글들은 대부분 이미 논문으로 소개되었지만, 독자에게 더 친근하게 다가가기 위해 이번에 책으로 출판하게 되었다.

과학과 관련된 두 개의 글은 창조과학회 세미나에서 그 학회의 방향을 제시하기 위해 발표한 것이고, 동성애에 관한 글은 한국에 이 문제가 사회 문제로 드러나기 전부터 쓰기 시작했다. 토지와 환경, 다문화와 같은 사회 문제와 관련된 다양한 이슈는 실제적 문제 해결을 위한 제시라기보다는 구약이 그 주제에 대해 무엇을 가르치고 있는가를 주석을 통해 드러내려고 시도했다.

이 책에서 독자는 구약성경 해석의 중요한 원리를 발견하게 될 것이다. 그것은 언어적 문제뿐만 아니라 계시 역사 발전을 따른 옛 언약과 새 언약 시대 간의 연속성과 불연속성이라는 관점을 적용한 해석이다. 이 관점은 구약에서 다른 주제를 다룰 때도 그대로 적용될 때 정당한 구약 해석이 될 것이다.

출판계의 어려운 여건 가운데서도 이 책의 출판을 쾌히 허락해 주신 기독교문서선교회(CLC)의 대표 박영호 목사님께 감사드리며, 교정을 도와준 고신대학교 교목실 박은규 목사에게도 감사를 표한다. 이 책이 현대인의 사회 문제를 해결하는 데 도움이 되기를 바란다.

해운대에서

약어표

AB	*Anchor Bible*
ASV	*American Standard Version*
BKAT	Biblischer Kommentar Altes Testament
ESV	*English Standard Version*
OTL	Old Testament Literature
NICOT	*New International Commentary on the Old Testament*
ABD	*Anchor Bible Dictionary*
ANF	*Ante-Nicene Fathers*
CAD	*The Assyrian Dictionary of the Oriental Institute of the University of Chicago*, ed. John A. Brinkman, et. al. (Chicago: The Oriental Institute, 1980).
DCH	*The Dictionary of Classical Hebrew*, ed. Clines, D. J. A. (Sheffield, England: Sheffield Academic Press; Sheffield Phoenix Press 1993–2011)
GCHLOT	*Gesenius' Hebrew and Chaldee Lexicon to the Old Testament Scriptures.*
GNT	*Good News Translation*
HALOT	*The Hebrew and Aramaic lexicon of the Old Testament* by Koehler, L. et. al. (Leiden: E.J. Brill. 1994–2000)
IDB	Suppl. *The Interpreter's Dictionary of the Bible Supplement*
JETS	*Journal of the Evangelical Theological Society*

JSOT	*Journal for the Study of the Old Testament*
KJV	*King James Version*
NASB	*New American Standard Bible*
NCV	*New Century Version*
NIV	*New International Version*
NKJV	*New King James Version*
NRSV	*New Revised Standard Version*
TDOT	*Theological Dictionary of the Old Testament* by G. Johannes Botterweck and Helmer Ringgren, trans. John T. Willis, (Grand Rapids, MI; Cambridge, U.K.: William B. Eerdmans Publishing Company, 1994-2000)
VT	*Vetus Testamentum*
THAT	*Theologisches Handwörterbuch zum Alten Testament*
ThWAT	*Theologisches Wörterbuch zum Alten Testament*
TLOT	*Theological Lexicon of the Old Testament*
TWNT	*Theologisches Wörterbuch zum Neuen Testament*
ZAW	*Zeitschrift für die Alttestamentliche Wissenschaft*

제1부
성경과 과학

제1장
기독교 변증학의 가치와 한계

제2장
성경 언어와 과학

제1장

기독교 변증학의 가치와 한계*

1. 변증학의 의미와 사명

역사적으로 기독교 신학이 하나의 학문으로 형성되고, 인정받기 전에는 기독교 교리와 진리에 관한 논의는 '변증학'(apologetics)의 범주 속에서 이루어졌다. 초대 교회가 몇 세대에 걸쳐서 이교 문화권으로 확장해 감에 따라서 그리스도인은 기독교의 진리를 이해하지 못하는 교회 바깥 세력에게서 사상적으로 멸시당하고, 심지어는 종교적 박해를 받게 되었다.

여기서 비기독교적 사상이나 이교 철학에 대해 기독교 신앙과 진리를 옹호하는 변증가들이 등장하게 되었다. 초기 변증가들은 기독교 진리가 헬라 철학에 못지않은 고상한 사상임을 부각하기 위해 성경의 핵심 내용이 헬라 사상과 다르지 않다(Justin)는 것을 강조하기도 하고,[1] 또 기독교 진리의 순수성과 독특성을 인식시키기 위해 기독교의 영원한 진리는 인간 사색의 산물인 철학과는 전혀 무관하다(Tertullian)는 입장을 취하기도 했다.[2]

이렇게 기독교 변증학은 기독교회와 신앙이 다른 이질적 사상의 공격을 받았을 때 기독교의 반응으로 생겨난 역사적 부산물이라고 볼 수 있다. 이

---

*   이 글은 「고신대학교 논문집」, 제24집(1997)에 실린 논문이다.
1   H. Berkhof, *Christian Faith* (Mich.: W. B. Eerdmans Publishing Company, 1990), 51.
2   W. Pannenberg, *Grundfragen systematischer Theologie* (Göttingen: Vandenhoeck & Ruprecht, 1971), 238.

학문을 한마디로 정의하면 이렇게 말할 수 있다.

> 변증학은 비기독교적 삶의 다양한 철학의 유형에 대항하여 기독교적 삶의 철학을 옹호하는 학문이다.[3]

그렇지만 변증학이 신학 과목에 속하는지는 논란의 여지가 있다.[4]
사실 기독교 험증학(Christian Evidence)도 변증학과 같은 기능과 목적을 가진 학문이다. 그래서 험증학은 넓은 범주의 변증학에 속한다. 변증학이 철학을 다루는 학문이라면, 험증학은 사실을 다루는 학문이다.[5] 변증학은 철학적이고, 사상적으로 연구하는 반면에 험증학은 역사적이고, 검증적이라는 측면에서 이 둘은 구분되지만, 끊임없이 상호관계를 유지해야 한다.

험증학은 변증학에 비해 새로운 학문 분야라고 할 수 있다. 그것은 자연 과학의 발달과 함께, 그리고 그에 뒤따르는 기독교의 반응으로 나타났기 때문이다. 과학적 연구 결과가 기독교 신앙에 치명적 공격을 가한지는 그렇게 오래되지 않았다. 다시 말하면 변증학의 등장과 유사한 상황에서 험증학도 기독교 신앙과 성경의 진리를 방어하고 옹호하기 위해 출현하게 되었다. 그것은 천체 물리학과 지질학 그리고 생물학과 같은 과학적 발달

---

3   C. Van Til, *Apologetics*, Syllabus in Westmister Theological Seminary, ND, 1.
4   화란 깜뻰신학교(Theologische Universiteit Kampen) 철학 교수였던 K. Veling 교수는 1995년 6월 "변증학적 동기"(Apologetisch motief)란 은퇴 기념 강연에서 "변증학의 임무는 여러 가지 논증을 사용하여 신앙을 옹호하는 것"이라고 하며 반틸과 같이 변증학의 철학적 성격을 강조했다. 반면에 화란 아뻴도른신학교(Theologische Universiteit Apeldoorn)의 윤리학과 직분학 교수였던 W. H. Velema는 모든 신학 과목이 변증적 사명이 있음을 지적하면서, 변증학을 신학의 네 번째 분과에 속하는 직분학(실천신학)으로 분류했다. W. H. Velema, *De taak van de aplogetiek in de hedendaagse theologie* (Apeldoorn: Theologische Universiteit, 1996), 53-54. V. Hepp는 개혁주의 변증학과 개혁주의 교의학과의 긴밀한 상호 관련성을 강조했다. V. Hepp, *Gereformeerde Apologetiek* (Kampen: J.H. Kok, 1922), 30-35.
5   Van Til, Apologetics, 2. C. Van Til, *Christian-Theistic Evidences*, Syllabus in Westminster Theological Seminary, 1961, i.

의 결과가 무신론적 입장을 지지하고, 성경의 핵심 교리와 대치되면서 본격화되었다.

주전 2세기 알렉산드리아의 수학자이자 천문학자였던 톨레미(Ptolemy)가 모든 천체는 지구를 중심으로 운행한다는 천동설을 주장한 이후 인류는 천 년 이상 이 우주관을 가지고 있었다. 이 이론은 르네상스 시대의 폴란드 천문학자 코페르니쿠스(Nicolaus Copernicus, 1473-1543)가 지구와 다른 혹성들은 태양을 중심으로 돈다는 지동설을 발전시키기까지 인정되었다.[6] 지동설에 관한 주장이 있고 난 뒤에도 교회는 전통적 우주관으로 만족하고, 천동설이 성경의 내용과 같은 것으로 생각했다. 그것은 당시의 가톨릭교회가 코페르니쿠스의 주장을 따르던 이탈리아 천문학자 갈릴레오(Galilei Galileo, 1564-1642)를 종교재판에 부쳐서 정죄한 사건만 보아도 알 수 있다.[7] 이때만 해도 교회는 전통적 권위로써 험증학적 입증을 대신하고 있었다.

17-18세기 유럽의 지성계를 휩쓸었던 자연신론(deism)은 자연과학이 완전한 무신론으로 가는 길을 제공했다고 볼 수 있다. 이신론(理神論)이라고도 하는 자연신론은 이성에 근거한 신념으로서 하나님이 세상을 창조하셨지만, 자연계와 인간 역사에 간섭하지 않고 손을 떼시는 대신 합리적 자연법칙을 따라서 세상이 운행되도록 하셨다는 것이다. 여기에는 하나님의 섭리나 초자연적 계시나 자연현상에 대한 초월적 영향은 제외된다.

이런 견해에 대해 전통적 입장을 고수하는 사상가들은 "바른 이성은 계시의 진리와 항상 조화가 된다"는 아퀴나스(Thomas Aquinas)의 도식 안에서 이성과 계시를 설명하려 했다.[8] 즉 자연적 이성은 종교적 진리로 인도하고, 초자연적 계시는 같은 두 진리를 보다 더 명료하게, 효과적으로 가

---

6 Anthony M. Alioto, *A History of Western Science* (Englewood Cliffs, New Jersey: Prentice Hall, 1993), 179.
7 Alioto, *A History of Western Science*, 216.
8 Cf. Pannenberg, *Grundfragen systematischer Theologie*, 244-245.

르치도록 보완하는 데 필요한 것이다. 자연종교와 계시종교가 다 타당성이 있다는 것인데(Butler),[9] 사실 이런 변증은 계시를 약화하는 것으로 성경에 입각한 올바른 험증학적 태도로 받아들일 수 없다.

이와 때를 같이하여 지질학에서는 지구의 모든 현상은 처음 시작부터 현재까지 똑같이 일정하게 작동해 온 결과라고 하는 균일론(uniformitarianism)에 근거해서, 지층과 화석을 분류함으로써 지구의 연대를 추정해 지질연대표(geological column)를 만들었다(J. Hutton, C. Lyell).[10]

이 분류표는 지층 간의 연대를 수백만 년으로 추정한다. 화석분류를 통해 자연법칙과 자연현상의 변화 과정을 설명할 수 있다는 생각은 다윈에게도 적지 않은 영향을 미쳤다.[11] 다윈의 『종의 기원』(1859)이 출판되었을 때 사람들은 생명체의 기원과 발달에 대해 이해할 만한 설명을 기대하며 환영했다.[12] 진화론은 당시의 시대정신을 반영한 것인데, 이 이론은 생물학 영역에만 머물러 있지 않고, 지질학은 물론 천문학, 인류학, 종교, 역사에까지 적용되었다.

예를 들어, 지질학에서는 1858년에 스나이더(Atonio Snider)가 모든 대륙은 하나로 연결되어 붙어 있었다는 지각구조론(tectonic theory)을 말했을 때는,[13] 그것이 성경 내용과 관련되었다(창 1:9; 10:25)는 이유로 사람들의 관심을 끌지 못했으나, 1930년대 독일 기상학자 베거너(Alfred Wegener)가 진화론을 적용해 수백만 년 전의 점차적인 지각변동으로 인한 대륙 이동설(continental drift)을 주장했을 때는,[14] 그 가설이 비평과 함께 과학자들의 관심 대상이 되었다.

---

9   Van Til, *Christian-Theistic Evidences*, 5.
10 A. Hallam, *Great Geological Controversies* (Oxford: Oxford University, 1983), 300-303.
11 Hallam, *Great Geological Controversies*, 306.
12 Wayne Frair & P. Davis, *A Case for Creation* (Chicago: Moody Press, 1983), 12.
13 Hallam, *Great Geological Controversies*, 113.
14 A. Wegerner, *The Origin of Continents and Oceans* (New York: Dover, 1966); Davis A. Young, *Creation and the Flood* (Grand Rapids, Mich.: Baker Book House, 1977), 199.

천문학은 별의 진화를 적용해, 신성이 거성으로 변한다고 하며(물론 진화를 단순한 발전 개념으로 보고 별의 생애를 논하는 것은 가능성이 있을 것이다), 우주가 생성할 당시 대폭발(Big-bang)이 있었다고 하는데, 그 연대를 10억 년 이전으로 잡는다.[15] 그리고 그 폭발은 지금도 계속 진행되어 우주가 팽창하고 있다고 주장한다. 달리 말하면, "창조는 아직 끝나지 않았다" 그리고 "우리는 창조의 목격자"라는 결론이 나온다.[16]

과학은 이런 식으로 하나님을 떠나서, 이제는 과학적 연구 활동이 일종의 종교적 캠페인이 되었다. 과학이 세운 종교는 한마디로 "세속적 인본주의"라고 할 수 있다. 미국의 과학자 헤이거(Dorsy Hager)는 이렇게 말했다.

> 초기 지질학자들은 사람들을 성경의 창조에서 해방하기 위해 싸웠다. 그러나 아직도 수백만의 사람들이 성경을 과학의 최종적 결언으로 받아들이는 무식한 사람들의 호통에 지배를 받아 정신적으로 예속되어 살아가고 있다 (1957).[17]

과학은 성경과 하나님을 대적하는 무신론을 선언하기에 이르렀다. 1962년 "유전 코드"(DNA 분자 중의 화학적 기초 물질의 배열)를 밝혀 내 노벨상을 받은 크릭(Francis H.C. Crick)은 "나는 하나님이 존재하지 않는다는 것을 증명하기 위해 과학자가 되었다"라고 했다.[18]

현대인은 과학 시대를 살아가고 있다. 이 말은 꽁뜨(Auguste Comte, 1798-1857)의 말대로 종교적 시대, 형이상학적 시대를 거쳐 이제는 과학(실증주의) 시대가 되었다는 뜻은 아니고, 다만 현대인이 과학 발달과 첨단 기술이 제

---

15   "Big-bang model", in *The New Encyclopaedia Britanica* 15th Ed., London, 1995, p. 205.
16   F. L. Boschke, *Die Schöpfung ist noch nicht zu Ende* (Düsseldorf: Econ-Verlag GMBH, 1962), 65.
17   Philip, Stott, *Is it really true?*, Juvannadi Christian Video Lecture.
18   Stott, *Is it really true?*

공하는 온갖 혜택을 누리는 시대에 살고 있다는 뜻이다.

현재의 과학적 연구 활동은 대다수가 성경과 무관하게 중립적 입장을 표방하는데 그 근본은 무신론적 입장이다. 사람들은 과학에 더 많은 신뢰와 기대를 하고 있다. 생명복제와 컴퓨터(인공지능)가 하나님의 위치에서 인류가 당면한 문제를 해결해 줄 것으로 전망하기도 한다. 하나님 없는 과학이 바벨탑을 쌓아 하나님을 대적하고 있는 이때,[19] 기독교는 반응해야 할 것이다. 이제는 더 지질학과 생물학과 같은 학문이 아직 어린 학문이라서 연구가 미진하다는 안일한 태도를 보일 수만은 없는 시대가 되었다.[20]

하나님의 창조세계는 하나님의 창조목적에 걸맞게 하나님의 영광을 드러내야 한다. 이를 위해 험증학이 필요하다. 험증학은 과학 연구를 통해 인본주의에 근거한 과학적 가설과 이론이 허구임을 드러내고, 하나님의 존재와 성경에 기록된 사건의 진의성을 증명해야 할 임무가 있다. 물론 하나님의 존재를 성경과 관계없이 자율적 권위로 증명할 수 없다.

여기서 증명이라는 것은 확신이나 이해시키는 것과는 구분해 사실을 '객관적'으로 제시하는 것을 말한다. 비기독교인들은 수용하지 않겠지만 자연의 통일성과 만물의 일관성은 하나님의 존재를 입증해 주는 것 외에 달리 설명할 길이 없다.[21] 이 증명이 하나님의 존재를 인식하게 하는 데는 특별계시에 의존해야 하는 것은 당연하다.

그리스도인 과학자는 학문 활동을 통해 하나님을 향한 언약적 임무와 고백을 수행해야 한다. 예를 들어, 그는 우연적 비합리성에 근거한 우주론을 학문적으로 지적하고, 지질학적 연대의 산출 근거가 허술하며 진화론이 "세속적 신화"(John Durant, 1980)이자 "어른을 위한 동화"(Louis Bouroune, 1984)에 불과하다는 진술을 과학적 검증으로 밝혀야 할 사명이 있다.[22]

---

19 E. Schuurman, *Technology and the Future* (Toronto: Wedge Publishing Foundation), 1980.
20 H. Bavinck, *Gereformeerde Dogmatiek* II (Kampen: Kok, 1928), 446.
21 Van Til, *Apologetics*, 64-65.
22 Stott, *Is it really true?*

이렇게 험증학은 기독교인의 삶의 근거를 제거하려는 인본주의 과학의 도전에 대해 과학적으로 변증함으로써 성경의 진리를 옹호할 뿐만 아니라 하나님의 진리에 근거해 진정한 과학이 무엇인지를 보여 주는 것을 그 사명으로 한다.

2. 험증학의 가치

기독교 험증학이 그 자체로 그리스도의 복음은 아니지만, 생활 전반에 걸쳐 과학 기술의 결과에 의존해 살아가는 현대 그리스도인들에게는 중요한 역할을 한다고 하겠다. 여러 가지 한계가 있긴 하지만 그 가치를 몇 가지만 제시한다면 다음과 같다.

첫째, 험증학은 그리스도인의 믿음을 구체화하는 역할을 한다.

달리 말해서 이 말은 확신이라고도 할 수 있을 것이다. 기독교는 모든 것을 인간의 이성에만 근거를 두고 평가하는 합리주의를 배격한다. 그렇다고 해서 기독교가 맹목적 믿음을 요구하지도 않는다. 기독교인에게 어느 정도는 믿음에 대한 합당한 근거와 지식이 요구된다.[23] 비록 성경적 진리로 무장된 그리스도인이라고 할지라도, 진화론과 같은 하나님의 창조와 상충하는 무신론적 입장에 대해 지적인 답이 요구될 수밖에 없을 것이다.

험증학은 이런 지성적 욕구에 어느 정도 만족을 줄 수 있다. 그리스도인 과학자가 진화론과 같은 과학 이론이 허구에 지나지 않음을 과학적으로 증명하고, 우주의 신비와 생명체와 물질세계의 조화와 일관성으로 나타나는 하나님의 자연법칙을 밝혀낼 때, 그리스도인은 하나님의 창조에 대한

---

23 John C. Whitcomb, "The Limitations and Values of Christian Evidence," *Bibliotheca Sacra* 135 (Jan.-Mar. 1978), 31.

분명한 근거를 재확인하게 될 것이다. 대우주와 소우주의 관찰을 통해 자연의 오묘함을 알아갈수록 하나님의 창조의 위대함을 깨닫게 된다. 믿음의 내용이 과학적으로도 확인되는 부분이 있다는 것은 참으로 반가운 일이다.

성경 역사의 진의성은 과학이 고고학에 적용될 때 더욱 분명해진다. 고고학적 연구 결과로 많은 부분에서 성경에 기록된 역사는 허구라는 주장은 할 수 없게 되었다.[24] 이렇게 험증학은 복음적 증거와 관련해 정당하게 사용하면, 성경 계시의 다양한 측면을 연구하는 데 도움이 되는 배경적 자료를 제시한다.

둘째, 험증학은 과학에 대한 그리스도인의 태도를 결정해 준다.

험증학은 과학적 연구 결과와 그 주장이 정당하게 사용하도록 도울 뿐만 아니라 과학도가 책임 있는 주장을 하도록 돕는다. 이것은 연구자와 수혜자가 다 기독교 세계관에 따라서 과학을 바라보도록 한다는 뜻이다. 생활 주변에 산재해 있는 과학 이론은 과학도가 아니면 제대로 이해하기 어려울 것이다. 새롭게 제시되는 과학적 발견은 더욱 그렇다. 물론 많은 부분이 실생활과 거리가 멀게 느껴지는 것은 사실이지만, 그것이 자녀들에게는 대단한 흥밋거리가 된다. 별들의 생애와 우주 대폭발에 관한 이야기, 진화론에 근거한 내셔널지오그래픽(National Geographic)의 자연 관찰 비디오, 공룡의 종류와 소멸, 외계인과 '원시인'들의 활동 등에 관한 이야기는 기독교 가정의 자녀들은 물론 모든 아이의 호기심을 자극한다. 학교 교육과 가정까지 깊숙이 스며드는 반기독교적 가치관에 대해 험증학은 성경적 관점에서 과학을 바라보고, 바른 근거 위에서 과학적 연구가 생활에 유용

24　예를 들어, Albright는 낙타가 족장 시대와 같이 이른 시기에 가축으로 사육되지 않았다고 강조했다. 그는 족장 시대 이야기에 나오는 낙타에 대한 언급은 시대착오라고 했다. W. F. Albright, *From the Stone Age to Christianity*, (Baltimore: The Johns Hopkins Press, 1946), 120. 그러나 최근 생물학적, 고고학적, 문헌학적 연구에 의하면 쌍봉낙타는 주전 2500부터 길들였다고 한다. Martin Heide, "The Domestication of the Camel: Biological, Archaeological and Inscriptional Evidence from Mesopotamia, Egypt, Israel and Arabia, and Literary Evidence from the Hebrew Bible," *Ugarit-Forschungen 42 (2010), 331-382.*

하게 적용하도록 돕는다.

셋째, 비기독교인에게 진리를 향하도록 주의를 끈다.[25]

사실 기독교 험증학 자체는 하나님을 믿는 믿음을 일으킬 수도, 유지시켜 주지도 못한다.[26] 그렇지만 어떤 사실에 대해 과학적 검증을 통해서 성경에 입각한 결론을 내릴 때, 역사와 과학적 진리를 추구하는 사람이라면 성경적 진리에 일차적 관심을 가질 것이다. 험증학적 증거를 보고 당장에 하나님을 믿지는 않겠지만, 일단 기독교 진리에 대해 진지하게 고려하게 될 것이다. 이것이 그가 하나님을 발견하는 여러 가지 동기 가운데 하나, 혹은 중요한 계기가 될 수도 있을 것이다. 불신자에게 진리를 증명해 보이는 데 험증학이 의의를 가진다고 한다면 바로 이점이 될 것이다.

3. 근본주의 험증학

그리스도인 과학자라면 성경의 내용을 자신의 전공과 관련하여 증명해 보이려는 열망을 가질 것이다. 그런 헌신된 자세는 바람직하다. 그렇지만 그런 헌신과 열정은 성경 사용과 과학적 검증에서 항상 정당하게 나타나야 할 것이다. 과학적 연구 결과를 통해 성경 내용의 진의성 내지는 우월성을 드러내려고 시도할 때 종종 문제시되는 것이 있는데 그것은 성경 사용과 관련된 것이다.

성경 기사의 성격과 글의 의도를 고려하지 않고, 주로 문자적 의미에만 집착해서 성경을 이해하고 그것을 과학적 연구 결과와 연결해 험증학적 역할을 하는 것을 여기서는 "근본주의 험증학"이라 한다.

남아프리카 공화국에서 '창조과학의 전도자'처럼 왕성하게 활동하는 필

---

[25] C. Van Til, *The Defense of the Faith* (Philadelphia: Presbyterian and Reformed Publishing Company, 1969), 104-105.
[26] Whitcomb, "The Limitations and Values of Christian Evidence," 31.

립 스토트(Philip Stott)는 "우주 가운데 우리는 어디에 있는가?"라는 제목으로 한 강의에서[27] 지구는 우주의 중심이라는 주장을 했다. 그는 빛의 속도와 굴절과 파장 이론에 근거한 몇 가지 실험을 거쳐서 이론과 실제가 다르다는 결론을 내렸다. 그는 코페르니쿠스의 지동설은 실험이나 과학적 검증을 통한 증명에 근거한 것이 아니고, 플라톤이 "태양은 별 중에서 가장 아름답다"라는 표현에 심취되어 일종의 심미적 관점이나 철학적 가정에 근거한 것이라고 지적했다.

스토트는 별자리 관찰을 통해 우주 전체가 움직이고 있지만, 그 중심은 지구라고 말했다. 그는 창세기가 인간과 지구의 관점에서 서술된 것을 문자적으로 받아들이고, 그것을 천체물리학적으로 증명함으로써 성경이 진리임을 입증하고자 했다.

그가 이런 실험과 관찰을 통해 '성경적' 진리를 나타내고자 노력하는 것은 높이 평가할 수 있겠으나, 문제는 성경이 천문학적으로 지구가 우주의 중심이라고 가르치느냐는 점이다. 하나님의 진리 말씀은 당시 고대인의 우주관에 맞추어서 기술되었을 뿐이다.[28] 즉 하나님이 인간 저자의 우주관에 순응하셔서 자신의 계시를 주신 것이다.

안식교 신자들은 구약의 내용을 계시의 전진성은 고려하지 않은 채 문자적으로 이해한다. 여기에 의하면, 구약에서 금지하는 음식은 건강에도 좋지 않은 것으로 의학적으로 증명된다는 것이다. 그것은 한국에서는 오래전에 이상구 박사의 건강 강의를 통해 소개된 바 있다. 사실 레위기 11장에서 부정한 것으로 규정된 생물은 당시 이스라엘 사람들의 섭생과 관련된 것으로 본다.[29] 하나님은 사람들이 자기 경험에서 얻은 지혜를 통해서 형성된 음식

---

27 Philip, Stott, *Where in the Universe are We?*, Juvannadi Christian Video Lecture.
28 존 H. 월튼·D. 브렌트 샌디, 『고대 근동 문화와 성경의 권위』, 신득일·오성환 역 (서울: CLC, 2017), 55-56.
29 R. K. Harrison, *Introduction to the Old Testament* (Grand Rapids, Michigan: W. B. Eerdmans, 1985), 603.

을 먹은 습관을 그 당시 사회의 규정으로 삼으실 수 있다.

그렇지만 되새김질하지 않는 짐승의 고기와 비늘 없는 물고기를 영양학적으로 분석해서 그것이 인체에 미치는 영향이 해로운 것으로 밝힘으로써 성경이 의학적으로도 여전히 진리임을 입증할 수 있다는 생각은 이해하기 어렵다. 하나님은 "모든 생물"(everything that lives and moves, 히브리어 "레메스" ⟨reme̱ś⟩)는 포괄적 의미로 포유류, 파충류, 해양 생물, 곤충까지 포함한다[30])을 인간에게 음식으로 주셨다(창 9:3). 그런데 히브리 민족에게만 건강에 좋은 식물을 가려서 섭취하도록 돌보셨다는 것은 이해하기 어렵다.

분명한 것은 백성들의 육신의 건강을 위해 음식을 금하신 것이 아니고, 그들이 거룩한 하나님의 백성으로서 거룩하게 사는 방편으로 이 규정을 이스라엘 공동체의 시민법으로 정하신 것이다(레 11:44-45). 지금은 음식을 통해 거룩한 삶을 나타내는 정결법은 폐지되고, 성령의 인도를 따라 거룩하게 살 수 있다. 음식에 대한 성경의 가르침은 이렇다.

> 음식물은 하나님이 지으신 바니 믿는 자들과 진리를 아는 자들이 감사함으로 받을 것이니라 하나님께서 지으신 모든 것이 선하매 감사함으로 받으면 버릴 것이 없나니 하나님의 말씀과 기도로 거룩하여짐이라(딤전 4:3-5).

한국에도 잘 알려진 미국의 창조과학회(Institute for Creation Research) 회장이었던 헨리 모리스(Henry M. Morris) 박사는 복음주의적 입장에서 과학적 변증을 하는 데 뛰어난, 경건한 학자이다. 그가 성경을 사용하는 데 나타나는 특징은 지나칠 정도로 문자적 해석에 의존한다는 것이다. 물론 이것은 세대주의자의 특징이기도 하다.

---

30 *HALAT*, 1162.

한 가지만 예를 들면, 천년왕국과 새 예루살렘은 물론 지옥 불까지도 과학적으로 설명했다.³¹ 그는 요한계시록에 나타난 천국에 대한 묘사를 문자 그대로 받아들여 천국의 크기까지 제시하고 있다.³² 이것은 과학의 한계를 벗어난 주제로 보는 것이 옳을 것이다. 예언 해석의 특징은 상징적 해석이다. 성경이 의도하는 바를 따르지 않으면 험증학은 그릇된 신념을 제시하는 결과를 초래한다.

1980년대 초 '튜린의 수의'(shroud of Turin)가 예수님의 부활을 역사적으로 증명해 줄 수 있다고 기독교계의 관심을 모은 적이 있었다. 그 수의는 1354년에 처음 언급된 것인데 거기에 나타난 흔적이 너무나도 정교하게 예수님이 고난받으신 것과 일치했기 때문에, 가톨릭교회는 오랫동안 그것을 예수님의 수의로 생각하고 숭배해 왔다.

그런데 1988년 탄소 방사능 측정 때문에 그 수의는 1260과 1390년 사이의 것으로 결론지었다. 그래서 가톨릭교회는 그것이 가짜라고 선언했다.³³ 그래도 여전히 그 수의는 예수님과 관련해서 숭배의 대상이 되고 있다. 이것은 험증학이 자연이나 역사적 발굴물을 너무 쉽게 성경의 내용과 관련지어서는 안 된다는 좋은 실례가 된다.

성경의 문자적 해석에 의존해 복잡한 과학적 문제를 간단하게 처리하려는 "근본주의 험증학"의 태도는 성경 본문의 의도를 잘못 제시할 뿐만 아니라 성경을 신실하게 믿는 그리스도인들에게 과학에 대한 그릇된 편견과 오해를 심어 줄 위험이 있다. 성경적 진리를 가지고 과학적 연구 결과를 평가하는 데 많은 어려움이 따르는 이유는 다음 단원에서 살펴볼 것이다.

---

31 Henry M. Morris, *Biblical Cosmology and Modern Science* (Grand Rapids, Mich.: Baker Book House, 1970), 51-53.
32 Morris, *Biblical Cosmology and Modern Science*, 53-55.
33 "Turin, Shroud of," in *The New Encyclopaedia Britanica* 10, 15th Ed. (London, 1995), 55.

4. 험증학의 한계

기독교 험증학은 기독교의 진리를 과학적으로 옹호하는 학문으로서 정당하게 사용될 때 그 가치와 유용성을 인정받는다. 그렇지만 그 가치와 유용성에도 불구하고 험증학은 너무 많은 제약과 한계가 있다. 이것은 양적인 것이라기보다는 주로 증거로서의 성경의 허용 범위와 인간의 능력과 관련된 것이다.

첫째, 성경의 증거를 과학적 증거로 제시하기는 너무나 큰 한계를 지닌다.

성경이 인류에게 역사와 자연에 대한 풍부한 지식을 제공해 주는 것은 사실이다. 즉 모든 인종은 한 조상에게서 나왔다는 자연과학과 관련된 정보를 주고, 이스라엘 백성이 가나안 땅에 들어가서 그 땅을 정복했다는 역사적 사실을 알려 준다. 그러나 성경의 관심은 역사적 사실 자체에 있는 것이 아니고 하나님의 구속역사에 있다.[34] 구약의 경우는 하나님이 천지를 창조하시고, 한 백성을 통해 어떻게 인류 구원을 위해 일하시는가를 보여 준다. 즉 어떤 사건에 대해 그것을 과학적으로 입증할 만한 충분한 자료를 제공하지도 않고 또 그렇게 할 필요도 없다.

이와 관련해 성경 언어는 과학적으로 받아들일 수 있는 정확한 개념을 가진 용어가 아니라, 그 당시 사람들이 이해할 수 있는 일상용어이다.[35] "해가 뜨고", "해가 진다"(시 104:19, 22)는 것은 사람들이 보는 관점에서 표현한 것이다. 과학적으로 틀린 말이지만 언어의 사회성 때문에 어색하게 들리지 않는다.

---

[34] NIC. H. Ridderbos, *Beschouwingen over Genesis* I (Kampen: J. H. KOC N.V., 1963), 29-30; W. H. Gispen, *Schepping en Paradijs* (Kampen: J.H. Kok. N.V., 1966), 12.
[35] Bernard Ramm, *The Christian View of Science and Scripture* (London: The Paternoster Press, 1955), 46-48.

"천하의 물이 한 곳으로 모이고"란 말은 대양을 중심으로 한 대략적인 표현으로 볼 수 있다. 이것은 그냥 현상적인 표현일 뿐이다. 이것을 광범위한 지각변동이 일어난 결과로 보기보다는 땅은 처음부터 높낮이가 있었을 것이고 물은 그때도 높은 데서 낮은 곳으로 흘렀기 때문이다.

또 별이란 표현도 천문학적 전문용어가 아니다. 천문학에서는 별은 자체 에너지를 가진 항성을 의미한다. 여기서는 별과 행성의 구분 없이 사람이 보는 관점에서 서술했다. 풀과 채소, 과목, 그리고 물고기, 새, 여섯 가지 대표 집짐승, 기는 것, 땅의 짐승에 대한 언급은 식물학 또는 생물학적 분류에 근거한 것이 아니라 전문성이 없는 사람들도 이해할 수 있는 현상에 따른 일반적 분류이다. 그래서 요나를 삼킨 "큰 물고기"가 포유동물인 고래인지 어류에 속하는지는 당시의 성경 독자들에게는 문제가 안 되었다.

이사야서의 "땅의 네 모퉁이"(the four corners of the earth, 11:12)란 표현은 현대인에게는 이상하게 들린다. 성경의 몇몇 표현은 마치 태양이 돌고 지구가 정지해 있는 것처럼 들린다(수 10:12, 13; 욥 9:6-7; 시 93:1; 104:19; 전 1:4-5 등). 이것은 과학적 표현도 아니고, 반과학적 표현도 아니다. 다만 일상용어로서 대중적이고 현상적 표현일 뿐이다. 또 많은 경우 은유나 상징을 사용해 문학적 표현을 쓸 때도 있다. 성경 언어는 문화적 상황에 맞게 계시의 수단으로 사용되었다.

어떤 경우는 과학적 검증을 통해 성경의 진의성을 증명하는 데 도움이 되는지를 판단하기 어려운 예도 있다. 이런 의미에서 성경은 이렇게 과학적 증명에 대해 비협조적이라고 할 수 있다. 자연에 대해 성경에 묘사된 정도의 자료를 현대 과학적 연구와 연결해 성경에서 말하는 결론을 도출해 내기란 쉽지 않다.

둘째, 성경의 사건을 과학적으로 증명할 수 있는 지적 능력에 대한 인간의 한계이다.

과거에 일어난 일과 자연현상에 대해 과학적으로 밝힐 수 있는 것은 너무 제한 되어 있다. 예를 들어, 최근에 몇몇 그리스도인 과학자들이 노아 방주의 실체를 증명하려고 노력하고 있다. 그들은 성경에 기록된 방주의 크기를 고려하고, 또 아라라트산에 방주가 닿았다는 창세기의 보도를 따라, 전통적으로 터키의 동쪽이라고 알려진 아라라트산의 지형을 탐사했다.[36] 그 결과 그 산의 한 봉우리에서 방주 모양의 지형을 발견했다. 그곳은 방주가 놓였던 자리일 가능성이 큰 것으로 보고 지층과 지질조사를 하고 있다. 그러나 그 일의 성공 가능성은 미지수이다. 그냥 신비에 묻혀 있을 뿐이다. 또 그렇게 생긴 지형은 곳곳에서 볼 수 있다.

대부분 과학자가 주장하는 대로 은하계의 별빛이 지구에 도달하는 데 천만 광년이 걸리는가 아니면 빛의 속도 변화 때문에 한나절 걸리는가?

여러 성운과 은하계가 이루고 있는 소용돌이 구조는 대폭발(big-bang)이론에 의한 우주 팽창의 연장선에서 설명할 수 있는가 아니면 하나님이 하늘을 펴시는(사 42:5; 51:13; 렘 10:12; 시 104:2) 과정에서 생긴 소용돌이라고 과학적으로 증명할 수 있는가?

이외에도 과학적으로 설명할 수 없는 자연의 신비로운 현상이 얼마나 많은가?

그리스도인 과학자들이 모든 과학적 업적에 대해 성경적 평가와 해답을 줄 수는 없다. 심지어 어처구니없는 과학적 주장에 대해서도 그 가설과 설명 과정에서 나타나는 모순을 지적하는 정도에서 그치는 경우도 많다. 그리고는 그 대안으로서 하나님의 창조를 제시한다. 과학적으로 더 선명하게 증명하지 못하는 것은 지적 능력의 한계에 기인한다고 봐야 할 것이다.

셋째, 험증학의 결과를 인식하고 수용하는 데 한계가 있다.

험증학은 성경적 진리에 대한 과학적 증명을 제시하지만, 그것을 진리로

---

36 남아공 TV 방송인 SABA의 시리즈 프로그램인 〈미스테리〉(*Mystery*)라는 프로그램에서 노아의 방주를 추적하는 기록물을 방영한 적이 있다(ND).

받아들이는 데는 한계가 있다. 험증학적 결과를 통해 진리를 인정하지 않을 수 없도록 만들 수는 없다.[37] 그리스도인은 사람이 호흡하면서 생명을 유지한다는 사실만으로도 하나님이 계신다는 것을 증명할 수 있다. 그러나 비그리스도인은 그것을 그런 기독교의 개념으로 받아들이지 않는다. 이것을 법적 증명과 험증학적 증명의 차이점으로 볼 수 있을 것이다.

미국 무디출판사(Moody Publishers)에서 자연의 신비를 담은 영화를 제작해 전도용으로 배포했다. 기독교인이 그것을 볼 때 동물과 곤충의 세계에 역사하시는 하나님의 솜씨에 감탄해 마지않겠지만, 비기독교인의 눈에는 우연에 근거한 자연법칙의 경이로움밖에 느끼지 않을 것이다. 양측에 끝없는 평행선만 있을 뿐이다. 증명과 확신은 다르다.

이런 기독교 험증학의 한계는 예수님도 경험하신 것이다. 예수님은 자신이 하나님의 아들이심을 나타내기(증명하기) 위해 여러 가지 표적을 행하셨다. 그러나 사람들은 다른 것에 관심이 있었으므로 떠나갈 수밖에 없었다(요 6:26, 36, 66). 이것은 눈에 보이는 이적을 통해 증거하신 것인데, 다시 말하면, 성경적 진리가 과학적 진리로 입증되었다고 해도, 그 진리를 인정하고 받아들이는 것은 별개의 문제라는 것이다.

사실 예수님이 요구하는 믿음은 실험을 통한 것이 아니고 말씀을 받아들이는 것임을 도마에게 일러 주셨다.

> 보지 못하고 믿는 자들은 복되도다(요 20:29).

여기서 기독교의 진리를 받아들이는 데 있어서 두 가지 차원을 제시할 수 있을 것 같다. 이상적인 것은 단순히 말씀을 받고 순종하는 것이고, 또 다른 차원의 것은 납득할 수 있는 합리적, 과학적 증명을 통해 그 진리를 받아들이는 것이다. 예수님의 제자인 도마와는 다른 불신자에게는 이차적

---

37 Whitcomb, "The Limitations and Values of Christian Evidence," 26.

방법도 긍정적인 면이 있다고 보겠다. 그러나 과학적 증명을 통해서 믿음이 일어나는 것은 결코 아니다. 물론 증명에 이르는 것도 하나님의 역사가 필요하지만, 그 증명을 받아들이는 것은 성령의 역사가 함께해야 할 것이다. 예수님은 거지 나사로의 비유를 통해서 증명이 하나님을 믿는 믿음으로 인도 할 수 없다는 점을 분명히 말씀하셨다.

> 모세와 선지자들에게 듣지 아니하면 비록 죽은 자 가운데서 살아나는 자가 있을지라도 권함을 받지 아니하리라(눅 16:31).

험증학적 증명은 성경적 진리를 받아들이도록 할 수 없고, 다만 구원에 이르는 진리에 관심을 갖도록 한다. 이것이 험증학의 한계이다.

5. 결론

'과학 만능' 시대를 살아가는 현대 그리스도인들은 과학적 변증이라고 하는 험증학의 역할의 중요성을 충분히 인식할 것이다. 기독교 신앙과 성경적 진리를 부인하도록 하는 그릇된 과학 이론은 험증학적 증명에 의해 비판을 받아야 한다. 부분적이기는 하지만 중요한 성경적 진리가 과학적으로도 옳다는 증거가 있다는 것은 그리스도인에게는 고무적인 일이다. 그러나 그리스도인은 믿음이 과학적 증명에 의존하지 않고, 계시의 말씀에 의존함을 알아야 한다.

때로는 과학적 주장과 성경의 내용이 상충하더라도 불안해하거나 실망할 필요가 없다. 그것은 과학의 목적과 성경의 목적이 다르기 때문이기도 하고, 과학과 성경은 근본적으로 다르기 때문이다. 과학은 무오한 것이 아니고 새로운 이론과 발견된 실험 결과에 따라서 항상 변한다. 반면에 성경은 영원히 불변하는 하나님의 계시의 말씀이다. 참된 과학은 진리로 귀결될 것이다. 지금은 여러 가지 한계가 있어서 희미하게 보이지만 완전한 시대가 도래할 때는 모든 것이 다 밝혀질 것이다. 그때까지 부분적이고, 간접적이긴 하지만 하나님은 험증학의 증명을 통해도 궁극적으로 사람들을 구원으로 인도하실 것이다.

그리고 험증학은 기독교의 진리를 변증하고, 증거하는 여러 분야 중 하나일 뿐이다. 그리스도인이 다 과학적 증명을 하지는 못할지라도 다른 부분에서 하나님의 진리를 증거해 보일 수 있다. 서로 사랑하는 것은 주님의 제자됨을 증명하고(요 13:35), 다른 사람에게 진리에 관심을 두도록 한다. 기독교인의 윤리적 행위도 사람들이 하나님의 진리로 향하도록 하는 기능이 있다(마 5:16). 험증학은 과학적 분야에서 이 역할을 담당한다는 데서 고유한 특권을 누린다.

제2장

성경 언어와 과학*

1. 서론

성경은 우주의 생성과 다양한 자연현상에 대해 언급한다. 성경이 진리라고 한다면 자연에 대한 성경의 언급이 과학적으로도 옳아야 할 것이다. 그래서 현대 그리스도인과 그리스도인 과학자들은 과학적으로도 성경이 참인 것을 밝히는 데 관심이 많다. 그렇지만 성경은 과학적 체계를 따라 기록되지 않고 인류 구속이라는 하나님 자신의 목적을 따라서 기록되었다.

성경에서 자연에 관해 설명하는 것은 자연현상 그 자체에 관심을 두지 않고 자연을 창조하시고 주관하시는 하나님과 그분의 사역에 집중하도록 한다. 즉 기적을 제외하고 성경에 기록된 것은 과학적으로도 타당성이 있지만, 그것을 과학적으로 증명하고, 과학적 호기심을 충족시키는 것이 성경의 일차적 임무가 아니라는 것이다. 이와 관련해 과학적 설명을 더 어렵게 만드는 것은 성경 언어의 성격이다.

성경 언어는 과학이 학문으로 등장하기 이전의 언어이기 때문에 과학적으로 논의할 수 있는 전문용어가 아니다.[1] 그래서 그런 언어로 성경에 나타난 어떤 사건이나 표현을 과학적으로 검증하기가 쉽지 않다. 이 책에서 자

---

* 이 글은 「고신신학」(2007)에 실린 글을 보완한 것이다.
[1] Ramm, *The Christian View of Science and Scripture*, 65-67.

연현상과 관련된 몇몇 성경 언어의 성격을 대략 구분해 살펴봄으로써 정당한 성경 해석과 과학적 설명의 한계를 논하고자 한다.

2. 성경 언어의 특징

1) 현상적 표현

성경 언어는 사람들에게 보이는 대로 표현하는 특징이 있다. 이것은 체계적인 학문을 연마하지 않은 고대인들에게는 가장 효과적인 의사소통 방식이 될 것이다. "해가 뜨고, 해가 진다"(zāraḥ haššemeš ūbā haššāmeš)라는 표현은 과학적으로 맞지 않지만, 현상적 일상용어로 자연스럽게 사용된다. 오히려 과학적으로 표현한답시고 "지구가 돈다"라고 말한다면 현대인에게도 우스꽝스럽게 들릴 것이다.

문자적으로 "해가 뜨다"란 표현은 "해가 오르다"(zāraḥ) 또는 "해가 나오다"(yāṣā)로 되어 있다. 이것 역시 현상적 표현이다. 성경에 소개된 태양과 관련된 몇 가지 표현은 마치 태양이 돌고 지구가 정지해 있는 것처럼 들린다(수 10:12, 13; 삿 5:31; 욥 9:6-7; 시 93:1; 104:19; 전 1:4-5 등).

앞 장에서 언급했듯이 이것은 과학적 표현도 아니고 반과학적 표현도 아니다. 다만 일상용어로서 대중적, 현상적 표현일 뿐이다. 넷째 날에 만들어진 "별"(kōḵāḇ)이라는 말도 그냥 현상적 표현이다. 오히려 '(불)타다'라는 어원 '카바부'(kabābu)는 과학적 의미와 좀 더 가까운 것 같다.[2] 지구과학에서 별이란 스스로 에너지를 가진 발광체를 뜻하지만 창세기 1장에서는 빛을 반사하는 혹성과 구분하지 않고 썼다. 풀과 채소, 과목, 그리고 물고기, 새, 육축, 기는 것, 땅의 짐승에 대한 언급은 식물학 또는 생물학적 분류에 근거

---

2   HALAT, 1204.

한 것이 아니라 전문성이 없는 사람들도 이해할 수 있는 현상에 따른 일반적 분류이다.

다섯째 날에 창조된 "큰 물고기"(hattanīnnim haggedolīm)는 어류에 속한 물고기를 뜻하는 '다그'(dāg)가 아니다.³ 이것은 '큰 해양생물'을 뜻하는데 "탄닌"(tannin)이란 말은 다양하게 번역되었다. "뱀"(출 7:9; 신 32:33; 시 91:13), "악어"(겔 29:3), "힘센 동물"(렘51:34) 등이다. 이 용어는 포괄적 의미를 지니고 파충류를 뜻하는 것으로 보이지만 그 용어 자체는 그냥 보이는 대로 표현한 것이다.

"궁창"은 현대인에게는 그냥 '공간', '대기'로 통하는 것인데, 히브리어로 '궁창'(rāqīa')은 금속판을 두들겨 편 것으로 둥근 천정 같은 것을 의미한다(Vulgate판에는 라틴어로 '떠받든다'는 의미가 있는 firmamentum으로 번역됨).⁴ 이것은 고대 히브리 사람들의 우주관을 잘 반영해 주는 것이다. 당시 사람들은 하늘을 자기 머리 위에 둥근 지붕이 펼쳐져 있는 것으로 보았고, 그 현상을 따라 성경에 명명되었다.⁵ 궁창의 개념이 단단하기 때문에 그것은 그들에게 하나님의 능력과 신실하심을 증거해 주었다(cf. 시 150:1; 시 89:6, 37; 사 1:2; 렘 31:37; 33:25).

레위기에서 토끼가 되새김질한다고 했다(레 11:6). 늘 우물거리는 토끼의 입 모양에서 온 것이다. 그런데 현대 학자들이 발견한 것은 토끼가 잠잘 때 되새김질을 한다고 한다. 그렇지만 성경이 그것을 염두에 두고 기록되었는지 판단하기 어렵다.

또 개미의 부지런함에 관한 교훈이다(잠 6:6). 최근 개미 연구가는 단지 25퍼센트의 개미가 일할 뿐 나머지는 빈둥거린다고 한다. 그러나 개미의 근

---

3   요나서에서 말하는 "큰 물고기"는 한글 번역으로는 꼭 같은데 이것은 물고기이다(dāg). 그러나 고대 사람들에게는 그것이 어류인지 포유류에 속하는 고래인지는 별로 문제가 되지 않았을 것이다.
4   HALAT, 441.
5   "피라미드 텍스트(Pyramid Text, 1040c)에서 신들이 궁창을 받들고 있는데 이것은 궁창이 단단하다고 여겨지는 경우에만 가능한 것이다.", 존 H. 월튼, 『고대 근동 사상과 구약 성경』, 신득일· 김백석 역 (서울: CLC, 2017), 240.

면은 현상적 관찰에 근거한 것이다. 잠언 30:25은 개미가 힘이 없다고 하는 것도 현상에 근거한 것이다. 현대인은 개미가 체구보다 얼마나 힘이 센 피조물인지 잘 알고 있다.

말라기 선지자는 태양의 광선을 "태양의 날개"("그것의 날개", *bikenāfeha*)로 묘사했다(말 4:2). 이것은 태양이 비칠 때 주위에 나타나는 광선이 마치 날개와 같이 보였다. 이것은 고대 이집트와 메소포타미아 사람들이 자주 그려내는 솔라 디스크(sola disc)와 비교할 수 있을 것이다.[6]

예수님이 다음과 같이 말씀하신 것도 현상에 근거한 것이지 과학적 표현이라고 할 수 없다.

> 한 알의 밀이 땅에 떨어져 죽지 아니하면 한 알 그대로 있고 죽으면 많은 열매를 맺느니라(요 12:24).

밀의 껍질과 전분은 썩어도 배아(embryo)의 생명은 그대로 유지되어 발아하기 때문에 엄밀히 말해서 밀알이 죽는다(*apothnēskō*)고 할 수 없을 것이다. 이와 같이 성경 언어는 현상적이다.

2) 일상용어

일상용어란 과학적 사실과 상관없이 특정 문화권에 속한 사람들 사이에 통용되는 개념을 따라서 표현하는 말이다. 특별히 성경에서 "날"(*yōm*)이란 말이 이런 범주에 속한다고 하겠다. 현대인에게는 하루란 지구의 자전주기인 24시간을 뜻하지만, 고대 이스라엘 사회에서 기록된 성경은 그런 엄격한 기준을 적용하지 않았다. 사실 엿새 창조 기간의 길이가 얼마냐를 두고 학자들 간에 많은 논쟁이 있었다. 그것은 태양이 창조되기 전에도 하루를

---

6 신득일, 『101가지 구약 Q & A 1』 (서울: CLC, 2015), 218-219.

24시간으로 보는 데 무리가 있다는 것이다.

우선 일치론적 해석(the concordist interpretation)을 추구하는 이들은 하루를 고생물학에서 말하는 시대로 보면서 성경과 과학의 조화를 추구했다.[7] 이 주장의 핵심은 창세기의 '날'이 항상 지구의 자전주기인 24시간으로 제한되지는 않고 무한한 시간을 나타내는 말로 사용될 수 있다는 것이다. 이와 관련해서 키드너(Kidner)는 시편 90:4("주의 목전에는 천년이 지나간 어제 같으며 밤의 한 경점 같을 뿐임이니이다")을 인용한다.[8]

성경에서 "날"이 항상 24시간을 의미하지는 않지만, 이 구절은 날이 하루를 의미하지 않는다는 것을 말하고자 함이 아니고, 하나님보다 인간의 시간이 얼마나 상대적이냐를 표현하는 것이다.[9] 또 문자적 해석을 하는 학자들은 하루를 모두 24시간으로 본다.[10] 그렇지만 24시간이란 길이는 지구의 자전에서 나온 것인데 천체운동의 법칙과 태양계의 궤도가 형성되지 않은 상태에서 지구의 자전과 그 시간의 길이를 태양계의 법칙과 같다고 과학적으로 단정할 수는 없을 것이다.

또 다른 이론은 아예 시간적 의미에 관심을 두지 않는 문학적 해석이다.[11]

---

7 이 이론의 주창자들은 H. Miller, J. Dana와 J.W. Dawson이다. 미국의 D. Young과 영국의 Derek Kidner도 이 이론을 따른다. Ramm, *The Christian View of Science and Scripture*, 145-146; Davis A. Young, *Creation and the Flood* , 88.

8 D. Kidner, *Genesis: An Introduction and Commentary*, Tyndale Old Testament Commentaries (London: IVP, 1967), 55-57.

9 H. J. Kraus, *Psalmen II, Biblischer Kommentar Altes Testament* (Neukirchen-Vluyn: Neukirchener Verlag 1960), 631.

10 이들 중에 지난 세기의 독일의 구약 주석가 C. F. Keil과 금세기 미국의 보수주의 구약학자 E. J. Young이 있다. 현재 미국의 J. C. Whitcomb과 Henry M. Morris가 이 해석 방법을 고수하고 있다. C. F. Keil & F. Delitzsch, *The Pentateuch, Commentary on the Old Testament* (Grand Rapids, Mich.: W.B. Eerdmans Publishing Company,1973), 52; E. J. Young, *In the Beginning* (Carlisle, Pa: The Banner of Truth Trust, 1976), 43; John C. Whitcomb, "The Science of Historical Geology in the Light of the Biblical Doctrine of a Mature Creation," *WTJ* 36 (1973), 68.

11 그 주창자는 화란의 구약학자 A. Noordtzij로 보는데, 나중에 암스테르담자유대학교의 구약학 교수였던 Nic. H. Ridderbos, 캘리포니아의 B. Ramm, 뉴잉글랜드의 M. G. Kline, 영국의 D. F. Payne과 오스트레일리아의 J. A. Thompson이 그 뒤를 따랐다. A. Noordtzij,

창조기사는 연대기적 묘사도 아니고 과학적 보고도 아닌, 다만 시와 같은 예술적이고 인위적인 정교한 문학적 기술이라고 한다. 이 글의 강조점은 하나님이 창조하셨다는 사실에 있지 사건의 시간적 순서가 아니라고 한다. 창조기사의 자료 배열은 매우 합리적이고, 일관성 있는 도식을 따랐다고 본다.

실제로 본문은 환경과 거주자라는 측면에서 첫 3일의 창조와 나머지 3일간에 정확한 대칭을 이룬다고 말할 수는 없지만 서로 어느 정도 구조적 관계가 있다(1-4, 2-5, 3-6). 매일 "하나님이 가라사대"로 시작해서 "저녁이 되며 아침이 되니 이는 …째 날이니라"로 마친다.[12] 그렇지만 성경은 엿새 창조를 역사의 시작으로 취급하기 때문에 무시간적으로 볼 수 없다.

이처럼 성경은 어떤 이론에도 구애를 받지 않고 '날'에 대한 성경 자체의 입장을 견지한다. 다시 말해서 성경은 첫 3일간의 시간이 엄격하게 24시간이라는 개념을 적용하지도 않고 또 무한한 시간의 길이로 보려는 시도도 허용하지 않는다는 것이다. 다만 성경에서 하나님이 태양이 없는 상태에서 보낸 첫 3일도 이후의 날과 다르지 않은 것으로 인정하셨다(출 20:11). 그것을 증명할 수는 없지만, 그냥 일상적 개념으로 받아들이도록 하셨다는 말이다.

창세기 10:25에 "그때 땅이 나뉘었다"(nifgā hā 'āreṣ)란 말이 있는데 이것이 지질학에서 말하는 지각구조론(tectonic theory)이나 1930년대 독일 기상학자인 베거너(Alfred Wegener)가 진화론을 적용시켜 주장한 대륙 이동

Gods woord en de eeuwen getuigenis (Kampen: J. H. Kok, 1931), 117; Nic. H. Ridderbos, *Beschouwingen over Genesis I*, 60; H. Blocher, *In the Beginning*: The Opening Chapters of Genesis (Leicester: Inter-Varsity Press, 1984), 50; J. A. Thompson, "Creation," in: *The Illustrated Bible Dictionary* I (Leicester: IVP, 1994), 333-335.

12 Cf. Noordtzij, *Gods woord en de eeuwen getuigenis*, 117-119. P. Beauchamp은 이 구조의 인위성과 정교함을 글자 수를 세어서 규명하려고 하지만 그것은 의미 없는 일이다. Paul Beauchamp, *Cration et sparation: tude exgtique du chapitre premier de la Gense* (Paris: Descle de Brouwer, 1969), 17-31. 넷째 날의 창조 명령은 열 개 중 다섯 번째이고, 처음 4일간의 전체 낱말의 수는 207개인데 다섯째, 여섯째 날의 수는 206개이다. 그래서 넷째 날은 엿새간 사역의 중심으로 볼 수 있다는 것이다.

설(continental drift)을 지지한다고 보기는 어렵다.¹³ 여기서 "땅"이라는 말은 '사람들'에 대한 환유법으로 쓰인 것이다. 성경의 다른 곳에서도 '백성'이란 말 대신 '땅'이라고 했다("땅이 사로잡히다", 삿 18:30; "땅이 음행하다", 호 1:2). 그래서 땅이 나뉜 것은 노아의 자손들이 지역별로 나뉘어 배치된 것을 가리킨다. 이런 언어의 기법은 고대로부터 일상적으로 통용되었다.

이사야 11:12의 "땅의 네 모퉁이"(the four corners of the earth" *KJV, NKJV, NRSV, NASB, ESV*)란 표현은 현대인에게는 이상하게 들린다. "corners"로 번역된 히브리어 "칸포트"(*kanfōṭ*)는 '언저리'나 '끝부분'을 뜻한다(cf. 사 41:9). 그래서 "from the four corners"라고 번역한 영역본이 더 이상하게 보인다.

사실 땅은 둥글기 때문에 끝이라고 하는 게 없다고 봐야 할 것이다. 그렇지만 이 본문은 당시 사람들이 생각한 땅의 모습을 보여 준다기보다는 하나님이 온 세상에서 자기 백성을 모으신다는 것을 강조하기 위함이다. 그래서 한글 개역개정판은 "사방"이라고 번역함으로써 전체 문맥과 조화를 이룬다. 즉 이것은 땅의 모양을 말하는 것이 아니라 앞의 11절에서 언급한 나라를 통틀어서 온 세상이라는 의미로 쓰였다. 즉 동쪽은 엘람과 시날, 서쪽은 바다 섬들이고, 남쪽은 애굽, 북쪽은 하맛을 가리킨다. 사실 당시 사람들은 땅의 모양에 관심을 갖지 않고¹⁴ 가장 먼 지역을 의미하는 일상적 표현으로 "땅끝"이라는 말을 썼을 것으로 본다.

민수기 21장에 "불뱀"(*hannehāšīm haśśerāfīm*, "burning snakes")이란 표현은 현대인에게는 전혀 의미가 전달되지 않는다. 실제로 그런 뱀은 없기 때문이다. 이것은 그냥 독사를 뜻한다. 그렇지만 용어 자체가 넓은 개념으로 사용되었기 때문에 그 뱀이 어떤 종류인지 생물학적으로 분류하는 것은 불가능하다. 고대인들은 독사에 물린 결과가 마치 불에 댄 것과 같은 통증을 느낀다고 해서 그렇게 불렀다. 이런 표현은 성경뿐만 아니라 고대 근동

---

13 A. Wegerner, *The Origin of Continents and Oceans*.
14 "야웨는 구약성경에서 이스라엘에게 우주 지형의 대안을 계시하지 않으셨다", 월튼, 『고대 근동사상과 구약성경』, 249.

문헌에서 자주 대할 수 있는 표현이다.[15]

신약의 예를 한 가지 든다면, 예수님이 겨자씨가 가장 작은 씨라고 말씀하신 것이다(막 4:31, *mikroteron on pantōn tōn spermatōn tōn epi tēs gēs*, "땅에 있는 모든 씨보다 작은"). 팔레스타인에서도 겨자씨가 가장 작은 씨는 아니었다.[16] 그러나 이것은 너무나 잘 알려진 일상적 표현이었다. 예수님은 식물학의 기준을 따라 말씀하신 것이 아니라 사람들이 일상적으로 알고 있는 상식을 따라 말씀하셨다. 즉 그렇게 작은 씨가 크게 자라듯이(3m 이상) 하나님 나라도 극히 미미해 보이지만 크게 확장될 것을 비유로 말씀하셨다. 여기서 강조되는 것은 씨와 다 자란 식물 간의 대조적인 크기이다.

3) 발화행위

하나님의 계시는 두 가지로 나타난다.

하나는 하나님이 직접 행하시는 사역으로 나타나는 사건이다.
다른 하나는 말씀이다. 특별히 하나님이 인간의 언어로 자신을 계시하실 때 하나님은 인간의 우주관과 지혜에 맞추어서 말씀하신다는 것이다.

화행이론(speech-act theory)에서 이것은 발화행위(locution)이기 때문에 항상 진실로 나타나지는 않는다.[17] 이런 표현은 몇몇 자연현상을 언급하는

---

15 William W. Hallo, *The Context of Scripture*, II, III (Leiden: Brill, 2002), 15, IIV.
16 Cf. James A. Brooks, *Mark*, *New American Commentary* (Nashville: Broadman Press, 1992), 85.
17 월튼·샌디, 『고대 근동 문화와 성경의 권위』, 58-62. 이 책은 화행이론을 성경 본문에 적용해서 성경의 무오성을 발화행위에 적용할 수 없다고 한다. "그래서 예를 들어, 고대 이스라엘이 딱딱한 하늘을 믿었다는 것은 놀라운 일이 아니다. 그래서 하나님은 그들과 소통하실 때 그의 발화행위를 그 모델로 수용하셨다. 그러나 화수행위는 우주적 지형의 사실적 형태를 주장하는 것이 아니므로, 우리는 권위나 무오성에 대한 위험 없이 그런 세부사항을 부수적인 것으로 안전하게 제쳐둘 수 있다. 그런 우주적 지형이 전달자들의 믿

데도 적용된다.

천지 창조의 첫째 날에 나오는 "저녁"('ereb)이라는 말은 아카드어로 "해가 진다"(erbu)는 어원에서 온 말이다.[18] 그때는 해가 없었는데 어떻게 이런 용어를 쓸 수 있는지 의아한 생각이 들 수 있다. 해가 없는 상태에서 저녁은 이후의 저녁과는 달랐을 것이다. 그렇지만 성경은 같이 취급한다. 이것은 창조주 하나님이 스스로 우리의 개념에 맞추시는 것이라 볼 수 있다.[19] 이것은 "날"이라는 말에도 같게 적용된다.

특별히 인간의 이성으로서는 완전히 이해할 수 없는 하나님의 속성을 계시하기 위해 자연현상과 관련된 표현이 자주 사용되었는데, 이것은 상징적 용어와 관련된다.

4) 상징적 용어

성경은 미래에 일어날 것에 대해 당시 사람들이 이해할 수 없으나 신적인 것에 대해 상징적으로 표현하는 경우가 많다. 이 경우 자연현상을 이용해서 설명하기도 한다.

(1) 태양

많은 경우 해는 물리적 시간과 방향을 나타낸다('아침', 창 19:23; 삿 8:13; '저녁', 창 15:12, 17; 28:11; '장소', 사 59:19; 겔 8:16 등). 그러나 신학적 의미로 쓰일 때는 다양한 의미를 지닌다. 드보라는 야웨를 사랑하는 자를 "해가 힘있게 돋음같이 하옵소서"(삿 5:31)라고 노래함으로써 해가 오르는 것을 힘을 상징

음체계 속에 있지만, 그들의 발화행위에서 사용된다. 그것은 그들의 회수 행위의 내용이 아니다." 65.
18　Von Soden, *Akkadisches Handwrterbuch* (Wiesbaden: Otto Harrassowitz,1965), 233.
19　H. M. Ohmann, "Het Oude Testament en de natuurwetenschap," in: A.P. Wisse (ed.) *In het licht van Genesis Christelijke wetenschappers over schepping en evolutie* (Barneveld: Uitgeverij De Vuurbaak, 1986), 98.

하는 것으로 보았다. 시편 84:12(한글 11절)에서는 "야웨 하나님이 해"라고 했다. 시편 기자는 은유법을 사용해서 해를 하나님의 따뜻한 보살핌으로 표현했다. 말라기 선지자는 메시아의 도래를 "의의 태양"(말 4:2)이 떠오른다고 표현했다. 악인에게 준엄한 심판을 내리고, 의인에게 위로와 회복을 주시는 메시아의 의를 태양에다 비유했다.

(2) 별

성경에는 하늘의 별을 많은 수효에다 비교하기도 하고 아름다움을 나타내기도 한다(창 15:5; 22:17; 26:4; 고전 15:40-41 등). 그렇지만 별이 상징적으로 사용된 때도 있다. 발람의 예언에서 "한 별이 야곱에게서 나오리라"(민 24:17)는 말은 문자적으로 볼 수 없다. 이 별은 왕의 영광을 상징적으로 묘사한 것이다. 이런 의미는 예수님께도 적용된다(계 22:16).

드보라는 "하늘에서 별들이 시스라와 싸웠다"(삿 5:20)고 했다. 이것은 하나님의 군대를 상징적으로 표현한 것으로 볼 수밖에 없을 것이다.

욥기 38:7에는 "새벽별들이 함께 노래했다"라는 표현이 있는데, 이것을 실제로 별들이 소리를 내는 것으로 과학적 증명을 하기도 한다.[20] 그러나 이 표현을 문자적으로 이해하는 데 무리가 있다. 이것은 하나님이 땅의 기초를 놓으실 때 별들이 노래했다는 말인데 그때는 별도 없었다. 이 표현도 상징적으로 봐야 할 것이다. 바로 뒤의 병행 구절에서 "하나님의 아들들이 다 기쁘게 소리하였었느니라"고 했는데, "별"과 "하나님의 아들"을 같은 것으로 보고 천사를 상징한다고 이해하는 것이 타당해 보인다.

20　Dennis Gordon Lindsay, *Harmony of Science and Scripture* II (Dallas, Texas: Christ For The Nations, Inc, 1991). Lindsay는 Kepler가 천체가 하늘을 가로질러 움직일 때 음악 소리를 낸다고 믿었다고 소개한다. 그는 혹성이 만들어 내는 음악을 악보로 그려 내기까지 했다고 한다.

(3) 구름

현대인들은 '구름'이라고 하면 대지에서 작은 물방울이 공중으로 올라가서 형성된 것과 큰 구름의 입자가 서로 엉키면 비가 되어 내리고 구름에는 양극과 음극이 있어 뇌우를 동반하는 것을 생각한다. 그러나 성경에는 많은 경우 구름이 하나님의 임재와 함께 쓰여서 하나님의 영광을 나타낸다('시내산 현현', 출 24:16; '성막의 구름', 출 33:10; 40:34; '성전의 구름', 왕상 8:10-12 등). 예수님이 승천하실 때 구름이 가렸다고 했고 재림 때도 구름 가운데 오신다고 했다(행 1:9; 계 1:7). 이것은 그리스도의 승천과 재림의 영광과 장엄함을 상징한다.

(4) 날개

성경에서 날개는 보호와 힘을 상징한다(출 19:4; 룻 2:12; 사 40:31 등). 특별히 이것은 독수리의 힘과 새끼를 보호하는 자상함을 가리킨다(신 32:11). 그렇지만 상징적으로 날짐승이 공중으로 비상하는 것을 비유로 해서 하나님의 초월성을 나타낸다. 하나님이 바람의 날개로 다니신다는 표현(시 104:3)이나 날개 달린 그룹을 타고 나신다는 표현이 그렇다(시 18:10). 고대 사람들은 초월성과 같은 형이상학적 개념을 표현할 때 날개 달린 혼합체(hybrid)인 그룹과 같은 형상을 사용했다.[21]

(5) 이슬

이슬은 야간의 복사냉각으로 지표 근처에 물체 온도가 이슬점 이하로 내려갔을 때 공기 중의 수증기가 물체의 표면에 응결해 생기는 물방울이다. 이스라엘은 낮에는 덥고 건조하지만, 밤에는 지중해 쪽의 서풍이 불어 습해 이슬이 많이 내린다. 그리고 이 지역의 농사에 이슬은 중요한 역할을 한다. 그래서 하나님의 계시는 사람들이 그 특성을 잘 알고 있는 자연현상을 이용해서 하나님의 속성과 사역을 표현한다.

---

21   Cf. Elie Borowski, "Cherubim: God's Throne?," *BAR* 21 (4) (1995), 36-41.

팔레스타인에서 이슬이란 모든 생물에 생명을 공급하는 것으로 이해된다. 하나님의 복인 영생을 설명할 때도 이슬이 사용되었다(시 133:3). 이사야는 "주의 이슬은 빛난 이슬이니 땅이 죽은 자들을 내놓으리로다"(사 26:19)라고 했다. 호세아는 하나님을 이슬과 같은 분으로 묘사하면서 이스라엘의 회복을 예언했다.

> 내가 이스라엘에게 이슬과 같으리니 그가 백합화 같이 피겠고 레바논 백향목 같이 뿌리가 박힐 것이라(호 14:5).

이슬은 비와 함께 번영과 풍요에 대한 상징이다.

(6) 그늘

자연현상으로서 그늘은 시원한 느낌과 보호를 의미하는 긍정적인 면과 음침하고 추운 느낌이 들게 하는 부정적인 면이 있듯이 상징적으로도 두 가지가 다 쓰인다. 성경은 종종 '사망의 그늘'이란 표현을 쓴다(시 23:4; 44:19; 사 9:2 등). 그러나 그늘이 하나님께 적용될 때 긍정적으로 쓰인다.

하나님은 영이시기에 피사체가 될 수 없으므로 그림자도 없다. 그렇지만 하나님이 친히 그늘이 되신다는 것은(시 121:5) 일조량이 가장 높은 지역의 작열하는 태양 아래서 살아가는 백성들에게 이보다 더 하나님의 보호를 적절하게 나타내는 표현은 없을 것이다.[22]

5) 신학적 표현

성경에는 자연현상과 관련된 표현을 신학적 의미로 쓰인 경우가 종종 있다. 특별히 '하늘'이라는 말을 쓸 때 단순한 공간이나 천체를 가리키는 현

---

22 "그늘"(ṣēl)의 어원이 되는 아카드어 ṣillu의 뜻은 '그늘'과 '보호'를 뜻한다. CDA, 338.

상적 표현이 아니라 하나님의 존재와 속성을 나타내기도 한다. 하나님이 하늘에 계신다는 표현은 하늘이 하나님의 처소가 된다는 말도 되지만 만유의 주권자로서 그 위엄과 거룩함을 나타낸다(시 2:4; 11:4; 마 6:9 등).

세계도 견고히 서서 흔들리지 아니하는도다(시 93:1).

이 문장에서 "세계"라는 말은 "테벨"(*tēbēl*)이란 용어를 썼는데 이것은 시적 표현으로서 '땅'(*'ereṣ*)이라는 말과 동의어다. 땅이 서서 움직이지 않는다는 것을 과학적으로 땅이 움직이지 않는다는 의미로 생각할 수는 없다. 이것은 어디까지나 시적 표현일 따름이다. 이 문장은 문맥상 하나님의 능력 앞에 피조물의 태도를 보여 준다. 특히 이 세계는 하나님의 심판 대상으로서 어떤 모습으로 서게 될 것인가를 묘사했다.

히브리서 11:3은 "보이는 것은 나타난 것으로 말미암아 된 것이 아니니라"라고 했다. 이것은 무(無)에서 유(有)를 창조하시는 하나님의 능력을 가리킨다. 그런데 린지(Lindsay)는 모든 물질은 물체가 아니라 보이지 않는 것으로 구성된다고 하면서 과학이 다루는 신비로운 모든 비물질적인 것, 즉 에너지, 전기, 자기, 파장, 중력 같은 것은 보이는 물질과 관련됨에도 불구하고 보이지 않는다고 한다. 원자도 전기현상이라고 하면서 이 본문을 물질이 원자로 구성된 것을 가리킨다고 한다.[23]

만일 이 주장을 받아들인다면 성경 해석에 심각한 문제가 발생한다. 이 부분은 "모든 세계가 하나님의 말씀으로 지어졌다"고 언급하고 있는데, 여기서 "보이지 않은 것"이란 말씀을 가리킨다. 하나님의 창조 명령으로 세계가 존재하게 되었다는 창조에 대한 신학적 표현이다.

그런데 하나님이 보이지 않는 원자로 세상을 지으셨다면 그것은 무에서 (*ex nihilo*) 세상을 창조한 것이 아니라 유에서 창조했다는 이상한 창조교리가

---

[23] Lindsay, *Harmony of Science and Scripture*, chap. 20.

나올 수 있을 것이다. 또 다른 문제는 오직 믿음으로만 이 사실을 알 수 있다고 했는데 이것이 원자라고 한다면 물질이 원자로 이루어진 것으로 인정하는 과학자들은 하나님에 대한 믿음이 있다는 어처구니없는 결과를 초래한다는 것이다.

3. 결론

언어란 항상 문화와 맞물려 있기 때문에 기록된 언어는 그 언어가 쓰였던 문화의 제약을 받는다. 그렇지 않으면 의사소통이 어려울 것이다. 성경의 영원한 진리는 언어뿐만 아니라 문화의 옷을 입고 있으므로 그 문화와 관련된 언어의 특성을 따라서 성경을 설명해야 할 것이다. 과학에 친숙한 그리스도인이 성경적 진리를 과학적으로도 진리가 된다는 것을 밝히려는 시도는 일종의 사명이라고 봐야 할 것이다. 특별히 성경과 대치되는 그릇된 과학의 문제점을 밝히는 것은 그리스도인 과학자의 임무가 될 것이다.

그러나 자연에 대한 성경의 표현을 그 언어의 성격을 충분히 고려하지 않고 근본주의 입장에서 문자적으로 이해한 상태에서 현대 과학적 연구 결과를 비판한다면 성경적으로도 맞지 않고 과학적으로도 정당하지 않은 주장을 하게 될 것이다. 그래서 성경에 근거한 과학적 증명을 시도하기 전에 성경 언어의 일상적이고, 현상적, 상징적, 신학적 표현과 화행이론을 잘 고려해서 본문의 의도를 먼저 파악해서 과학에 적용해야 한다.

제2부
구약과 동성애

제3장
하나님의 창조질서와 동성결혼

제4장
소돔의 죄

제5장
구약의 동성애법

제6장
다윗과 요나단의 관계

제3장

하나님의 창조질서와 동성결혼*

1. 서론

'창조질서'란 말은 기독교나 유대교의 전유물이 아니다. 이 용어와 똑같은 표현을 쓰지 않아도 창조질서란 개념을 포함하는 용어는 고대 근동 사회에서 흔하게 발견할 수 있다. 고대인들의 세계관은 신들이 우주를 창조할 뿐만 아니라 그 우주는 신들의 다양한 기능에 의해 질서정연하게 보존된다고 믿었다. 그들의 삶의 형태는 우주의 질서를 반영한 것으로 그 질서를 유지하기 위해 신전과 왕 그리고 제사장과 같은 제도를 두었다.

메소포타미아에서는 혼돈에서 질서로 창조된 세계를 유지하고 복구하는 데 관심을 가진다.[1] 이집트인들은 창조신 '레'가 여덟 신에 대한 지배권을 장악함으로써 혼돈에서 질서(ma'at)를 가져왔다고 믿었다. 그들의 역사는 창조 시에 확고하게 세워진 우주의 질서에 의해 유지되었다.[2]

반대로 무질서를 의미하는 단어로는 "이즈펫"(izfet)이라는 말을 사용하는데 그것은 '틀린 것'을 의미한다. 고대인들이 가진 질서에 대한 강한 의식

---

* 이 글은 「신앙과 학문」 21(2016)에 실린 논문이다.
1 Cf. John H. Walton, *Ancient Near Eastern Thought and the Old Testament: Introducing the Conceptual World of the Hebrew Bible* (Grand Rapids, MI: Baker Academic, 2006), 185.
2 J. Currid, *Ancient Egypt and the Old Testament* (Grand Rapids, MI: Baker Books, 1997), 35-36.

은 윤리적 의식을 갖도록 하지만 그 의식이 이스라엘의 율법과 같이 선과 악에 관한 명확한 표준을 제시하는 정도는 아니다. 왜냐하면, 고대 다신론 사회에서 엄격한 윤리적 규정을 정하기가 어렵기 때문이다. 이것은 고대 헬라인에게도 마찬가지다. 헬라인들은 성경의 창조질서에 해당하는 것을 '자연법'으로 이해했다. 플라톤은 자연법에 맞지 않는 성관계를 "부자연스러운 것"(διὰ τὸ μὴ φύσει)이라고 했다[3]. 물론 플라톤이 그 부자연성을 거스르지 말아야 한다고 주장하거나 가르친 것은 아니다.

그래서 이 논문은 단순히 "창조질서와 동성결혼"이 아니라 "하나님의 창조질서와 동성결혼"이라고 제목을 한정했다. 물론 '하나님의 창조질서'란 말도 무한한 우주를 포함한 자연과 사물과 인간을 포함하는 포괄적 개념이지만 이 글에서 인간 창조와 그 사명과 관련된 부분에 한정된다.

또한, '동성결혼'이란 남성과 남성 또는 여성과 여성 간의 결혼을 말한다. 본 연구는 구약에서 말하는 창조질서 가운데 결혼의 원리와 관련하여 동성결혼의 가능성 유무를 살필 것이다. 그 절차는 주제를 따라서 하나님의 창조질서에 관한 본문을 자세히 주석하고 동성결혼에 대한 성경적 결론을 내릴 것이다.

---

[3] Plato, *Platonis Opera*, ed, John Burnet (Oxford: University Press, 1903), 836c.

2. 본론

1) 하나님의 형상

인간 창조에 대한 하나님의 계획과 결정은 다음 말씀에 잘 나타나 있다.

> 우리의 형상을 따라 우리의 모양대로 우리가 사람을 만들고 그들로 바다의 물고기와 하늘의 새와 가축과 온 땅과 땅에 기는 모든 것을 다스리게 하자 (창 1:26).

이 창조기사의 특징은 다른 피조물과는 달리 인간은 하나님의 형상으로 창조되었다는 것이다. 여기서 "하나님의 형성"의 문제를 깊이 다룰 수는 없다. 다만 하나님의 형상 의미와 특징을 살펴볼 것이다.

먼저 하나님의 형상이 피조물 가운데서 인간에게만 적용된다는 것은 인간이 최고의 피조물로 특별하게 창조되었다는 것을 알 수 있다. 그래서 시편 기자는 이렇게 고백했다.

> 사람이 무엇이기에 주께서 그를 생각하시며 인자가 무엇이기에 주께서 그를 돌보시나이까 그를 하나님보다 조금 못하게 하시고 영화와 존귀로 관을 씌우셨나이다(시 8:4-5).

우선 하나님의 형상이란 말 자체는 하나님이란 신의 이미지를 물질로 표현한 것으로 들리지만 구약은 물론 고대 근동에서도 이 형상은 직무와 신분에 관련된 자질과 같은 것으로 이해한다.

먼저 고대 근동 전역에서는 거의 대부분이 '신들의 형상'은 일반 사람들에게 적용되지 않고 왕들에게만 적용되어 그들이 신들의 대리자로 인식되었다.⁴ 즉 인간 개개인을 하나님의 형상으로 규정하는 문헌은 구약밖에 없다는 것이다.

인간이 하나님의 형상과 모양으로 창조되었다는 것은 인간이 하나님을 닮았다는 뜻이다. 여기서 "형상"($selem$)과 "모양"($d^emūt$)은 동의어를 나열해서 강조하는 의미로 보아야 할 것이다. 즉 인간은 완전한 형상이지 본질에서 결코 하나님이 아니라는 말이다.⁵ 하나님의 형상은 로마교회가 생각하듯이 하나님의 초자연적 은사가 덧붙여진 것이 아니라 인간 전체가 하나님의 형상이다.⁶

인간이 하나님을 닮았다는 것은 인간이 다른 피조물과 달리 언어를 사용하고 이성을 가졌다는 것에서 그치지 않고 하나님의 공유적 속성과 기능을 반영한다는 뜻이다. 하나님의 형상으로 인간은 그분의 거룩, 공의, 참, 선하심과 같은 속성을 반사하면서 하나님께 영광을 돌리며 살게 되어 있다(엡 4:24).

이 하나님의 속성은 총체적으로 언약적 사랑으로 요약될 수 있을 것이다. 그것은 하나님이 독생자를 보내 주셔서 대속의 죽임을 당하도록 하시기까지 우리를 사랑하신 것처럼 우리도 하나님을 온전히 사랑할 수 있는 능력을 갖춘 것이다. 물론 타락 이후로 인간은 그 능력을 하나님을 거부하는데 총동원하지만 구원받은 이후 하나님의 형상을 점진적으로 회복하게 된다. 그것은 인간이 전적으로 하나님을 사랑하고 그 계명에 순종하게 된다는 말이다.

같은 맥락에서 신약에서는 예수 그리스도를 보이지 않는 하나님의 형상으로 제시한다(골 1:15). 즉 예수님이 하나님의 참 형상이라는 뜻이다. 이 구절은 인간이 하나님의 형상을 회복하고 그 본질을 따라 사는 것은 예수님

4　Walton, *Ancient Near Eastern Thought and the Old Testament*, 212.
5　신득일, 『구약정경론』. (서울: 생명의 양식, 2011), 225.
6　H. Bavinck, *Reformed Dogmatics: God and Creation* Vol. 2 (Grand Rapids, MI: Baker Academic, 2004), 587.

을 따라 사는 것임을 알려 준다. 예수님은 하나님에 대해서는 완전한 순종을 이루신 분이고(요 4:34; 마 26:39), 이웃에 대해서는 완전한 사랑을 베푸신 분이며(눅 19:10; 막 10:45; 요 15:13), 자연을 통제하시고 역사를 주관하시는 분(롬 11:36)으로 나타나셨다.[7]

하나님의 형상은 인간이 하나님께 사랑으로 순종해야 하는 의존적 존재로 지음 받았다는 것을 부각시킨다. 그것은 남자와 여자가 동등하게 하나님의 형상으로서 하나님을 사랑하고 또 서로를 사랑해야 하는 의무가 있다는 것이다. 하나님의 형상으로서 인간은 하나님과 이웃을 사랑할 뿐만 아니라 피조물 가운데 하나님의 대리자로서 문화적 사명을 수행하는 것을 포함한다.

지나가면서 언급하고자 하는 것은 사람이 하나님의 형상을 따라서 남자와 여자로 창조되었기 때문에 하나님이 남신과 여신으로 존재한다고 주장해서는 안 된다는 것이다. 또는 "아버지 하나님", "어머니 하나님"이라고 해서는 안 된다. '하나님'이란 말이 '신'('$ᵉlôₐh$)에 대한 복수('$ᵉlōhīm$)로 기록되었다는 것은 다수의 신을 의미하는 것이 아니고 하나님의 장엄함을 나타내기 위해 강세복수(pluralia intensivus)로 쓰인 것이다.

그리고 고고학적으로 이스라엘에서 "야웨의 아내"란 문구가 적힌 석비가 발견되었다고 해서[8] 하나님의 배우자가 있는 것으로 이해해서는 안 된다. 그것은 이스라엘이 바알을 숭배하듯이 야웨 하나님을 섬기는 타락한 종교적 관행에서 비롯된 것이다. 하나님은 문법적으로 남성으로 표기되지만, 창조주로서 성을 초월한 영이시다.

---

[7] Anthony, A. Hoekema, *Created in God's Image* (Grand Rapids, MI: William B. Eerdmans Publishing Co., 1986), 73-75.

[8] M. Dijkstra, "El, the God of Israel—Israel, the People of Yhwh: On the Origins of Ancient Israelite Yahwism" Bob Becking et al., *Only One God?: Monotheism in Ancient Israel and the Veneration of the Goddess Asherah,* vol. 77, The Biblical Seminar (London: Sheffield Academic Press, 2001), 114-115.

인간이 하나님의 형상이라는 사실이 윤리적 규범으로 주어진 것은 아니다. 그러나 인간의 본질에 대한 그 정의가 인간이 하나님을 보여 주는 것이라면 그 삶이 하나님의 선한 속성에 부합하는 삶이어야 한다. 그것은 하나님의 요구에 순종하는 것이다. 그래서 하나님의 형상이 주는 교훈은 하나님의 명령과 율법을 거스르는 동성애나 동성결혼을 인정하지 않는다(창 2:24; 레 18:22).

2) 남자와 여자

"우리가 사람을 만들자"(창 1:26)란 표현에서 주목해야 할 것은 "사람"('ādām)이 집합명사로 쓰였다는 것이다. 이 단어가 복수가 아니라 단수로 쓰였지만, 다음 문장에서 그 "사람"이 주어가 되는 동사는 복수로 표기되었기 때문이다.
"그들이 다스리게 하자"(yirdū).
즉 "사람"은 인류를 가리키는 말이다.
그 "사람"의 실체는 하나님이 행하신 창조 사역을 묘사하는 다음 절에서 구체적으로 언급되었다.

> 하나님이 자기 형상 곧 하나님의 형상대로 사람을 창조하시되 남자와 여자를 창조하시고(창 1:27).

그 "사람"은 남자와 여자를 가리킨다. 즉 남자와 여자를 사람이라고 한다는 것이다.
한글로 번역된 히브리어 "남자"와 "여자"는 엄격하게 말하면 '남성'(zākār)과 '여성'(neqēbā)을 가리키는 말이다. 종종 구약의 이 "자카르"(zākār)와 "너케바"(neqēbā)가 법적 용어라는 주장이 제기되기도 하지만 그것은 별로 설득력이 없다. 왜냐하면, 이 말이 동물에게도 적용되기 때문이다(창 6:19; 레 3:1, 6;

4:28, 32; 5:6; 12:5). 그래서 이 두 단어는 생물학적 용어로 봐야 한다.

남성을 가리키는 "자카르"라는 말은 동종어군에서도 같은 어근을 가지고 나타난다. '지카루'(zik(a)ru, 아카드어), '다카루'(dakaru, 우가릿어), '디크라'(dikrā, 아람어), '다카르'(dakar, 아랍어), '데크로'(dekro, 시리아어)이다. 이 단어의 어원에 대해서는 몇 가지 추측이 있지만 확실하지는 않다. 우선 이 단어를 동사 '기억하다'(zākar)와 연관시키면서 남자는 추억을 만드는 능동적 행위자라고 해석하기도 하지만 지지받기 어려워 보인다. 또 같은 철자의 상태 동사인 '힘 있다'를 의미하는 zākar에서 왔다고 보기도 하지만[9] 이것도 불확실하다. 이 말은 '뾰족한'이란 개념을 가졌을 것으로 본다. 그것은 앞에서 열거한 동종언어 가운데 아랍어 dakar에서 확인된다. 즉 이 단어는 '남성' 또는 '남성 성기'를 의미한다.[10] 그래서 '남성'(zākār)이란 단어는 남성의 신체적 특징과 기능을 나타내는 표현이다.

한글로 '여자'로 번역된 히브리어 "너케바"(nᵉqēbā)도 한 종(種)의 '여성'이라고 번역하는 것이 맞다. 이 단어는 원래 '구멍' 또는 '터널'을 의미하는 "네케브"(neqeb)에서 왔다. 이 말은 플러그를 끼우는 소켓에 해당하는 표현이다. 그래서 이 단어는 '여성' 성기 모양에서 온 표현(genitalium figura dicta)이다.[11] 히브리어로 '여성'을 의미하는 단어도 여자의 신체적 특징과 그 기능을 알려 주는 의미가 있다.

이런 어원적 고찰은 남녀에 대한 구약 본문의 언어적 묘사는 다소 원색적 측면이 있음을 보여 준다. 남성과 여성을 지칭하는 말이 성적 기능을 표현하고 있다는 것이다. 이 두 단어가 우리에게 알려 주는 것은 사람은 본래 양성/자웅동체로 창조되지 않았다는 것과 남성과 여성이 신체적으로 결합하도록 창조되었다는 것이다. 이 성적 차이가 번성의 복의 전제가 된다. 다른 피조물에는 단순히 가정된 것이 사람의 경우는 남성과 여성이 가정된

---

9 *HALOT*, 270.
10 R. E. Clements, "זָכָר," *TDOT*, 83.
11 *GHCLOT*, 564.

것이 아니라 특별히 구체적으로 언급되었다.[12] 다시 말해서 동물의 경우는 동물이 암수로 창조되었겠지만, 거기에 대한 언급 없이 독자가 그렇게 판단하도록 기록되었다는 뜻이다.

창조기사는 전체적인 것을 묘사하기 때문에 처음부터 남편과 아내로 이루어진 가정에 대해서는 언급하지 않았다. 그러나 결혼과 가정은 처음부터 암시되었다고 볼 수 있다. 또한, 본문은 남녀를 나란히 언급함으로써 남녀가 동반자로서 동등하게 창조되었음을 나타낸다. 그래서 인간은 평등하게 상호의존적 존재로 창조된 피조물로서 남성은 여성에 의해 보완되고, 여성은 남성에 의해 보완된다. 즉 "혼자 있는 사람은 반쪽 인간일 뿐이다"라는 속담과 같다. 그래서 사람은 사회적 또는 공동체로 존재해야 한다는 것이 창조질서의 기본개념이다.

그러므로 남녀 간의 결합으로 인한 공동체 개념에서 동성 간의 결합 여지는 발견할 수 없다. '남성'과 '여성'은 나중에 언급될 사회적 용어인 "남자"(zā)와 "여자"(iššâ) 간의 기본적 상호관계를 나타낸다(창 2:23). 이 창조질서의 관계는 바뀔 수도 없고 제거될 수도 없다. 인간이 남성과 여성으로 창조된 것이 바로 인간의 근본적 정체성을 나타내는 하나님의 형상이다.

3) 문화명령

하나님은 사람을 자신의 형상대로 창조하시고 복을 주셨다.

> 하나님이 그들에게 복을 주시며 하나님이 그들에게 이르시되 생육하고 번성하여 땅에 충만하라, 땅을 정복하라, 바다의 물고기와 하늘의 새와 땅에 움직이는 모든 생물을 다스리라 하시니라(창 1:28).

---

12 Phyllis A. Bird, "Male and Female He Created Them: Gen 1:27b in the Context of the Priestly Account of Creation," *Harvard Theological Review* 74:2 (1981), 147.

이 구절은 일반적으로 "문화명령"이라는 용어로 알려졌지만, 그 자체로 복으로 주어졌다는 것을 아는 것이 중요하다. 즉 하나님의 사명을 수행하는 모든 일이 곧 복이라는 말이다.

인간 창조에 대한 언급에서 복으로 주어진 첫 번째 명령은 "생육하고 번성하여 땅에 충만하라"라는 것이다. "생육하라"란 명령은 기본적으로 '열매를 맺으라'($p^eEr\bar{u}$)란 뜻이다. 이 명령은 남녀에게 주어진 것으로서 이 명령이 성립하려면 남녀 간의 결합을 통해서만 가능하다. "번성하라"란 명령은 '증가하라' 또는 '많아져라'($r^eb\bar{u}$)란 뜻이다. "충만하라"란 말은 '가득 채우라'($mil^e\bar{u}$)라는 말이다. 이 세 동사는 점진적으로 확대되는 것과 앞의 명령을 순종한 결과로 다음 명령의 내용을 성취하는 것으로 구성되었다. 즉 자녀를 출산해야지 그 자녀들이 계속 출산하여 번성할 수 있고, 또 그 번성한 자녀들이 계속 출산해야지 인류로 땅을 가득 채울 수 있다는 말이다.

이 명령을 수행하려면 두 가지 조건을 충족시켜야 한다. 그것은 이성 간의 결혼을 통해서만 자녀를 낳을 수 있다는 것과 명령하는 행위가 일시적이 아니라 항구적일 때만 가능하다는 것이다. 하나님의 명령은 동성 간의 결혼을 통해서는 결코 이루어질 수 없다. 또한, 이 명령이 최초의 인간이나 태고 시대에만 해당하는 것이 아니라 지속해서 수행되어야 할 조항이라는 말이다.

본격적인 문화명령이라고 할 수 있는 것은 만물을 다스리는 데서 구체화한다. 이것은 하나님이 계획하신 대로 주어진 명령으로서 인간 창조의 목적이 된다(창 1:28). 이 명령은 바로 앞의 명령, 즉 남녀의 결혼을 통한 반복되는 출산으로 사람이 땅에 가득하게 되었을 때 가능하다.

"정복하라"로 번역된 히브리어 "카바쉬"($k\bar{a}ba\check{s}$)는 기본적으로 '밟다'(cf. 아카드어 $kab\bar{a}\check{s}um$)에서 온 말로서 거의 모든 셈어가 이 단어의 형태와 개념을 공유한다.[13] 이 단어가 실제로 곡식을 밟거나 왕의 통치권을 묘사하는 말로

---

13 S. Wagner, "כבשׁ," *TDOT*, 52.

도 쓰였다(왕상 5:4; 시 110:2; 72:8; 사 14:6; 겔 34:4). 그러나 창조기사의 문맥에서는 곡물이나 인간에 대한 통치가 아니라 '땅'에 대한 통치를 말하고 있다.

여기서 땅은 앞에서 언급한 '그 땅을'('eṭ-hā'āreṣ)에 대한 대명사 접미사(hā)로 묘사되었다. 땅을 정복한다는 것은 단순히 동물의 왕국을 다스리는 정도가 아니라 좀 더 근본적이고 포괄적인 것을 의미한다. 그것은 지리적 경계를 넘어서 인간이 거주하는 세상에 대한 임무를 말한다.[14] 히브리어 동사 "카바쉬"가 "땅"을 대격으로 받는 경우는 이 본문이 유일하다. 그래서 "땅을 정복하라"는 말은 아주 특이한 형태다.

여기서 "땅"을 환유법으로 이해한다면 "그 땅의 주민을 정복하라"는 말이 될 것이다. 그러나 이 해석을 창조된 인간에게 부여된 사명으로 이해하기는 어렵다. 일단 '정복하다'는 단어를 앞에서 나온 명령의 연장선에서 생각할 필요가 있다. 그러면 땅을 정복하는 것은 생육하고 번성하여 땅에 가득 찬 사람들이 거주할 땅을 차지하라는 말로 이해할 수 있을 것이다. 이 명령은 인간이 하나님의 형상을 지닌 자로서 그 땅을 인간이 살기에 적합한 환경을 조성하는 데 주도권을 쥔 통치자의 역할을 하라는 말로 이해할 수 있을 것이다. "정복하라"라는 말이 인간의 이기심을 충족시키기 위해 난개발과 같이 환경과 생태계를 파괴하라는 말로 오해해서는 안 될 것이다. 그것은 창조질서에 맞지 않기 때문이다.

그다음 명령은 "바다의 물고기와 하늘의 새와 땅에 움직이는 모든 생물을 다스리라"는 것이다(창 1:28b). 인간은 하나님의 형상을 지닌 존재로서 하나님을 대신하여 삼계, 즉 바다와 하늘과 육지에 있는 모든 생물을 다스릴 권한을 위임받았다. "다스리라"로 번역된 히브리어 "라다"(rādā)의 어원은 모든 셈어가 공유하는 표현이다. 어원과 관련된 아카드어 '레두'(redû)와 '라다두'(radādu)는 각각 '동행하다'와 '뒤쫓다'를 의미한다.

히브리어 "라다"는 '다스리다' 또는 '통치하다'를 의미하는 '마샬'(māšal)

---

14 Wagner, "כָּבַשׁ," 54.

과 동의어다(창 1:16). 이 언어적 고찰을 통해 알 수 있는 것은 이 다스림이나 통치가 '지배권'만을 의미하지 않는다는 것이다. 이것은 인간이 동물의 왕국을 다스리는 것은 단순히 생물의 최고 위치에 있다는 것만이 아니라 이 왕국을 관리하는 청지기의 사명을 맡았다는 말이 될 것이다.

인간이 청지기 직으로 수행하게 될 '문화적 사명'은 좁게는 남녀가 함께 이루는 가정, 넓게는 사회를 통해 수행할 수 있다. 그렇지만 동성 간의 결혼은 이 사명을 수행할 수 없으므로 문화명령은 처음부터 이성 간의 결혼에 초점을 두고 있다.

4) 결혼 동기

성경에서 결혼의 동기로 제시되는 본문은 여자를 창조하는 목적과 같다.

> 여호와 하나님이 이르시되 사람이 혼자 사는 것이 좋지 아니하니 내가 그를 위하여 돕는 배필을 지으리라 하시니라(창 2:18).

이 본문은 제2의 창조기사가 아니라 1장에 열거된 하나님의 창조 사역 가운데서 창조의 면류관이라고 할 수 있는 인간 창조에 초점을 맞추어서 인간 창조의 과정을 상세하게 묘사하고 있다고 봐야 한다. 다시 말해서 1장의 창조기사는 "남성과 여성을 창조하셨다"고 한 문장으로 표현하지만 실제로는 남자를 창조한 후 하나님이 여자를 창조하는 일련의 과정이 있었다는 것이다.

하나님의 창조 사역의 결과는 모두가 "좋았더라"로 평가되었다. 특별히 하나님이 인간을 창조하신 후 온 피조세계를 보시고 "매우 좋았더라"($tôb\ me'ōd$)라고 하셨다(창 1:31). 그러나 이 본문에서 처음으로 "좋지 않다"($lō\ tôb$)란 표현이 나온다. 그런데 "사람이 혼자 사는 것"(원문: 그 사람이 혼자 있는 것, $h^eyôt\ hā'ādām\ l^ebaddô$)이 좋지 않다는 말을 '나쁘다'로 이해할 수 있느냐는 의문이 생긴다. 즉 독신은 나쁘다고 말할 수 있느냐는 것이다. 그렇지만 그것은 성경의 내용과 맞지 않다(고전 7:8).

또한, 죄가 세상에 들어오기 전의 상태는 모든 것이 아름답고 좋은데 아담의 상태가 '나쁜 것'으로 말할 수는 없을 것이다. 더욱이 아담이 실패작이거나 결함이 있다든지 인간으로서 불완전한 상태라는 말이 아니다. "좋지 않다"는 말은 단지 인간 공동체를 이루는 데 홀로 있는 상태가 적합하지 않다는 말이다.[15]

"내가 그를 위하여 돕는 배필을 지으리라"는 표현은 아담을 도울 배필이 필요한 상태에 있다는 것이다. 문자적으로 번역하면 "내가 그를 위하여 그의 짝으로서 도움을 만들 것이다"로 할 수 있다. 사르나(Sarna)는 이것이 기본적으로 배필의 기능과 역할을 나타내지만 돕는 역할의 낮은 지위를 의미하지는 않는다고 한다.[16] 왜냐하면, "도움"('ēzer)이란 단어가 하나님께도 적용되기 때문이다(출 18:4; 신 33:7; 시 33:20; 70:6; 115:9–11; 146:5). 본문의 문맥은 배필이 필요한 상황은 일단 문화적 사명을 성취하는 데 필요한 것으로 제시한다.

> 여호와 하나님이 흙으로 각종 들짐승과 공중의 각종 새를 지으시고 아담이 무엇이라고 부르나 보시려고 그것들을 그에게로 이끌어 가시니 아담이 각 생물을 부르는 것이 곧 그 이름이 되었더라. 아담이 모든 가축과 공중의 새와 들의 모든 짐승에게 이름을 주니라 아담이 돕는 배필이 없으므로 (창 2:19-20).

---

15 Cf. H. Gossai, "Divine Evaluation and the Quest for a Suitable Companionship," *Crosscurrents* Winter (2003), 546.
16 N. M. Sarna, *Genesis, The JPS Torah Commentary* (Philadelphia: Jewish Publication Society, 1989), 21.

고대 근동에서는 이름을 부여하는 것은 기능을 부여한다는 말이다.[17] 즉 동물에 기능과 역할을 부여하는 사역에 배필이 필요하다는 말이다. 동물에 이름을 부여하는 것은 하나님의 형상으로서 인간에게 주어진 문화적 사명 수행의 일부 또는 대표로 제시된 것을 봐야 할 것이다. 이 사명은 남녀로 구성된 인간이 지속해서 완수해야 할 것으로 이미 제시되었다(창 1:28). 그래서 그 "배필"은 넘어지면 일으켜 주는 단순한 '조력자'가 아님을 알 수 있다. 배필이란 말은 어원적으로 '앞에 있는 것'이나 '마주 대하는 것'이란 의미가 있지만, 본문은 예외로서 한 쌍의 적절한 짝이 되는 것을 의미한다.[18] 즉 결혼할 상대를 의미하는 것이다.

사람은 서로에게 배필이 되어서 상호 도움을 주는 존재가 되어야 한다. 특별히 본문은 '돕는'('ēzer) 역할을 강조하고 있다. 그것은 인간 공동체를 이룰 때만 가능해진다. 사람이 혼자 존재하는 것은 공동체를 이룰 수 없으므로 배필을 통해 공동체를 이루고 또 문화적 사명을 수행하도록 하려는 것이 하나님이 여자 창조와 결혼의 동기로 제시하셨다. 그것은 이성 간의 결혼을 의미한다.

5) 결혼 대상자 창조

> 여호와 하나님이 아담을 깊이 잠들게 하시니 잠들매 그가 그 갈빗대 하나를 취하고 살로 대신 채우시고 여호와 하나님이 아담에게서 취하신 그 갈빗대로 여자를 만드시고 그를 아담에게로 이끌어 오시니 아담이 이르되 이는 내 뼈 중의 뼈요 살 중의 살이라 이것을 남자에게서 취하였은즉 여자라 부르리라 하니라(창 2:21-23).

---

17 Walton, *Ancient Near Eastern Thought and the Old Testament*, 90, 93.
18 F. Garcia-López, "נגד," *TDOT*, 175.

이 본문은 하나님이 여자를 만드시는 장면을 묘사한 것이다. 하나님이 여자를 만드신 이유는 바로 앞 절에 나오는 "아담이 돕는 배필이 없었다"는 말로 표현되었다. 문자적으로 "아담에게, 그가 자신의 짝으로서 돕는 자를 찾지 못했다"고 번역할 수 있다. 이 말은 많은 동물이 있지만, 인간의 짝이 될 수 없다는 뜻이다. 아담은 피조물로서 자신의 특별한 신분을 알고 있었고, 또 그가 못 찾았다는 것은 스스로 배필이 필요한 존재임을 느꼈다는 뜻이다.

여자의 기원은 남자의 기원과 다르다. 남자는 흙으로 만들어졌지만, 여자는 남자에게서 만들어졌다. 하나님은 아담의 갈비뼈 하나를 취해 그것으로 여자를 지으셨다(bānā). 베스터만(Westermann)은 "남자의 갈비뼈로 여자를 창조한 것은 우리가 접근할 수 있는 실제적 사건을 묘사한 것으로 이해해서는 안 된다"고 한다.[19] 여기에 대해 해리슨(Harrison)은 "갈비뼈"로 번역된 히브리어 "첼라"(sēlāʻ)는 문자적 뼈로 이해하면 안 되고 "인격의 한 측면"으로 이해해야 한다고 대안을 제시했다.[20]

그는 나중에 나오는 시적 언어인 "뼈 중의 뼈, 살 중의 살"에 기초해서 하나님이 아담의 갈비뼈를 취하실 때 살을 추출하는 것을 언급하지 않았기 때문이라고 한다. 그렇지만 이 본문은 하나님이 여자를 지으시는 과정을 시적으로가 아니라 너무나 구체적 표현으로 묘사하고 있다. 이 생생한 묘사는 해부학적이기도 하고 건축학적이기도 하다. 하나님이 갈비뼈를 꺼내시고 몸을 살로 덮는 것은 해부학적 표현이다.

(여자를) "만들다"(bānā)라는 동사는 기본적으로 (집을) '짓다' 또는 '세우다'라는 의미를 지닌다. 그래서 하나님이 여자를 지으셨다고 번역하는 것이 옳다. 이 본문에서 특이하게 쓰인 히브리어 동사 "바나"(bānā)를 '만들다' 또는 '창조하다'라는 창조 용어로 이 경우는 아카드어 문헌과 우가릿어 표현

---

19 C. Westermann, *A Continental Commentary: Genesis 1-11* (Minneapolis, MN: Fortress Press, 1994), 230.
20 Harrison, *Introduction to the Old Testament,* 555.

에서도 나타난다.

> 그가 신(달신)의 형상을 만들었다.[21]
> 엘은 피조물의 창조주다.[22]

하나님이 여자를 남자의 갈비뼈로 지으신 것은 "남편과 아내 사이의 친근함과 신비, 여자가 남자의 삶에서 이상적으로 담당하는 불가결한 역할이 상징적으로 묘사되었다 … 그래서 남자의 옆구리에서 취한 그 갈비뼈는 육체적 연합과 그녀가 옆에서 동료와 파트너가 된다는 것을 의미한다."[23]

하나님이 여자를 남자에게로 인도하신 것은 결혼을 위한 것이다. 하나님은 여자를 어린아이로 창조하지 않으시고 남자를 지으실 때와 같이 여자를 결혼이 가능한 성인으로 창조하셨다. 하나님이 중매자로서 그 여자를 신부로서 신랑인 아담에게로 인도하셨다. 그때 그는 "이는 내 뼈 중의 뼈요 살 중의 살이라"고 했다.

다른 곳에서는 뼈와 살이란 말이 친척 관계를 나타낼 때 쓰였다(창 29:14; 삿 9:2; 삼하 5:1; 19:13-14). 그러나 아담의 시적 표현은 여자가 실제로 자신의 뼈와 살에서 온 것을 말할 뿐만 아니라 남자와 여자가 인간으로서 동물과는 달리, 같은 기반 위에 있다는 의미가 있다.[24]

아담은 그녀를 남자에게서 취했기 때문에 여자라고 불렀다. 여기서 처음으로 "남자"('īš)와 "여자"('iššā)란 단어가 나온다. '남자'에 해당하는 '이쉬'('īš)라는 단어의 어원은 불확실하다. 이 단어의 복수가 '아나쉼'('ᵃnāšīm)인 것을 보면 'nš (아랍어 atta, '무성하게 자라다')일 가능성이 크다.[25] 어원 'nš

---

21 CAD b, 86.
22 HALOT, 139.
23 Sarna, Genesis, 22.
24 Cf. Gordon J. Wenham, Genesis 1–15, vol. 1, WBC (Dallas: Word, Incorporated. 1998), 70.
25 N. P. Bratsiotis, "איש," TDOT, 222.

에서 철자 '눈'(n)은 뒤따르는 자음에 동화되어 중복('šš)이 되지만, 모음이 없는 마지막 철자에는 중복점이 오지 않기 때문에 사라지는 현상으로 볼 수 있다.[26]

그러나 단어 뒤에 접미 요소가 붙으면 그 중복점이 되살아난다. 그래서 'nš에 여성 어미 '아'(ā(h)<aṯ)가 붙어서 여자를 의미하는 '잇샤'('iššā)가 된 것으로 설명할 수 있다. 어원에 '눈'(n)이 붙는 것은 '이쉬'('īš)의 복수형 (ᵃnāšīm, '아나쉼') 뿐만 아니라 사람을 뜻하는 단수 명사 '에노쉬'('ᵉnōš)에서도 나타나고(창 4:26). 여자의 복수 형태인 '나쉼'(nāšīm)에서도 확인된다. 이렇게 여자('iššā)는 남자('īš)라는 말에 여성 어미를 붙여서 형성된 것을 볼 수 있다. 이것은 언어적으로 여자란 말이 남자란 말에서 파생되었다는 것이다.

히브리인들은 종종 아이가 태어나는 상황에 의해 이름이 주어지기는 하지만 이 경우는 다르게 보아야 할 것이다. 이것은 고대 근동 사람들이 지닌 원형 관계의 연관성을 보여 주는 것으로 볼 수 있다. 아카드어의 언어 유희에서 "남자"(awilu)라는 용어와 "신"(ilu)에 대한 용어를 연결하듯이 히브리어 또한 "잇샤"('iššah, "여자")는 "이쉬"('īš, "남자")로부터 취했다. 또 아담도 "아다마"(ᵃḏāmā, "땅")에서 유래했기에 "아담"('āḏām)도 이에 해당한다는 사실을 나타냄으로써 원형적 성격이 지닌 단어 유희의 연관성을 보여 준다. 이런 원형 관계의 연관성은 질서의식을 반영하고 사회에서 역할을 나타낸다.[27] 남자와 여자의 관계에서 질서라는 것은 양자가 같은 위치에 있지만, 여자가 남자를 따르는 것과 같은 것으로 볼 수 있다(창 3:16).

---

26   신득일, 『구약히브리어』 (서울: CLC, 2012), 28.
27   Walton, *Ancient Near Eastern Thought and the Old Testament*, 207.

6) 결혼 원칙

결혼은 이성 간에 이루어진다는 원칙은 이미 창조 시에 주어진 문화명령에서 전제로 제시되었다. 그러나 성경은 결혼 지침을 별도로 언급한다.

> 이러므로 남자가 부모를 떠나 그의 아내와 합하여 둘이 한 몸을 이룰지로다 (창 2:24).

이 구절은 성경에 최초로 언급된 결혼에 관한 언급이지만 첫 결혼의 원리일 뿐만 아니라 모든 결혼에 적용되어야 할 원리를 보여 준다. 당시에는 아담과 하와밖에 없었기 때문에 그들에게만 적용되는 결혼 원칙으로 생각해서는 안 될 것이다. 왜냐하면, 이 구절 자체가 아담과 하와에게 한정되지 않는다는 것을 의미하기 때문이다. 즉 "부모를 떠나"라는 말은 그 두 사람에게는 적용되지 않는다. 그들은 부모가 없었다. 그래서 이 구절은 보편적 결혼 원칙으로 주어진 것이다. 또한, 예수님도 이 본문을 인용하시면서 이혼을 금하셨다는 것은 이것이 중요한 결혼 원칙이 된다는 것을 말해 준다.

> 말씀하시기를 그러므로 사람이 그 부모를 떠나서 아내에게 합하여 그 둘이 한 몸이 될지니라 하신 것을 읽지 못하였느냐? 그런즉 이제 둘이 아니요 한 몸이니 그러므로 하나님이 짝지어 주신 것을 사람이 나누지 못할지니라 하시니 (마 19:5-6).

특별히 예수님은 결혼은 하나님이 하시는 일이라는 점을 덧붙이셨다. 이 결혼 원칙은 세 개의 동사가 이끄는 문장으로 이루어져 있는데 이 동사들은 문법적으로는 미완료(y^a '$az\bar{o}b$, "그는 떠날 것이라")와 완료형 와우 계속법($w^e d\bar{a}baq$, "그가 합할지니라"; $w^e h\bar{a}y\bar{u}$, "그들이 〈한 몸이〉 될지니라")으로 쓰였지만, 명령의 의미를 지니고 있다. 부모를 떠나라는 것은 남자가 결혼함으로써 부모와 같이 독립된 가정을 이루는 것을 말한다. 남자는 결혼하기 전에는 부모가 우선순위에 있었지만, 결혼함으로써 우선순위가 아내와 자녀에게로 바뀌는 것을 뜻한다. 이것은 남자에게만 주어진 명령이지만 여자에게도 같이 적용되는 것이다.

특별히 여기서 두 번째 동사가 두드러진다. "그의 아내와 합할지니라"라는 표현이다. 결혼은 한 남자와 한 여자의 만남으로 이루어진다는 것이다. 이것이 하나님이 남녀를 창조하신 원리를 따른 결혼이다. 이 남녀 간의 결혼을 통해 생육하고 번성하는 복을 누리도록 하셨다. 본문은 '아내와 합하라'고 했지 '아내의 역할을 맡은 사람'과 합하라고 하지 않았다. 즉 결혼은 남자끼리, 여자끼리 결합하는 것이 아니라는 말이다. 그런 결합은 하나님의 창조질서에 역행하는 것이고 하나님이 결혼과 가정을 통해 주시려는 복을 거부하는 것이다. 결혼을 통한 하나님의 복은 남녀 간의 결혼에서 보장되는 것이지 동성 간의 결합에 보장되는 것이 아니다.

또한, "그들이 한 몸이 될지니라"란 말에서 "한 몸"은 '하나의 육체'(bāśār 'ehād)로 표현되었다. 두 사람이 한 육체가 되는 것은 물리적으로 불가능하지만, 이 말은 부부간의 신비스런 연합을 의미한다. 이것은 우선 조화로운 육체의 결합을 뜻하지만, 육체만을 의미하지 않고 부부의 육체적, 정신적, 감정적 결합을 의미한다. 이것은 서로 간의 사랑을 확인하는 것이지만 항상 피차간의 신뢰와 헌신을 바탕으로 한다. 육체적으로 하나가 되는 것은 이성 간의 결혼에 해당하는 것이지 동성 간의 결혼은 신체구조와 기능상 맞지 않는다.

남자와 여자가 결혼한 상태를 "아담과 그의 아내 두 사람이 벌거벗었으나 부끄러워하지 아니하니라"라고 묘사한다. 그들이 부끄러워하지 않았다는 것은 하나님이 제정하신 결혼의 원칙을 따라서 결혼한 남녀 간의 결혼은 신성하다는 것이다. 이와는 반대로 동성 간의 결혼과 성관계는 타락한 관계로서 당사자의 감정과는 상관없이 부끄러운 일일 뿐만 아니라 하나님의 심판을 초래하게 된다(롬 1:26-27).

하나님은 남녀를 창조하시고 곧장 결혼을 허락하셨다. 그 결혼은 남녀 간에 성립되고, 결혼을 통해 생육하고 번성하며 땅에 충만하여 문화적 복을 누리는 출발점이 된다.

3. 결론

구약 본문에 나타난 하나님의 창조질서와 관련하여 동성결혼을 고려해 볼 때 다음의 이유로 동성결혼은 허락되지 않았다.

첫째, 인간이 하나님의 형상으로 지음 받았다는 것은 인간이 하나님의 선한 속성에 부합하는 삶을 살아야 한다는 것이다.
둘째, 인간이 남성과 여성으로 지음 받았다는 것은 언어에서부터 이성 간의 결합을 전제로 하고 있다.
셋째, 생육하고 번성하여 땅에 충만하라는 문화적 사명은 이성 간의 결혼을 통해서만 가능하다.
넷째, 사람이 혼자 거하는 것은 인간 공동체를 이루는 데 적합하지 않다. 그래서 하나님이 여자를 창조하신 것은 결혼을 위해서다.
다섯째, 여자가 남자의 갈비뼈로 창조되었다는 것은 둘의 친밀함과 남녀 간의 역할을 나타낸다.
여섯째, 결혼의 원칙으로 제시된 명령은 남자는 자기 아내와 합해서 하나를 이루라고 한다. 여기에는 동성결혼의 여지가 없다.

이 논문을 마무리하며 한 가지 제안을 한다면 하나님의 창조질서를 어디까지 규범으로 인정할 수 있는지는 또 다른 논쟁거리를 야기한다는 것이다. 이 주제가 다뤄지면 창조질서와 동성결혼에 대한 더 섬세한 연구가 될 것이다.

제4장

소돔의 죄*

1. 서론

최근 한국 사회는 동성애 차별금지법이 논란이 되었다. 문제는 이 주제에 대한 논의 과정에서 한국 기독교 내에서도 보수와 진보 진영의 뚜렷한 대립양상을 보인다는 것이다. 물론 이것은 한국 기독교만의 문제가 아니라 세계적 추세이기도 하다. 더욱이 포스트모더니즘의 영향으로 동성애를 부정적으로 말하는 자체가 악한 것으로 내몰리는 분위기다.[1]

기독교회가 같은 성경을 가지고도 서로의 주장이 다른 것은 성경에 대한 이해와 그 해석이 다르기 때문일 것이다. 이 사실은 그리스도인이 동성애를 어떻게 이해하고 또 어떤 태도를 보일 것인가를 생각하기 전에 성경이 무엇을 말하고 있는가를 살필 것을 요구한다. 그러므로 이 논문에서는 기독교에서 전통적으로 동성애를 금지하는 대표적 본문으로 알려진 소돔의 멸망 원인에 대해 본문 주석을 통해 살펴보고자 한다.

---

* 이 글은 「성경과 신학」 48(2008)에 실린 논문이다.
1 Walter C. Kaiser Jr., P. H. Davids, F. F. Bruce, M. T. Brauch, *Hard Sayings of the Bible*, (Downer Grove, Illinois: IVP, 1996) 543.

2. 본문에 대한 논쟁점

소돔의 죄와 관련해서 문제가 되는 본문이다.

> (소돔 사람들이) 롯을 부르고 그에게 이르되 오늘 밤에 네게 온 사람이 어디 있느냐 끌어내라 우리가 그들을 상관하리라(창 19:5).

이 본문의 문맥은 18장에 나타난 하나님과 아브라함의 대화에서 시작된다. 이 본문의 사건은 그 연장선에서 하나님의 사자가 소돔의 죄를 확인하기 위해 온 현장에서 일어난 것이다. 성경은 이것을 소돔 사람들의 죄로 제시한다. 그런데 이들의 행동의 의도가 무엇이냐 하는 것이다. 우선 지금까지 본문에 대한 해석을 둘러싼 논쟁점을 정리해 보면 세 가지로 요약할 수 있다.

1) 소돔의 죄를 동성애로 보는 견해[2]

동성애란 단어의 동의어가 되는 'sodomy'라는 용어 자체가 보여 주듯이 전통적으로 많은 학자가 소돔의 죄는 동성애라고 생각해 왔다. 그 이유는

---

[2] Clement of Alexandria, *Paedagogus* III, 8, *ANF* II, 282; Augustine, *Against Lying*, 20, 어거스틴은 여기서 '동성애'란 용어는 쓰지 않았지만 소돔 사람들의 손님에 대한 요구가 성적인 것으로 이해했다; E. A. Speiser, *Genesis*, AB, New York: Doubleday & Company, Inc., 1964, 139, 142; G. von Rad, *Genesis* OTL, London: SCM Press LTD, 1972, 217-218, von Rad는 환대의 법을 어기는 것은 단지 이차적으로 관련될 뿐이라고 했다; W. G. Plaut, *The Torah I, Genesis* (New York: Union of American Hebrew Congregations, 1974), 178; Greg L. Bahnsen, *Homosexuality: A Biblical View* (Grand Rapids, Michigan: Baker Book House, 1978), 31-35; John S. & Paul D. Feinberg, *Ethics for a Brave New World* (Wheaton, Illinois: Crossway Books, 1993), 189-192; Wenham, *Genesis 16-50*, WBC 2, 55; Victor P. Hamilton, *The Book of Genesis* 18-50, NICOT (Grand Rapids, Michigan: Eerdmans, 1995), 33-35; Donald J. Wold, *Out of Order: Homosexuality in the Bible and the Ancient Near East* (Grand Rapids, Michigan: Baker Books, 1998), 77-89; Kenneth A. Mathews, *Genesis* 11:27-50:26 (Nashville, Tennessee: B&H Publishers, 2005), 234.

소돔 사람들이 하나님의 사자들을 "상관하리라"라는 말을 성관계를 맺는 것으로 이해했기 때문이다. 히브리어 동사 '야다'(yāda')는 기본적으로 '알다'란 뜻이지만 부부관계를 의미하는 뜻으로도 쓰인다는 것이다(창 4:1). 또 본문의 문맥도 그렇게 보는 것이 그들에게 자연스러워 보였다. 그뿐만 아니라 사사기에도 이와 유사한 사건이 기록되었고(삿 19:22), 또한, 레위기의 율법이 동성애를 명백하게 금지하기 때문에 자연스럽게 법이 금지하는 가증스러운 일이 동성애와 잘 연결될 수 있었다.

신약에서는 바울이 인간의 총체적 죄를 지적하면서 동성애를 강하게 반대하고 있고(롬 1:26-27) 또 유다서 7절의 내용이 소돔의 멸망 원인을 음란한 죄와 더불어 동성애를 시사하고 있기 때문이다. 무엇보다도 하나님의 창조질서와 관련해서 소돔이 가증한 일을 저지른 것으로 여겼기 때문이다.

2) 소돔의 죄를 나그네와 약자를 환대하는 사회적 인습을 어겼다는 견해

이 입장은 소돔의 죄가 동성애와는 아무 상관이 없다는 견해다. 오히려 소돔의 죄는 나그네를 환대하는 규정을 야만적으로 위반한 것과 관계가 있다고 한다.[3] 하나님이 소돔의 죄를 알아보시기 위해 사자들을 보냈을 때 롯은 낯선 나그네를 잘 환대했지만, 소돔 사람들은 나그네의 환대 법을 철저히 무시하고 야만적 행위를 저질렀다는 것이다. 이들의 주장에는 몇 가지 근거가 있다.

---

3   Derrick Sherwin Bailey, *Homosexuality and the Western Christian Tradition* (London: Longmans, Green, 1955), 3-4; John J. McNeill, *The Church and the Homosexual* (Kansas City: Sheed, Andrews and McMeel, 1976), 54-55; John Boswell, *Christianity, Social Tolerance, and Homosexuality* (Chicago: University of Chicago Press, 1980), 93-94; J. C. McCann, *Judges*, Interpretation (Louisville: John Knox Press, 2002), 130; James E. Miller, "A Response to Robert Gagnon on The Old Testament and Homosexuality," *ZAW* 119 (2007), 86-89.

첫째, 5절의 히브리어 동사 "야다"를 일반적 의미인 "알다" 또는 "~와 알게 되다"로 번역한다.

이것은 이 동사의 빈도수에 따른 활용에 호소한 것이다. 즉 동사 "야다"는 구약에 943번 나오는데 그중 남녀 간의 성적 관계를 의미하는 것은 열 번에 지나지 않는다는 것이다. 그런데 성적인 것을 표현하려면 다양한 성관계를 의미하는 단어, 오십 번 정도 사용된 동사 "사캅"(šākab, 눕다)을 썼을 것이라고 한다. 그래서 본문의 소돔 사람의 행위는 단순히 롯을 방문한 사람들을 알아보는 데 관심이 있었지 그들에게 성적 관계를 요구한 것이 아니라고 한다.[4]

둘째, 환대의 규정을 무시한다는 견해를 지지하는 몇몇 성경의 다른 본문이 있기 때문이다(사 1:10; 렘 23:14; 겔 16:48-49; 마 10:14-15; 눅 10:10-12).

이 본문들은 소돔의 멸망 원인을 일반적 음란행위나 그 도시의 교만과 약자를 돌보지 않은 것이라고 하거나 또 그런 의미를 함축하는 부분이 있다.[5]

셋째, 이 견해를 지지하는 학자들은 창세기 19장을 환대의 관습과 관련된 유사한 전설과 연결해서 이해하며 또 소돔의 죄를 환대로 이해하는 랍비 문헌에 근거해서 소돔의 죄를 설명하려고 했다.[6]

---

[4] Bailey, *Homosexuality and the Western Christian Tradition*, 2-5; Boswell, *Christianity, Social Tolerance, and Homosexuality*, 93-94: "이 사건에는 어떤 종류의 성적 관심도 없다"(95).

[5] Bailey, *Homosexuality and the Western Christian Tradition*, 9-10; Boswell, *Christianity, Social Tolerance, and Homosexuality*, 94-95. 마 10:14-15; 눅 10:10-12에서 예수님이 소돔과 고모라를 언급하시면서 그 시대 사람들에 대한 심판이 더 크다는 것을 말씀하셨는데 이것은 단순히 제자들이 나그네로서 환대를 못 받는 것이 핵심이 아니고 천국복음을 거절하는 데 따른 심판으로 보인다.

[6] Bailey, *Homosexuality and the Western Christian Tradition*, 7, 10-28. 랍비 문헌들은 10단원에서 다룰 것이다.

3) 소돔의 죄를 동성애 또는 동성애 폭력과 약자에 대한 환대를 소홀히 한 것, 두 가지로 보는 견해

이 입장에 대해서는 대체로 현대에 와서 여러 기독교 학자들[7]과 유대인 학자들[8]이 지지하는 편이다. 소돔 사람들이 명백하게 남성 간의 성적 관계를 요구한 것으로 보는 것은 본문의 동사를 성관계로 이해한 것이고, 나그네와 약자에 관한 규정을 어겼다고 보는 것은 에스겔(16:49)과 같은 본문이 그것을 소돔 멸망의 원인으로 설명하고 있기 때문이다.

이제 본문 주석을 통해 다양한 주장에 대해 평가해야 할 것이다.

3. 본문의 성격

주석의 출발점으로 본문의 성격을 살펴볼 필요가 있다. 이 본문은 창세기의 아브라함 이야기와 연관이 되었지만 소돔과 고모라의 심판을 담고 있는 문맥 속에 나타난 내용이다. 이 본문에 대한 비평가들의 두드러진 주장은 소돔과 고모라 이야기 자체가 역사와 상관이 없는 원인론적 민담이라는 것이다. 궁켈(Gunkel)은 19장 전체를 지리적 원인론적 민담(*geologische Sagen*)

---

[7] C. F. Keil & F. Delitzsch, *Commentary on the Old Testament* I (Edinburgh: T.&T. Clark, 1866), 148; C. Westermann, *Genesis* 12-36, BKAT (Neuchirchen-Vluyn: Neukirchener Verlag), 1981, 367; C. L. Seow, "Textual Orientation," in: R. L. Brawley (ed.), *Biblical Ethics & Momosexuality* (Louisville, Kentucky: Westminster John Knox Press, 1996), 21-22; Robert A. J. Gagnon, *The Bible and Homosexual Practice: Texts and Hermeneutics* (Nashville: Abingdon Press, 2001), 76; L. Ruppert, *Genesis*: Ein kritischer und theologischer Kommentar, 2, Gen. 11,27-25,18 (Würzburg: Echter Verlag, 2002), 415-416; W. M. Swartley, *Homosexuality: Biblical Interpretation and Moral Discerment* (Scottdale, Pa: Herald Press, 2003), 31-32.

[8] Sarna, *Genesis*, 135; W. W. Fields, *Sodom and Gomorrah: History and Motif in Biblical Narrative* (Sheffield: Sheffield Academic Press, 1997), 117, 137, Fields는 이 사건이 동성애와 관련이 있다고 보지만 소돔의 멸망의 원인으로 나그네에 대한 환대를 우선적으로 본다;

으로 보고 사해 바다가 어떻게 해서 이렇게 끔찍하게 황량하게 되었는지에 대한 지리적 기원을 제공하기 위해 지어 냈다는 것이다.

이 가운데서도 더 늦은 소알과 롯의 처의 이야기가 첨가된 것으로 본다.[9] 쏘진(Soggin)도 마찬가지로 이 본문을 하나의 민담으로 보고 이렇게 말했다.

> 이 글의 의도는 무엇보다도, 왜 이 지역이 소금 성분으로 덮여 있고 역청 구멍이 있는가 또 왜 이 바닷물은 마실 수도 없고, 농사와 어업에 사용할 수 없느냐는 확실한 질문에 답을 주기 위한 것이다.[10]

그리고는 소돔의 죄에 대한 자세한 설명 없이 이 본문은 아브라함 전승에 비교적 늦게 삽입된 것이라고 했다.[11]

만일 이 본문의 성격이 원인론적 민담이라고 한다면 본문의 해석 결과에 대한 우리의 논의는 의미를 상실하게 될 것이다. 그렇게 되면 이 이야기에서 소개되는 사건은 후대 유대 공동체의 전승에 지나지 않으며 우리와 아무런 상관이 없는 전승의 내용에 불과하기 때문이다.

이 본문의 내용이 우리가 하나님의 권위 있는 말씀인 정경의 일부일 뿐만 아니라 계시 역사의 한 부분으로서 하나님과 그 백성의 삶을 보여 주는 진정한 계시임을 받아들일 때 우리의 논의가 의미가 있을 것이다.

---

9   H. Gunkel, *Genesis, Handkommentar Alten Testament* (Göttingen: Vandenhoeck und Ruprecht, 1902), XXVII, 181-183.
10 J. Alberto Soggin, *Das Buch Genesis* (Darmstadt: Wissenschaftiche Buchgesellschaft, 1997), 280.
11 Soggin, *Das Buch Genesis*, 286.

4. 고대 근동 문헌에 나타난 동성애

성경과 관련이 있는 고대 근동에 살던 민족들의 생활과 관습 속에 유사한 때도 있는지를 살피는 것도 도움이 될 것이다. 물론 창세기에 묘사된 것과 같은 사건을 다루는 문헌은 전해지지 않았다. 다만 이 주제와 관련된 법조항과 주술 문헌이 있을 뿐이다. 이름이 알려지지 않은 주전 이천 년 기말의 중기 앗수르 시대의 법전에는 동성애 금지조항이 두 가지 포함되어 있다.[12]

> 만일 남자가 은밀하게 자기 동료에 대한 소문을 "누구나 그와 동성관계를 맺는다"라고 퍼뜨리면, 혹은 대중 앞에서 싸울 때 그에게 "누구나 너와 동성관계를 맺는다"[13]라고 말하면, 또 "나는 너에게 혐의를 증명할 수 있다"라고 하지만 그는 혐의를 증명할 수 없고, 하지도 못하면 사람들이 그 사람을 막대기로 오십 대 때릴 것이다. 그는 한 달 동안 꼬박 왕을 섬기고 사람들이 그의 머리카락을 자를 것이다(수염?). 더욱이 그는 납 삼천 육백 세겔을 지불할 것이니라(A §19).

이 법은 분명히 동성애 관계를 언급하고 있다. 그런데 이것은 성폭력이라기보다는 서로가 수용적 입장을 취하는 관계로 보인다. "누구나 그와 동성관계를 가진다"라는 표현이 강제성을 보이지 않기 때문이다. 이 법은 동성관계에 있는 사람에 대해 소문을 퍼뜨리지만 증명하지 못하면 무고죄에 걸려서 벌을 받는다는 것이다. 이것은 동성연애자를 보호하기 위한 것이 아니

---

12   William W. Hallo (ed), *The Context of Scripture II: Monumental Inscriptions from the Biblical World* (Leiden: Brill, 2000), 355.
13   Roth는 아카드어 동사 *ittinikkuka* (*nâku*의 Gtn형, 너와 반복해서 성교하다)를 문맥을 따라 이렇게 번역했다. "he sodomizes you…"; Martha T. Roth, *Law Collections from Mesopotamia and Asia Minor* (Atlanta, Georgia: Scholars Press, 1995), 159-160.

라 동성애가 죄가 된다는 것을 간접적으로 보여 준다.

> 만일 남자가 자기 동료와 성관계를 하고 사람들이 그의 죄를 증명해 그가 유죄임을 밝힌다면 그들이 그 사람과 성관계를 하고 그는 거세를 당할 것이다(A §20).

이 법은 동성관계가 좀 더 명료하다. 여기서 "그의 동료"(tappâšu)는 친구나 신분이 동등한 사람을 의미할 것이다. 그렇지만 이 상황은 상호 간 수용적 성적 관계가 아니라 강제로 성관계를 하는 것으로 보인다. 왜냐하면, 한 사람에게만 벌이 적용되기 때문이다.

이 법은 남자의 명예를 보호하려는 앗수르 사회의 성격을 반영한 것으로 보인다. 그리고 거기에 대한 벌은 동해보복(lex talionis)의 원칙이 적용된 것 같다.

바벨론의 주술 문헌 『슘마 알루』(šumma ālu, "만일 성읍이")에는 "남자가 동등한 신분의 남자와 항문성교를 하면 그는 자기 동료와 형제 중에 지도자가 될 것이다"라고 했다.[14]

메소포타미아에서 나온 위의 법전과 주술 문헌 간에 동성애에 대한 이해에 차이가 있다. 이것은 사회적 규범과 통념 그리고 민간의 주술적 믿음이 다르다는 것이다. 이것은 민간에서는 은밀하게 행해질 수 있는 관행임을 말해 준다.

애굽에서는 신왕국 시대의 제18왕조 때의 것으로 추정되는 『사자의 서』(the Book of the Dead) 가운데 자신의 결백을 42신에게 선언하는 내용(주문 125) 중에 동성애에 해당하는 내용이 나온다.

---

[14] Hallo, *The Context of Scripture*, I, 425: Ann K. Guinan의 번역.

무덤에서 나와 얼굴을 뒤로 향한 (신)이여, 나는 소년과 성관계를 가진 적이 없습니다(P. Barguet).[15]

이 번역을 따른다면 이 기도문은 단순한 동성애가 아니라 어린 동성을 상대로 성폭력을 하지 않았다는 것이다. 마치 42줄의 기도를 낭송하는 것처럼 보이는 이 망자의 선언은 오시리스 앞에서 영생의 판정을 받기 위해서는 사회적으로 행해질 수 있던 악행으로부터 도덕적 순결을 지키는 것이 필수적이라고 생각한 것이다. 이것은 당시 애굽 사회의 종교와 도덕적 의식의 일부를 보여 준다고 하겠다.

고대 근동 사회에 있었던 동성애에 관한 법과 주술에 대한 고찰은 당시 사회에 동성애가 만연했다고는 말하기는 어렵겠지만 사회적 문제가 될 수 있는 관행이었다는 것을 알려 준다. 그리고 애굽에서는 동성애적 폭력이 사회적으로 용인되지 않을 뿐만 아니라 종교적으로도 거리끼는 것이었음을 암시한다. 그렇지만 동성애와 관련된 다양한 경우를 다 알려 주지는 않는다. 우리가 여기서 확인할 수 있는 것은 이런 사회적 현상이 가나안의 소돔 사람들도 그런 관행을 가졌을 가능성이 있다는 것을 보여 준다는 것이다.

5. 언어와 문맥적 고찰(동사 '야다'의 의미)

이 본문에서 문제가 되는 히브리어 동사 '야다'는 기본적으로 '알다'라는 의미로 쓰인다. 그러나 특별한 경우 '성관계를 하다'란 의미로 쓰인다. 그

---

15 Miriam Lichtheim, *Ancient Egyptian Literature: A Book of Readings* II (Berkeley Los Angeles: University of California Press), 1976, 127; P. Barguet의 번역과는 달리 R. K. Ritner의 번역에는 "나는 자위를 하지 않았습니다"가 첨가되었다. 이 경우라면 동성애가 부정한 차원에서 다루어진 것으로 보아야 할 것이다. Cf. Hallo, *The Context of Scripture*, II, 61. 원본을 알 수 없어서 본고는 짧은 것을 택했다.

런데 이런 용법은 히브리어의 고유한 특징은 아니다. 동족 어에 속하는 여러 언어가 '알다'라는 동사의 성적 의미를 포함한다. 동부 셈어에 속하는 아카드어의 경우 함무라비 법전(130째 줄)에 의하면 "(다른) 남자를 알지(idû) 못하는 남편의 아내"란 문장이 나오는 조문에서 '성관계를 갖다'는 의미가 '알다'란 동사로 표현되었다.[16]

이것은 히브리어 '야다'의 어원이 되는 아카드어 '이두'(idû)가 성적 의미를 지닌 뜻으로 쓰인 용례로서 창세기 19:8의 문장과 같은 내용이다. 서북 셈어인 우가릿어 '이드'(yd')도 기본적으로 '알다' 뜻하지만 성관계를 의미하는 말로 쓰인 경우가 있다.

> 바알이 아낫을 안고 그녀와 동침했다(yd'). 그녀는 임신해서 출산했다.[17]

이 용법은 창세기 4:1, 17의 경우와 같다. 아람어의 경우 성경 아람어에는 그 실례가 없으나 탈굼 옹켈로스에는 히브리어와 같은 동사(y^eda')로 번역된(창 4:17) 것을 보면 히브리어와 같은 의미가 있는 것을 알 수 있다.[18] 같은 어근은 아니지만, 남부 셈어에 속하는 아랍어 동사 '아라파'('arafa, '알다')도 성관계의 의미가 있다는 것을 아랍어 번역 성경에서 확인할 수 있다(창 4:1, 17). 이처럼 '알다'에 해당하는 단어가 성적 의미로 사용되는 경우는 셈어권에서 아주 일반적 현상임을 알 수 있다.

빈도수로 말하자면 히브리어 동사 '야다'는 구약에 948번 사용되었다.[19] 그중에 단지 열 번 좀 넘게 성적 의미로 쓰였을 뿐이다(창 4:1, 17, 25; 38:26; 민 31:17, 18, 35; 삿 11:39; 19:25; 21:11; 삼상 1:19; 왕상 1:4). 언어의 의미를 규정할

---

16 aššsat awīlim ša zikaram la idûma: M. E. J. Richardson, *Hammurabi's Laws: Text, Translation and Glossary* (Sheffield: Sheffield Academic Press, 2000), 82-83, 186.
17 G. J. Botterweck, "*yd'*," *TWAT*, 490.
18 J. Levy, *Chaldäisches Wörterbuch über die Targumim* I (Leipzig: Baumgartner's Buchhandlung, 1867), 327.
19 *Logos Bible Software*의 통계.

때 종종 빈도수가 의미를 결정하는 데 중요한 역할을 하지만 항상 그렇지는 않다. 빈도수가 정당한 해석을 그르치게 하는 함정이 될 수 있기 때문이다. 그 단어가 몇 번 사용되었는가보다는 오히려 그 단어가 특정한 문맥 속에서 어떤 역할을 하며, 무엇을 의미하는가를 살피는 것이 더 중요하기 때문이다.

문맥에 의하며 5절에서 소돔 사람들의 행동 의도를[20] 알려 주는 동사 '야다'는 단순히 일반적 의미인 '알다'로 보기는 어렵다. 즉 낯선 사람의 신분을 알아보기 위해 그렇게 무례한 행동을 한 것으로 볼 수는 없다는 것이다(4절).

우선 롯의 반응을 보면 그가 간청하면서 "내 형제들아 이런 악을 행치 말라"라고 했다(7절). 이것은 단순히 '무례하게 행하지 말라' 혹은 '예의를 갖추어라'라는 말이 아니라 '비도덕적 행위를 하지 말라'는 말이다.[21] 왜냐하면, "악하게 행하다"(rā'a')란 말은 많은 경우 선에 대한 반대되는 도덕적 개념으로 사용되기 때문이다(동사: 창 38:10; 삼하 11:27; 사 59:15, 명사: 신 28:20; 시 28:4; 사 1:16; 렘 4:4; 21:12; 23:2, 22; 25:5; 26:3; 44:22, 호 9:15).

만일 소돔 사람의 행동 의도가 신분을 확인하려는 상황에서 롯이 그것을 단순히 예의에 어긋난 무례한 일로 생각하고 만류했다면 그것을 악행으로 단정하지 않았을 것이다. 만일 그렇다면 롯이 수세에 있는 상황에서 그는 더욱 공손하게 말했을 것이기 때문이다. 롯의 이런 반응은 그 상황이 얼마나 긴박하고 심각했는가를 암시하고, 또 소돔 사람들이 악한 의도가 있었다는 것을 알려 준다.

---

20 동사 wenēde'ā는 와우 계속법과 청원법이 연결된 종속절로서 말하는 사람의 의도를 나타낸다. GK §108 d.
21 이 금지 요청은 간접명령형 앞에 'al-nā를 써서 강조하고 있다(GK §109 c). 그래서 영어 성경은 이 부분을 표현하기 위해 부정어 not과 함께 강조를 위한 다양한 표현을 덧붙였다. KJV, ASV: I pray you; NIV, NCV: No; NKJV, NASB: Please; GNT, NRSV, ESV: I beg you.

다음으로 5절의 동사 "야다"는 8절의 "야다"와 다르지 않다는 것이다. "남자를 모르는 두 딸"이란 말은 '남자와 성적 경험이 없는 딸'이란 말로 이해해야 한다. 그렇다면 같은 상황에서 사용된 단어를 같은 의미로 사용하는 것이 자연스러워 보인다. 이 말은 '동침하다'란 뜻으로 자주 쓰이는 동사 '샤캅'(šākaḇ)을 쓰지 않아도 문맥상 성적 의미로 이해하는 것이 타당할 것이다.

'야다'는 '샤캅'이라는 직접적 표현을 완곡하게 표현한 것으로 보인다. 여기서 소돔 사람들이 '샤캅'을 쓰지 않고 '야다'를 쓴 이유는 그들이 비정상적 성관계를 요구하는 데서 완곡한 표현이 더 적절한 것 같다.[22]

현대 유대 주석가는 이 단어를 성적 의미를 포함하는 "성관계를 하다"(to be intimate)로 번역해 소돔 사람들이 동성관계의 의도가 있었다고 주석한다.[23]

6. 70인역 번역가의 이해

70인역(LXX) 번역가는 본문의 히브리어 "야다"를 헬라어 "쉥게노메타"(suggenōmetha)로 번역했다. 이 동사의 원형은 "쉥기노마이"(sugginomai)인데 이 단어는 원래 철자는 suggignomai였다. 그런데 이오니아 시대 이후 70인역과 같은 형태가 되었다.[24] 이 단어는 '담화를 나누다', '교제하다'란 기본 의미와 더불어 '성관계를 갖다'라는 의미로 고대 헬라 역사가와 철학자들의 문헌에 폭넓게 쓰였다.

---

22 James B. de Young, "The Contributions of the Septuagint to Biblical Sanctions against Homosexuality," *JETS* 34 (1991), 160.
23 Plaut, *The Torah I, Genesis*, 178; Sarna, *Genesis*, 135.
24 H. G. Liddell & R. Scott, *A Greek-English Lexicon* (Oxford: Clarendon, 1996), 1660.

크세네폰은 그의 저서 『아나바시스』(Anabasis)에서 왕위를 다시 찾으려는 실권을 잃은 페르시아 왕 고레스에 대해 적고 있다. 그가 캠프에 있을 때 길리기아 왕 시네시스의 왕후 에피악사가 찾아와서 병사들에게 넉달 급료를 줄 엄청난 돈을 그에게 주었다. 그때 백성들은 "고레스가 그 왕후와 동침했다"고 말했다.[25]

헤로도투스의 책에는 람프시니투스왕이 도둑을 잡기 위해 자기 딸을 미끼로 사용한 이야기가 나온다. 그녀는 "어떤 사람과 동침하기 전에" 생애에서 가장 큰 범죄가 무엇인지 알아내야 했다.[26] 여기서 성관계를 가지는 의미로 "슁기노마이"가 쓰였다.

플라톤은 법전을 쓰면서 여러 가지 관계 속에서 아이가 태어나는 경우 그 아이의 소유는 누가 되는가를 말하면서 "여자 노예가 다른 노예나 자유인과 성관계를 가질 경우"라고 할 때 "슁기노마이"라는 단어를 썼다.[27] 70인역의 번역가들이 채택한 이 단어는 구약을 헬라어로 번역할 당시 알렉산드리아에 널리 알려진 것 같다. 이 단어를 자신의 작품에 사용했던 작가들이 여러 지역을 다니면서 그들의 작품을 소개했을 것이고 시기적으로 앞선 작가들의 어휘 사용을 고려할 때 70인역 번역가들이 그 단어의 성적 의미를 알고 썼다고 보는 것이 바람직할 것이다.[28]

그리고 이 단어는 70인역에는 모두 다섯 차례 사용되었는데 네 번은 성적 의미가 있는 단어로, 한번은 '만나다'란 의미로 쓰였다(창 19:5; 39:10; 유딧 12:16; 수산나 11, 39절).[29] 이 중에 앞의 둘은 정경에 나타나고 뒤의 셋은 외

---

25 Xenophon, *Anabasis* I. ii, 12 (Cambridge, Massachusetts: Harverd University Press, 1980), 16-17: *kai suggenésthai Kûron te Kilíssē*.
26 Herodotus, *Book* II, 121 (Cambridge, Massachusetts: Harverd University Press, 1981), 420-421: *prin suggenésthai*.
27 Plato, *Laws* 930 D (Cambridge, Massachusetts: Harvard University Press, 1984), 446-447: *eàn dé tis eleuthéra doúlō suggígnētai*, 여기서 플라톤은 이오니아 이전의 원래 철자로 썼다.
28 De Young, "The Contributions of the Septuagint to Biblical Sanctions against Homosexuality," 163.
29 Cf. Johan Lust, E. Eynikel, K. Hauspie (ed.), *A Greek-English Lexicon of the Septuagint*,

경에 나타난다.³⁰ 70인역의 번역은 창세기 19:5의 "야다"가 명확하게 성관계를 의미하는 단어라고 이해했다. 그러므로 70인역은 본문에서 소돔 사람의 요구가 성관계를 요구하는 것으로 보는데 중요한 기여를 한다.

7. 사건의 정황

이 사건은 창세기 18:20-21에서 제기된 소돔과 고모라의 외침에 대한 조사로 나타난 것이다. 하나님이 소돔과 고모라의 외침이³¹ 너무나 심하고 그들의 죄가 매우 중하다³²고 말씀하셨다. 이 외침은 소돔과 고모라 성에서 일어난 불의에 의해 고통받는 희생자들의 외침일 것이다(cf. 시 9:13; 욥 34:28; 사 5:7 등).³³ 하나님은 그 외침에 대한 사실을 확인하기 위해 천사들을 소돔에 보내셨다.

사실 모든 것을 다 아시는 하나님이 소돔의 죄를 그런 식으로 조사하지 않아도 다 아실 것이다. 그러나 그들의 죄를 명확하게 드러내고 또 이런 사

(Stuttgart: Deutche Bibelgesellschaft, 2003).
30 유딧 12:16, "…. 그의 마음이 동요했고, 그는 그녀와 관계를 맺기를 무척이나 갈망했다…"; 수산나 11 "…. 왜냐하면, 그들은 그녀와 관계를 갖기를 갈망했기 때문이다"(데오도치온 역).
31 "소돔과 고모라의 외침"은 속격관계인데 이것은 한글 개역개정판이나 *NIV*와 같이 "소돔과 고모라에 대한 외침"이라고 한다면 그 외침이 이 도성 밖에서 나오는 외침같이 들릴 수도 있다. 그래서 그냥 속격관계로 번역하는 것이 좋을 것이다.
32 20절 본문에서 조건절을 유도하는 두 개의 접속사 *kī*는 앞의 '외침'과 '죄'를 강조하기 위해 절을 사용한 것으로 보인다. 그렇다면 접속사 *kī*를 확정하는 의미를 나타내기 위해 삽입된 말로도 볼 수 있을 것이다. 그래서 '매우' 혹은 '확실히'로 번역하는 것이 자연스럽다. "그 외침이 정말 심하고 … 그들의 죄가 대단히 중하다"(cf. *LXX, NIV, NASB, NRSV*). GK §148 d.
33 미드라쉬 *Pirke*에는 롯의 딸이 소돔의 부호와 결혼을 했는데 그녀가 거리에서 불쌍한 사람을 보고 매일 그의 필요를 채워주자 소돔 사람들에 의해 화형을 당할 처지에서 외쳤다고 한다. "온 세상의 주권자여, 나의 의와 나의 (죽음의) 원인을 유지하소서!" G. Friedlander, *Pirke de Rabbi Eliezer* (New York: Sepher-Hermon Press, 1981), 183.

건이 발생한 것과 그것이 기록된 것은 자기 백성을 위한 것이다. 그래서 소돔에서 일어난 사건은 소돔의 전형적인 죄를 보여 주는 것이라고 할 수 있을 것이다.

두 천사가 저녁에 소돔을 방문했을 때 롯이 성문에 앉았다가 그들을 보고 영접했다. 그 시간은 나그네에게 위험이 시작된다는 경고가 된다.[34] 그런데 그때 롯이 왜 성문에 앉았는지는 알 수 없다.[35] 고대 근동에서 성문은 시민들이 모이는 중심지 역할을 했다. 거기에 모여 공동체의 문제를 논의하고, 상거래도 이루어지고, 소문도 퍼뜨리고, 하고 싶은 말을 하기도 했다(창 23:10, 18; 신 16:18; 22:19; 룻 4:1, 11; 삼하 19:8; 왕상 22:10; 암 5:12, 15).[36]

그는 한때 장막에 살았던 자로서(창 13:12) 소돔의 집에 거할 때도 유목 사회의 전통을 지키며 살았다. 롯은 그 성을 방문한 두 사람이 천사라는 것을 모르고 단지 나그네로 생각했을 것이다.

특별히 본문은 롯의 정중하고도 사려 깊은 환대를 상세하게 묘사하고 있다. 1절에서 구푸려서 자신을 낮추는 것과 2절에서 "내 주여 … 종의 집으로"란 표현은 겸손한 언행을 나타낸다. 그들에게 "주무시고 일찍이 일어나 갈 길을 가소서"란 요청은 우선 시원하게 일하기 좋은 시간에 여행하라는 뜻도 되겠지만 문제가 많은 소돔 사람이 알아채기 전에 떠나라는 말도 될 것이다.

어떤 의미이든 그들에 대한 각별한 배려가 담긴 말이다. 천사들은 그 호의에 대해 단호하게[37] "아닙니다, 우리는 노천 광장에서 유숙할 것입니다"(19:2)라고 대답한다. 거기에 대해 롯도 강경하게 그들이 자기 집에 유숙할 것을 강요하자 그들이 그 집에 들어가서 빨리 만들 수 있는 무교병

34　Fields, *Sodom and Gomorrah*, 103.
35　Friedlander, *Pirke de Rabbi Eliezer*, 185, Pirke에는 롯이 낮에는 소돔 사람들 때문에 선행을 베풀 수 없어서 밤에 하려고 저녁에 성문에 앉았다고 설명한다.
36　누주문서에 기록된 많은 법조문들이 이런 양식으로 마쳤다. "토판은 성문 입구에서 선포한 후에 기록되었다." A. Biran, "Tel Dan," *Biblical Archeologist* 37 (1974), 43-48.
37　이 문장에서 "광장에서"란 말이 먼저 나와서 강조되었다.

(출 12:8; 23:15)으로 식사를 했다. 아브라함과 마찬가지로 롯의 환대는 나그네를 접대하고 약자를 돌아보는 것이 생명처럼 중요한 유목 사회와 이스라엘 사회에서 환대에 대한 모범이 되었다.[38]

롯의 집에서 천사들이 잠자리에 들기 전에 소돔 사람들이 낯선 사람들의 방문을 알고서 "소돔성의 소년부터 노년까지에 이르는 모든 사람이 사방에서 와서 그 집을 에워쌌다"라고 했다. 물론 "모든 사람"이라는 것은 과장된 표현일 것이다. 그러나 4절의 표현은 그들의 관습에서 나온 일치된 행동을 강조하고 있다.

그들은 롯에게 "그들이 어디 있느냐"고 물었으나 이미 알고 있으므로 답변은 필요치 않았다. 이어서 "그들을 끌어내라, 우리가 그들을 상관하리라"라고 말했다.

그들의 요구는 정말 나그네의 환대를 침해하는 것이었다. 그러나 이 정도의 평가로 끝날 수는 없다. 이 말의 의도가 성적인 것과 관련될 가능성을 보여 주는 것은 롯의 반응으로 나타난 행동이다. 그는 손님을 보호하기 위해 자신의 딸을 내어 주겠다고 제의하면서 "너희 눈에 좋을 대로 행하라"(8절)라고 말했다.

이것은 소돔 사람들이 무엇을 요구했는가를 잘 보여 준다고 할 수 있다. 롯은 자신의 딸들을 가리켜서 "남자를 모르는 두 딸"(8절)이라고 표현했다. 왜 하필이면 그렇게 말했는지 충분히 짐작할 수 있을 것이다. 손님들의 신분을 확인하러 왔는데 그들에게 자신의 생명과도 같은 딸을 내어 줄 이유가 없을 것이다. 물론 천사들의 초자연적 개입으로 인해 그들의 의도는 성사되지 않았고, 롯과 그의 딸들도 보호를 받았다.

본문의 상황 전개를 볼 때 천사들을 환대한 롯의 태도와 천사들을 공격하려 했던 소돔 사람들 간의 태도는 명백한 대조를 이룬다. 그렇다고 해서

---

[38] 나그네에 대한 환대의 중요성과 롯의 환대에 대해 Fields의 책에 상세히 기록되었다. Fields, *Sodom and Gomorrah*, 27-115.

본문의 초점이 롯처럼 선행을 하지 않은 소돔의 죄가 증명되었기 때문에 심판을 받는다고 보기 어렵다. 그들은 이 본문에 나타난 사건에서 아무 해를 끼치지 않았지만 그들의 의도는 그들의 일상화된 죄를 말해 주는 것으로서 그것이 심판의 대상임이 증명되었다. 그래서 본문이 말하는 그들의 죄는 동성관계의 성폭력으로 보는 것이 타당할 것이다.

8. 구약의 해석

1) 사사기 19:22-24

이 본문에 나타난 사건은 한 레위인이 자신의 첩을 베들레헴에서 에브라임 산지로 데리고 가던 도중 베냐민 지파 기브아에서 유숙하다가 생긴 일이다. 그가 이방인들이 사는 여부스로 가지 않고 기브아로 간 것은 레위인으로서 동족으로부터 기대할 수 있는 환대를 받을 수 있다고 생각했기 때문일 것이다.

우선 이 본문은 배경이나 사건의 전개와 용어와 구조에 있어서 창세기 19장과 유사성이 있다. 창세기에서 발견되는 단어가 16개로 거의 1/4을 차지하고 24개의 표현이 창세기에서 첨가되면서 문체와 문법적 용법에 변화가 주어졌다.[39] 이것은 저자가 창세기 19장에 나타난 사건을 알고 있다는 전제하에서 독자들의 효과적인 이해를 돕기 위해 이런 문학적 의존이 나타날 수 있다.[40] 아마도 사사기의 저자는 이 사건을 소돔과 고모라의 죄악만큼이나 심각한 것임을 부각하려는 의도를 가지고 그 본문에서 많은 용어를 빌렸을 것이다.

---

[39] Daniel I. Block, *Judge, Ruth*, Nashville (Tennessee: Broadman Press, 1999), 533.
[40] Stuart Lasine, "Guest and Host in Judge 19: Lot's Hospitality in an Inverted World," *JSOT* 29 (1984), 38. Lasine은 이 두 본문의 관계를 '일방적', 문학적 의존의 표본이라고 했다.

사사기에 등장한 기브아 사람들은 그 성읍의 비류들이었다. 문자적으로 "벨리알의 아들들의 사람들"로 표현된 이 말의 기본적인 뜻은 '무익한 사람들'이란 뜻이다. 구약에는 이 단어가 "악한 자" 혹은 "비류"라는 말로서 번역되었는데 도덕적, 종교적 규범에 구애받지 않고 행동하는 당시의 불량배를 의미하는 말로 들린다(신 13:14; 삿 20:13; 삼상 2:12; 10:27; 왕상 21:10, 13; 대하 13:7).

소돔과는 달리 온 기브아 사람들이 아니라 일당의 불량배 소동으로 인해 레위인과 그 첩에 대한 환대는 끝나고 말았다. 그들은 문을 두들기며 "네 집에 들어온 사람을 끌어내라 우리가 그와 관계하리라"(22절)라고 했다. 이들의 요구는 소돔 사람들의 요구와 다르지 않다. 이것은 세 가지 근본적 규율을 어긴 것이다. 그것은 환대의 법, 혼외정사에 관한 법 그리고 이성 간의 관계에 관한 법이다.[41] 이들의 요구에 대한 집주인의 강경한 반응은 환대의 규정을 지키려는 의지로 보인다.

그는 "내 형제들아 청하노니 이 같은 악행을 저지르지 말라 이 사람이 내 집에 들어왔으니 이런 망령된 일을[42] 행하지 말라"(23절)라고 했다. 이 대응은 그들의 요구가 단순히 손님의 신분 확인을 위한 것이 아님을 말해 준다. 폭도들의 강압적인 요구에 못 이긴 집주인은 레위인을 보호할 목적으로 자기 처녀 딸과 레위인의 첩을 제시했다(24절). 이것은 환대의 법이 지닌 한계를 보여 준다.

여기서 알 수 있는 것은 이스라엘에서 나그네를 환대하는 법은 남자에게 해당하는 것이지 여자에게는 해당하는 것이 아니라는 것이다.[43] 결국, 레위

---

41 Block, *Judge, Ruth*, 536.
42 "망령된 일"로 번역된 *nebālā* 는 의도적 죄를 가리키는 것으로서(삼하 13:12) 앞의 "악"과 동의어로 볼 수 있다.
43 Phyllis Trible, *Texts of Terror: Literary-Feminist Readings of Biblical Narratives* (Philadelphia: Fortress Press, 1984), 75. Trible은 창세기 19장과 사사기 19장 본문이 이스라엘에 여자를 위한 환대법이 없다는 것을 보여 준다고 했다. 그러나 창세기 19장의 사건은 이스라엘과 무관한 것이다. 왜냐하면, 그때는 이스라엘이 없었기 때문이다.

인의 첩을 내어 주고 그 첩이 집단 강간으로 말미암아 죽임을 당하고 이스라엘 전체가 전쟁에 휩싸이는 참극을 빚었다. 25절의 본문은 그 첩을 누가 내어 주었는지 명확하게 밝히지 않았다. 그냥 3인칭 남성 단수 대명사 접미사가 주어와 같다면 레위인이 주어가 된다.

만일 레위인이 그렇게 했다면 이스라엘 종교지도자의 타락상을 극명하게 보여 주는 것이 될 것이다.[44] 주어를 집주인으로 보고 그 집주인이 첩을 내어 주었다면 그는 동성관계의 악을 막는 것이 첩을 희생시키는 것보다 더 낫다고 생각했을 것이다.[45] 어쨌든 이 사건은 예상치 못하게 악화되어 지파 간의 국가적 전쟁으로 발전했다.

이 사건은 이스라엘에 왕이 없던 사사 시대에 나그네에 대한 냉대와 동성애적 성폭력 시도와 집단 강간으로 인한 사회적 타락상을 보여 준 것으로 창세기 19장의 사건과 성격상 조화가 된다.

2) 에스겔 16:49-50

우선 이 본문의 의도와 성격을 이해할 필요가 있다. 이 본문은 소돔의 죄를 규정하기 위한 것이 아니고 전체적인 죄의 특성을 드러내면서 예루살렘의 죄를 지적하기 위함이다. 그래서 소돔의 죄는 예루살렘의 죄에 미치지 못하고 이미 멸망한 사마리아의 죄는 예루살렘의 죄의 절반도 안 된다고 한다(51절). 여기서는 예루살렘의 죄를 드러내기 위한 과장된 표현도 많이 있다. 이 과정에서 이 본문 49절에 기록된 소돔의 죄에 대한 목록은 동성애나 성적 타락을 직접 언급하지 않았다.

---

[44] Boswell (95-96)은 레위인이 보고에 근거해서 이 사건이 동성애와 아무런 상관이 없다고 했다. 그렇지만 그의 보고는 사건의 진상을 밝히는 것이 아니라 자신이 당한 일에 근거해서 레위인으로서 자신을 정당화하는 말로 가득 차 있기 때문에 이 그의 보고에 근거해서 사태를 세세하게 파악할 수 없다. Cf. Block, *Judge, Ruth*, 553.
[45] Victor H. Matthews, *Judges & Ruth* (Cambridge: Cambridge University Press, 2004), 188.

에스겔 선지자는 다만 그들의 교만, 음식의 풍부함, 태평함, 가난한 자를 도와주지 않은 것을 지적했을 뿐이다. 풍요로운 삶[46] 속에서도 나그네와 약자를 돌아보지 않는 것은 고대 근동 사회에서는 큰 죄가 된다.[47] 그래서 소돔의 죄도 환대의 규정을 위반한 것에 해당한다. 그렇다고 해서 그 죄가 동성애적 폭력을 배제하는 것은 아니다.

여기에 두 가지 죄가 더 첨가되는데, 그것은 "거만함"과 "가증한 일"이다(50절). 여기서 "가증한 일"(tō'ēbā)이란 소돔 사람들의 동성애적 성향을 포함하는 표현일 것이다.[48] 베일리(Bailey)는 "토에바"(tō'ēbā)란 표현을 우상 숭배와 관련된 것으로 보았다.[49] 그렇지만 이 단어는 레위기에서는 오직 동성애를 금지하는 조항에만 쓰였고(레 18:22; 20:13), 또 그 문맥에서 비정상적 성관계(레 18:26, 27, 29, 30)에 적용되었다는 것을 주목할 필요가 있다. 여기서 에스겔의 언어는 특별한 죄를 포함하고, 49절의 풍요로운 무정함은 창

---

[46] 요세푸스는 앗수르가 아시아에서 패권을 잡을 당시 소돔 사람들은 번영을 누렸다고 한다. 특별히 그들은 부유했고 젊은이들이 많았다고 한다. Josephus, *Antiquities* I, ix 1.

[47] 메소포타미아에는 환대에 대한 규정이 있다. 이것은 신들과 신화 속의 영웅들 사이에 나타난다. 주인을 위한 선물은 잔치에서 나누는데 여기서 나그네를 '식구'로 받을 것인지에 대한 의식화된 다툼이 일어난다. 그 외에도 가족이나 사업가나 상인이나 특사도 여행 중에는 이 관습을 이용할 수 있었다. H. Felber, "Hospitality," in: H. Cancik and H. Schneider, *Brill's New Pauly: Encyclopaedia of the Ancient World* (Leiden: Brill, 2005), 528-529. 이집트 사람들은 스스로 떠돌아다니는 사람들이 아니다. 그래서 나그네를 대접하는 습관이 메소포타미아 지역보다 민감하지 않다. 그런데도 시누헤의 이야기에서 시누헤가 나그네를 유숙하게 하고 목마른 자에게 물을 주고, 길 잃은 자에게 갈 길을 알려 주고, 강도에게 털린 자를 구해 주었다는 기사가 있다. *Sinuhe*, B 94-97, in: M. Lichtheim, *Ancient Egyptian Literature* I, 227. 이집트 사람들은 종종 자신을 부정하게 여기는 나그네를 대하는 것을 조롱한다. J. López, "Gastfreundschaft," in: *Lexikon der Ägyptologie* II (Wiesbaden: Otto Harrassonwitz, 1977), 383,

[48] Cf. M. Greenberg, *Ezekiel* 1-20, AB (New York: Doubleday & Company, Inc., 1983), 289; L. C. Allen, *Ezekiel 1-19*, WBC 28 (Dallas, Texas: Word Books Publisher, 1994), 244.

[49] Bailey, *Homosexuality and the Western Christian Tradition*, 10, 43: "The dominant note in the concept of "abomination" is always that of idolatry." 물론 우상 숭배와 관련된 것은 가장 빈번하지만 이 단어가 적용되는 용례는 아주 다양하다. Cf. Gagnon, *The Bible and Homosexual Practice*, 118-119.

세기 19장의 언어에 포함된다.⁵⁰

그래서 여기서 열거한 소돔의 죄에 동성애가 언급되지 않았다고 해서 동성애적 요소를 배제할 수는 없을 것이다.

9. 신약의 해석

1) 베드로후서 2:6-8

본문은 거짓 교사들에 대한 하나님의 심판에 초점을 두고 있다. 하나님은 소돔과 고모라에 대한 심판을 후세대의 경건치 않은 자들에게 본으로 삼으셨다고 한다. 여기서 말하는 소돔과 고모라의 멸망 원인은 오직 성적인 것이다. 그들은 "무법한(*áthesmos*) 자의 음란한(*asélgeia*) 행실" 때문에 망했다(7절). 또 그들의 "불법한(*ánomos*) 행실" 때문에 "의로운(*díkaios*) 롯"이 고통을 당했다고 한다. 그들의 "무법한"은 롯의 "의로운"과 정면으로 대조되는 용어다.

소돔 사람에 비하면 롯은 상대적으로 의로운 자였다. 특별히 그는 부지중에 천사를 접대했기 때문이다.⁵¹ 롯에게 고통을 안겨다 준 음란한 행실과 불법한 행실은 오히려 창세기 19장의 사건을 염두에 두고 말한다고 봐야 할 것이다. 그들은 무법한 자였다. 이것은 단순히 불법적 상태를 의미하는 것이 아니라 불법적 성교를 의미하기도 했다(cf. Philo, *Spec. Leg.*, II, 50)⁵².

또한, 한글 번역의 "불법한"(*ánomos*)도 유대주의에서 규정하는 것같이 율

---

50 H. D. Hummel, *Ezekiel* 1-20, *Concordia Commentary* (Saint Louis: Concordia Publishing House, 2005), 486.
51 Cf. Peter H. Davids, *The Letters of 2 Peter and Jude* (Grand Rapids, Michigan: Eerdmans, 2006), 229.
52 Albrecht Oepke, *áthesmos*, in: R. Kittel (herausgegeben), *TWNT* VII, 166.

법이 없는 이방인이 아니라 일반적 의미로 악한 행실을 의미한다(cf. 살후 2:8).[53] 그리고 음란에 해당하는 "아셀게이아"(asélgeia)란 말은 갈라디아서에서는 특별한 의미의 성적 타락을 묘사하기 위해 쓰였을 것으로 본다(갈 5:19).[54] 악의 대명사로 꼽히는 소돔과 고모라의 음란한 행위는 온갖 형태의 성행위를 포함한 것으로 보인다. 그래서 동성애도 예외가 아닐 것이다.

2) 유다서 7절

유다의 편지에서 소돔과 고모라의 죄가 언급된 것은 교회에 들어온 거짓 교사들에 대한 심판이 어떻게 될 것인가를 말하기 위함이다. 그것은 하나님께 불순종하는 여러 그룹을 나열하는 중에 한 예로 제시되었다.

본문에 언급된 그들의 죄는 "간음한 것"과 "다른 색을 따라간 것"이다. 그들이 간음한 것은 예레미야가 예루살렘 선지자들의 간음행위를 지적하면서 소돔과 고모라를 언급한 것과 관련이 있어 보인다(렘 23:14).

그런데 다른 죄목에 나타난 "다른 색"으로 번역된 "사르코스 헤테라스"(sarkòs hetèras)의 해석은 분분하다. 문자적으로는 '다른 육체'로 번역할 수 있다. 여기에 대해 크게 세 가지 해석이 있다. 그것은 소돔과 고모라의 동성애적 욕정이라는 입장과 천사라는 견해와 다른 여자라는 입장이다.

첫째, 현대 신학자들이 가장 많이 추종하는 견해로 "사르코스 헤테라스"를 천사로 본다.[55]

---

53 Walter Gutbrod, *ánomos*, in: *TWNT* IV, 1079. LXX에는 ánomos 가 30번 정도 "악한 자"(rāšāʿ)에 대한 용어로 번역되었다.
54 Otto Bauernfeind, *asélgeia*, *TWNT* I, 488.
55 E. Schweizer, *sárx*, *TWNT* VII, 144. Schweizer는 이 말을 "이상한 육체"(*fremdem Fleisch*)라고 번역하면서 롯의 집을 방문한 천사들이 육신을 입었거나 소돔 사람들이 육신을 입은 것으로 보이기 때문에 소돔 사람들은 천사들과 성관계를 가지려 했다고 해

'다른 육체'는 사람과는 다른 육체를 가리키며 소돔 사람들은 천사와 성적 관계를 추구했다는 것이다. 그것은 하나님의 창조질서를 거스르고 천사와 인간의 차이를 무시한 것으로서 하나님의 진노 대상이 된다는 것이다.[56] 여기에 대한 논거로서 유대 전통에 호소하여 창세기 6장에서 천사가 사람의 딸들을 유혹했다고 주장하는 자들도 있다.[57] 70인역(Bauckham)도 이 전통을 따라 동성애일 가능성은 적다고 하면서 천사라고 주장한다.[58]

그런데 이 해석의 문제점은 소돔 사람들이 그들이 천사인 줄 알고 '다른 육체'를 성적으로 탐닉했을 때 가능하다는 것이다. 그들이 정말 천사인 줄 알았다면 그런 성적 욕정을 나타내지 못했을 것이다. 또 천사와 사람이 성관계를 맺는다는 것은 성경적으로 상상하기 어렵다.

둘째, 일부 서기관들은 "사르코스 헤테라스"의 의미가 좀 분명치 않기 때문에 그 표현을 "사르코스 헤타이라스"(sarkòs hetairas)로 베껴서 "다른 여자의 육체"로 번역하도록 했다[59]

이렇게 본문을 수정할 때 생기는 문제는 바로 앞의 "간음을 행한 것"과 아무런 차이 없이 내용이 단순히 중복된다는 것이다.

셋째, 이런 해석의 문제점들을 고려한다면 "사르코스 헤테라스"는 유다가 '다른 유형의 육체', 즉 정상적 성관계를 가질 수 있는 여자의 몸과는 다

석한다.

56 Henning Pausen, *Der Zweite Petrusbrief und der Judasbrief* (Göttingen: Vandenhoeck & Ruprecht, 1992), 63-64; Jerome H. Neyrey, *2 Peter, Jude*, AB (New York: Doubleday, 1993), 60; Steven J. Kraftchick, *Jude, 2 Peter* (Nashville: Abingdon Press, 2002), 39-40; Miller, "A Response to Robert Gagnon on The Old Testament and Homosexuality," 88.
57 Eric Fuchs & Pierre Reymond, *La deuxième Épitre de Saint Pierre, L'Épitre de saint Jude* (Genève: Labor et Fides, 1988), 165.
58 Richard J. Bauckham, *Jude, 2 Peter* (Waco, Texas: Word Books Publisher, 1983), 54; Lyle도 같은 입장이다. Kenneth R. Lyle, Jr., *Ethical Admonition in the Epistle of Jude* (New York: Peter Lang, 1998), 78.
59 Tommy Wasserman, *The Epistle of Jude: Its Text and Transmission*, CB NTS 43 (Stockholm: Almqvist & Wiksell International, 2006), 272.

른 육체로서 동성애를 염두에 두고 이 용어를 썼을 것을 본다.[60]

7절의 "사르코스 헤테라스"를 천사와 연결하는 이유는 "저희와 같은 모양으로"라는 표현 때문이다. 이것은 6절의 타락한 천사가 "사람의 딸들"과 결혼한 것과 같은 모양이 아니라 소돔과 고모라 사람들도 처소를 떠난 천사와 같이 하나님께 순종하지 않고 하나님의 뜻을 거스려서 행동했다는 뜻으로 보는 것이 좋을 것이다.

10. 유대 전승과 고대 주석가의 이해

1) 유대 전승

유대 전승에 속하는 외경과 위경 그리고 랍비 문헌은 구약 정경을 해석하는 데 결정적 역할을 하지는 못한다. 그러나 그 당시 유대 공동체가 소돔의 죄를 어떻게 생각하는지를 살펴보는 것은 참고가 된다. 유대 전승 가운데 창세기 19장과 관련된 책은 18권이다. 이 중에 8개의 본문은 이 사건을 성적인 것과 무관하게 기록했다. 나머지는 성적 요소가 있는 것으로 설명되었는데 본문으로 치면 13개다.[61]

---

60 Cf. Davids, *The Letters of 2 Peter and Jude*, 53.
61 Swartley, *Homosexuality*, 140. 여기에 미쉬나 *Pirke*는 빠져 있다. Jubilees 16:5-6; 20:5-6; T. B. Sanh 109a; Test. Twelve Patriarchs, Napth. 3:4-5; 4:1; Asher 7:1; Benjamin 9:1; Levi 14:6; 3 Maccabees 2;3; Gen. Rabbah 50:7(Midrash)이 성적 해석과 관계있고, Wisdom Solomon 10:8; Jubilees 13:17; Sanhedrin 109a; Ketubth 103a; Baba Batra 12b; Abot 5. 10; Erubin 49c.는 성적 해석이 없는 것으로 분류한다. 그러나 James E. Miller는 Sanh 109a는 성적 요소가 없다고 한다. Miller, "A Response to Robert Gagnon on The Old Testament and Homosexuality," 88.

주전 30년 이후에 알렉산드리아 유대인에 의해 기록된[62] 『솔로몬 지혜서』(Wisdom of Solomon)는 소돔의 죄는 나그네를 대접하지 않고 학대한 것으로 심판의 원인이 되었다고 설명한다.

> 왜냐하면, 소돔 사람들이 자기들이 모르는 사람들이 왔을 때 그들을 영접하지 않았다. 이 사람들은 그럴 가치가 있는 친구들을 속박했다 … 그러나 이들은 그들이 잔치로 영접한 사람들을 매우 가혹하게 괴롭혔다. 그리고 이들은 이미 그들과 함께 동일한 법에 참여한 자였다(19:14, 16).

이 문헌은 두 가지를 말한다. 나그네를 영접하지 않았다는 것과 그들을 심하게 학대했다는 것이다. 여기서 동성애를 언급하지는 않지만 "매우 가혹하게 괴롭혔다"라는 말에 그 의미가 함축된 것으로 볼 수 있을 것이다.

『희년서』(Jubilees)[63] 16:5-6은 소돔의 멸망 원인을 이렇게 말한다.

> 그들은 잔인하고, 큰 죄인들이며, 자기를 더럽히고, 자신의 육체로 음행을 저질러 땅을 더럽혔다.

'성결법'에는 땅이 더러워진 것은 동성애를 포함한 비정상적인 모든 성관계의 결과라고 한다(레 18:29). 20:5-6에는 아브라함이 자녀들에게 고별 증언을 한다.

> 그가 그들에게 거인들의 심판과 소돔 사람들의 심판을 말했다. 그들의 악으로 말미암아 심판받은 대로 말이다. 그리고 그들 중의 그들의 음행과 부정

---

[62] David Winston, "Wisdom of Solomon," *ABD* 6, 120.
[63] 여기에 인용된 위경은 모두 Charlesworth가 편집한 책에서 인용한 것이다. James H. Charlesworth (ed.), *The Old Testament Pseudepigrapha*, I, II (London: Darton, Longman & Todd, 1983).

과 타락으로 인해 그들은 죽었다.

여기서 제기되는 것은 '음행'과 '부정'이다.[64] 『희년서』 8:17은 소돔 사람들이 "극도로 악한 죄인"이라고 했는데 당시 동성애의 관행이 있었던 것을 고려하면 '음란'이란 말에서 이 행위를 배제할 수는 없을 것이다.

『에녹 2서』(2 Enoch) 34:1-2에서도 소돔 사람들의 음행을 악으로 지적하고 있지만, 구체적 악에 대한 언급은 없다. 다만 그들이 계명을 거절하고 하나님이 그들에게 두신 멍에를 메지 않을 것이라고 했다.

『열두 족장의 증언』(Test. Twelve Patriarchs) 중 레위기 14:6에는 직접 동성애를 언급하지 않지만, 가능성은 있어 보인다.

> 너는 이득을 위한 탐욕을 추구하여 주님의 명령을 가르치는 구나. 네가 더 럽힌 여인들과 결혼하고, 창녀와 간부들과 성관계를 갖는구나. 너는 이방 여인들을 아내로 취하는구나. 그리고 너의 성관계는 소돔과 고모라같이 될 것이다(레 14:6).

납달리 3:4-5은 비정상적 성관계를 시사한다.

> 너희가 본성의 질서를 떠난 소돔처럼 되지 않도록 마찬가지로 '감시자들'도 본성의 질서를 떠났다.

이어서 4:1은 음행을 지적한다.

---

[64] 음행과 부정을 문제 삼고 있으므로 동성애와 상관없다고 단정 짓는 Bailey의 주장은 받아들여질 수 없다. Bailey, *Homosexuality and the Western Christian Tradition*, 13.

내가 거룩한 에녹서에서 너희도 주를 떠나 방황하며 이방인의 모든 악을 좇아 살며, 소돔의 모든 음행을 행할 것이라고 지적했다.

아셀 7:1은 이렇게 말한다.

소돔과 같이 되지 말라, 그 성은 주님의 천사들을 알아보지 못하고 영원히 멸망했다.

이것으로 무엇을 결정할 수는 없다. 그러나 전체적으로 환대하지 않는 것은 분명하다.
베냐민 9:1은 동성애를 포함하는 행위를 말한다.

의인 에녹의 말씀으로부터 내가 말한다. 너희는 소돔 사람들의 무차별적 성행위와 같이 성적으로 문란해서 몇을 제외하고는 멸망할 것이다.

『마카비 3서』(3 Maccabees) 2:5은 이렇게 말한다.

소돔 사람들이 오만하게 행하고, 그들의 범죄로 인해 악명 높았을 때 주님은 그들을 불과 유황으로 태워서 후세대의 본으로 삼았습니다.

여기서는 그 죄가 구체적으로 무엇인지 알 수 없다.
『바벨론 탈무드의 산헤드린』(T.B. Sanhedrin) 10 XXIX는 이렇게 말한다.

소돔 사람들이 오는 세상에는 몫이 없다. … [그 이유는] 그들이 악한 죄인이었고, 극도로 주님을 거스렸기 때문이다.

다음 단락 XXX에서 그 악의 내용은 두 가지로 말하는데 그것은 '돈'과

'육체'였다.[65] 여기서는 그들의 인색함과 음행을 말하지만, 그 내용은 포괄적으로 밝히고 있을 뿐이다.

주후 2세기 초에 기록된 것으로 추정되는 『미쉬나 피르케』(Mishnah Pirke)에는 소돔의 죄를 전반적으로 가난한 자를 돌아보지 않는 죄로 중점적으로 서술되었다. 그러나 성적 요소가 완전히 배제된 것은 아니다.

> 그들은 '동성애의 행위조차' 그들의 관행을 따라서 모두 그 집 문에 모였다.

그런데 "동성애의 행위조차"란 말은 초판에는 나오지 않는 것이다. 왜 그 말이 초판에는 없었는지 또 왜 후판부터는 첨가되었는지는 모른다.

여기서는 "그들의 관행"에 대한 내용이 명확하게 밝혀지지 않아서 그 죄의 관행의 범위를 정하기가 어렵다. 그렇다고 해서 '그들을 알려고 한다'는 의미도 분명치 않다. 이 문서에 주석을 단 자는 이것이 육체적 지식이란 의미로 쓰인 것 같다고 한다.[66]

주후 약 400년경에 완성된 것으로 보는 유대 최초의 창세기 주석인 『창세기 랍바』(Genesis Rabbah)의 L:VI에는 동성애의 가능성을 좀 더 언급하고 있다.

> 이것은 소돔 사람이 그들 가운데 정한 것이다. 그들이 말했다.
> "여기에 오는 나그네는 누구든지 우리가 그와 성관계를 갖고 그의 돈을 뺏을 것이다. 그들이 그에게 말하길, 그가 '너는 여호와의 도를 지켜 의와 공법을 행하라'고 기록된 말씀과 관련이 있는 자라 할지라도 우리는 그와 성관계를 갖고 그의 돈을 빼앗을 것이다."[67]

---

65 *The Talmud of Babylonia: An American Translation XXIIIC*: Tractate Sanhedrin Chapters 9-11, trans. by Jacob Neusner, Chico, California: Scholars Press, 1985, 203-204.
66 Friedlander, *Pirke* 25.
67 *Genesis Rabbah, The Judaic Commentary to the Book of Genesis: A New American Translation*

여기서 랍비들이 이해한 소돔의 죄는 환대의 규정을 깨뜨린 것일 수도 있지만, 동성애적 강간을 더 부각하고 있다.

위에서 살펴본 바와 같이 외경과 위경 그리고 랍비 문헌에서 말하는 소돔의 죄는 크게 두 가지로 요약된다. 그것은 성적 범죄와 나그네의 환대하는 규정을 위반한 것이다. 특별히 유대 문헌에서 소돔의 죄를 다루면서 환대의 문제를 부각하는 것은 유대인의 육신의 조상인 아브라함의 환대(창 18장)를 모범으로 삼으려는 의도가 있고, 또 그 연장선에서 이 사건을 보기 때문인 것 같다.

사실 창세기 18장에 아브라함의 환대도 중요하지만, 본문의 핵심은 하나님이 천사를 통해 약속의 씨에 대한 보장을 주시는 것이다. 유대 전통이 환대에 비중을 둔다고 할지라도 대부분 문헌에서 알 수 있는 것은 동성애적 요소를 배제하지 않는다는 것이다. 그들의 죄가 세상에서 가장 질이 나쁜 죄로 언급되었다고 한다면 동성애적 요소를 배제할 이유가 없을 것이다. 레위기에서는 전에 가나안 땅에 그런 관행이 있었다고 말하기 때문이다(27절).

2) 고대 주석가

예수님 당시에 알렉산드리아에 살았던 필로(Philo)는 소돔 사람들의 행위를 이렇게 설명했다.

> 그들은 자신들의 변태적(*ekphilou*)이고 불경건한(*asebous*) 욕정을 채우기 위해 온갖 수단을 다 썼다.[68]

변태적이라든가 자연스럽지 못한 욕망이라는 것은 동성애적 성욕을 완곡

II, trans, by Jacob Neuser (Atlanta, Georgia: Scholars Press), 217.
[68] Philon d' Alexandrie, 17 *De fuga et inventione*, 144 (Paris: Éditions du Cerf, 1970), 208.

하게 또 포괄적으로 표현한 것으로 보인다.

요세푸스(Josephus)는 『아피온 반박문』(Against Apion)에서 결혼에 관해 말하면서 기본적으로 동성애를 혐오스러운 것이라고 규정했다.[69] 물론 여기서는 소돔과 동성 간의 성관계를 연결하지 않았다. 그렇지만 그가 유대 고대사를 쓰면서 소돔의 멸망을 소돔 사람들의 성적 갈망과 관계가 있음을 시사하는 표현을 쓰고 있다.

> 소돔 사람들이 아름다운 용모를 가진 젊은이들을 보았을 때. 그들은 힘과 폭력으로 이 아름다운 소년들과 즐기려고 결심했다.

이 설명에서 요세푸스는 하나님의 사자를 매력적인 남자로 묘사해 소돔 사람의 성적 욕구와 연결하고 있음을 알 수 있다.

11. 결론

지금까지 소돔의 죄에 대한 논의를 살펴본 대로 소돔의 죄에 대한 해석은 다양하다. 창세기 19장과 사사기 19장은 유사한 내용으로 해석할 수 있다. 그리고 에스겔 16장은 환대의 규정을 어긴 것을 부각하고 있다. 유대 전통은 둘 다 언급하고 있으나 환대를 중요하게 생각했다. 그렇지만 에스겔과 대부분의 문헌은 동성애의 가능성을 배제하지 않는다.

구약과 신약의 정경적 주석은 창세기 19장에 나타난 소돔의 죄는 '집단 동성애 성폭행'의 의도가 있었다는 것이다. 이 말은 현대 사회에서 논의되고 있는 동성애와는 차이가 있다.[70]

---

[69] Josephus, *Against Apion*, 2, 199: "But it abhors the mxture of a male with a male."
[70] Phyllis A. Bird, "The Bible in Christian Ethical Deliberation concerning Homosexuality: Old Testament Contributions," in: D. L. Balch (ed.), *Homosexuality, Science, and the "Plain*

창세기의 사건이 쌍방 간에 수용적 태도가 아니라 일방적 폭력이기 때문이다. 물론 소돔의 죄가 나그네를 환대하는 법을 어긴 것을 포함할 수 있다. 좀 더 큰 범주에서 보면 동성애적 성폭행을 시도한 그 자체가 환대의 규율을 깨뜨린 내용이 될 수 있을 것이다. 창세기 19장의 사건은 에스겔 16:49-50의 본문과는 달리 소돔 사람들의 여러 가지 죄목 가운데서 동성애적 집단 성폭력을 부각하고 있다. 천사들이 확인시켜 준 동성애적 의도 때문에 소돔은 멸망했다. 그리고 그들의 비정상적 성관계를 포함한 음란행위와 거기에 대한 심판은 후세대의 거울이 되었다(cf. 벧후 2:6-7).

Sense" of Scripture (Grand Rapids, Michigan: Eerdmans, 2000), 147-148, 155: 소돔의 죄를 동성애로 인정하지만 우리 시대에 적용되는 문제가 아니라고 한다.

제5장

구약의 동성애법*

1. 서론

  최근 한국 사회에 논란이 되는 동성애 차별금지법에 대한 문제는 서구 사회에서는 이미 정리된 사안이다. 영국은 성공회 신부가 동성애자인 경우가 있는가 하면 인구 대부분이 루터교회에 속하는 아이슬란드의 전 수상 요한나 시귀르다르도티르(Johanna Sigurdardottir)는 레즈비언으로서 공식 석상에 파트너와 함께 참여할 정도로 동성애는 서구 사회에서 개인의 취향 정도로 여겨지고 있다.
  이런 상황에서 한국 사회가 약자를 보호하는 차원에서 동성 간의 결혼을 인정하고 일반 가정처럼 그들도 똑같은 사회적 지원을 받는 것이 성숙한 사회의 모습이라는 것이다. 이 글은 그리스도인이 동성애자를 어떻게 대우할 것인가를 생각하기 전에 율법이 동성애에 관해 뭐라고 말하는가를 밝히기 위해 쓰였다.
  특별히 이 글은 구약의 동성애법에 관한 연구이다. 구약의 동성애에 관한 법률은 레위기 18:22과 20:13 두 곳뿐이다. 그런데 기독교인이라고 해서 이 본문에 대한 이해가 같은 것은 아니다. 여기서도 진보와 보수 양 진영의 견해가 팽팽히 맞서 있다. 여기서는 둘 중의 하나를 선택하기보다는 동성애에 관한 본문의 본래 의미(what it was meant)와 이 법의 현재 의미(what it means)를 설명하려고 한다.

2. 본문의 논쟁점

레위기 18장과 20장에 나타난 동성애 금지법에 대한 견해는 뚜렷한 대립양상을 보인다. 즉 이 율법을 동성애에 관한 규정으로 보는 견해와 볼 수 없다는 견해이다. 특별히 동성애를 지지하는 신학자들이 이 본문에 대한 해석을 달리하고 있는데 그 이유로 주로 세 가지가 논의된다. 또 다른 부류는 본문에 대한 해석은 동성애 금지법으로 하지만 적용을 달리한다. 이들은 레위기의 법은 고대 이스라엘의 시민법으로서 현대 사회에 더 적용되지 않는다고 한다.

1) 해석의 차이점

(1) 제의적 부정

보즈웰(Boswell)은 히브리어 단어 "가증스러운"(tō'ēbā)이 제의하는 관행에 한정된 것이지 본질에서 악한 것을 의미하지 않는다고 한다. 이것은 제의하는 부정과 관련될 뿐이라는 것이다.[1] 다시 말해서 이 법이 도덕적 규범이 아니라 제의적 규범이기 때문에 윤리적 동성애 금지법과는 무관하다는 것이다.

(2) 씨 손실 방지법

멜처(Melcher)는 좀 더 넓은 관점에서 다른 성적 부정도 같은 범주에 넣어서 금지 관행은 자녀를 생산하는 데 도움이 되지 않기 때문이라는 것이다. 즉 월경 중에 성관계하는 것이나 동물과 교합하는 것, 남자끼리 성관계를 가지는 것은 임신 가능성이 없고, 몰렉에게 자녀를 바치는 것도 자손을 잇

---

* 이 글은 대부분「신앙과 학문」제14권(2009)에 실린 내용이다.
1 Boswell, *Christianity, Social Tolerance, and Homosexuality*, 101.

는 제도를 심각하게 침해하는 행위라는 것이다.[2] 이 이론에 대한 논지로서 밀그롬(Milgrom)은 여성 동성애가 없다는 점을 강조했다.

그는 고대 근동에 많은 레즈비언이 있었다는 것을 언급하면서 성경에서 이것을 금하지 않은 것은 남성 간의 성관계 의도가 다르기 때문이라고 한다. 그것은 남자 간의 성관계가 생명을 상징적으로 유실하지만, 여자의 경우는 씨를 쏟지 않기 때문에 금하지 않았다고 주장한다. 그래서 성경은 동성애를 칭찬하지도 않고 금하지도 않는다고 한다.[3]

(3) 남성의 역할 법

세일러(Sayler)는 다른 관점에서 본문을 설명했다. 그는 "여자의 눕는 것"(miškᵉbē 'iššā의 문자적 번역)은 성행위에서 수동적 자세를 가리킨다고 한다. 그래서 이 본문은 남자가 여자의 위치에 누워서 성관계를 가져서는 안 된다는 뜻으로 해석했다. 그는 이 본문이 성의 역할 차이를 언급할 뿐이지 현대 사회 문제가 되는 동성애 문제를 의미하지 않는다고 한다.[4]

이 이론을 좀 더 정교하게 표현한 월쉬(Walsh)는 "두 법의 중심 문제는 일반적인 성 혼동이 아니라 정확하게 자유민인 남성이 '여성'의 역할을 맡는 데서 일어나는 성 혼동이다"라고 했다.[5] 자유민으로서 이스라엘 남성은 당

---

[2] Sarah J. Melcher, "The Holiness Code and Human Sexuality," in: Robert L. Brawley (ed.), *Biblical Ethics & Homosexuality: Listening to Scripture* (Louisville, Kentucky: Westminster John Knox Press, 1996), 99.

[3] Jacob Milgrom, *Leviticus: A Book of Ritual and Ethics, A Continental Commentary* (Minneapolis: Fortress Press, 2004), 197.

[4] Gwen B. Sayler, "Beyond Biblical Impasse: Homosexuality Through the Lens of Theological Anthropology," *Dialog* 44, no 1 Spr (2005), 81-89. 그는 남자(zakar)라는 단어를 동사 '기억하다'(zakar)와 연관시키면서 남자는 추억을 만드는 능동적 행위자라고 한다. 반면에 여자는 히브리어 단어(neqbah) 어원에 근거해서 '구멍을 가진 자'로 수동적이고 수용적 태도를 취한다고 한다. 그래서 여자는 추억을 만드는 남자에게 수동적 수납자이자 종속되어야 한다고 한다.

[5] Jerome T. Walsh, "Leviticus 18:22 and 20:13: Who is doing what to whom?," *JBL* 120/2 (2001), 201-209.

시 사회적 가치와 명예를 지니고 있는데 성관계에서 수동적 태도를 보이는 것은 수치스러운 일이라는 것이다.

2) 적용의 차이점

(1) 이스라엘에게 한정된 법

밀그롬은 이 금지법이 대단히 한정된 법이라는 점을 지적한다.

첫째, 이 법은 이스라엘에게 주어진 것이다.
둘째, 이 명령에 대한 순종은 약속의 땅(the Holy Land)에 거한다는 조건이 있다.
셋째, 이것이 남자에게만 주어진 것이기 때문에 보편적 법이 될 수 없다고 한다.[6]

이것은 이스라엘 사람이 아닌 자, 약속의 땅에 살지 않는 자에게는 적용되지 않는다는 것이다.

(2) 이스라엘의 구분

버드(Bird)는 본문을 동성애 금지법으로 인정하지만 동성애는 이스라엘을 이방 나라와 구분하기 위해 주어진 것으로 본다. 즉 동성애는 이스라엘이 다른 나라와 구분 짓는 차이를 없애는 것이기 때문에 현대 사회에서 문제가 되는 동성애를 반대하는 것과는 차원이 다른 것이다.[7]

---

6   Migrom, *Leviticus*, 196.
7   Bird, "The Bible in Christian Ethical Deliberation concerning Homosexuality: Old Testament Contributions," 151-152, 155: 소돔의 죄도 동성애로 인정하지만, 우리 시대에 적용되는 문제가 아니라고 한다.

(3) 이스라엘의 정결법

비아(Via)도 본문이 동성애와 관련된 것으로 보지만 그것은 도덕적 죄가 아니라 부정한 것이라고 한다.[8] 이스라엘에서 부정이란 의도적 죄와는 무관하고 신체적 프로세스와 관련된 것이라는 말이다. 이것은 이스라엘 사람들이 음식을 먹을 때 정한 동물, 부정한 동물을 가려서 먹는 것과 같은 차원에 다룰 수 있는 것을 본다. 정결법은 거룩함이라는 완전을 이루어가는 과정에서 요구되는 것으로서 무질서, 혼동, 섞지 말아야 할 것을 섞는 것[9]을 금지하는 규정이라는 것이다. 그래서 더 우리 시대의 동성애를 금지하는 것과 상관이 없다고 본다.

여기서 다룬 다양한 해석과 적용은 그 근거와 배경에 있어서 서로 상관관계를 가지고 있다. 이 문제에 대해 다음 단락에서 자세히 살펴볼 것이다.

3. 본문 연구

1) 본문의 성격: "성결법"

학자들은 구약의 동성애법이 있는 레위기 17-26장 부분을 "성결법"(Holiness Code)으로 분류한다.[10] 이들에 의하면 성결법은 하나의 독자적, 문학적 단위로서 도덕적 행위와 제의적 순결이 그 특징을 이룬다는 것이다. 특별히 일인칭으로 사용된 하나님의 이름으로 명령하는 문장이 반복된다.

---

8   Dan O. Via & Robert A. J. Gagnon, *Homosexuality and the Bible: Two Views* (Minneapolis: Fortress Press, 2003), 8-9.
9   예를 들어, 음식을 구분하는 것이나 밭에 씨를 뿌릴 때 종자를 섞어서 뿌려서는 안 된다는 것과 옷감을 짤 때 다른 재료를 섞어서 짜는 것 등을 말한다.
10 Cf. Harrison, *Introduction to Old Testament*, 597.

> 너희는 거룩하라 이는 나 여호와 너희 하나님이 거룩함이니라
> (레 19:2; 20:26).

그렇지만 이 명칭은 단순히 형태상의 특징을 말하는 것이 아니라 본문이 포함된 문서의 출처와도 관련된다. 즉 레위기 1-16장은 제사 문서(P)이고, 17-26장은 원래 따로 존재하는 성결법(H) 이었는데 나중에 제사 문서에 통합되었다는 것이다.[11]

그래서 "성결법"이란 명칭을 최초로 사용한 클로스터만(Klostermann)은 이 법전이 에스겔과 관련이 있다고 한다. 물론 이 관련성은 그 전에 그라프(Graf)를 통해 제시되었다. 그는 에스겔이 성결법의 대부분(레 18-23; 25-26)의 저자라고 한다.[12] 그 이후 수많은 학자가 성결법과 에스겔 선지자와의 관계를 연구했지만 일치된 의견은 없다.[13]

그러나 대체로 이 본문은 포로 이후에 제사장 그룹에서 형성된 것으로 본다. 이 경우에는 율법을 쓴 의도와 적용 대상도 달라진다. 이 금지법이 포로 이후에 즉 페르시아의 후원을 받은 제사장 그룹에서 그들이 다른 유대인 그룹에 대한 특권과 우월성을 부각하기 위해 기록되었기 때문에 이 시대에 적용되지 않는 법이라는 주장도 성립될 수 있을 것이다.[14]

그렇지만 특이하게 월드(Wold)는 레위기 18장과 히타이트 제국의 종주권 언약 간의 유사성이 있다고 주장했다. 그는 18장을 종주권 언약의 구

---

[11] Sarah J. Melcher, "The Holiness Code and Human Sexuality," in: Robert L. Brawley (ed.), *Biblical Ethics & Homosexuality*: Listening to Scripture, Louisville, Kentucky: Westminster John Knox Press, 1996, 90.
[12] Karl Heinrich Graf, *Die geschichtlichen Bücher des Alten Testaments*, Leipzig, 1866, 81.
[13] Cf. Walther Zimmerli, *Ezekiel 1*, Philadelphia: Fortress Press, 1979, 46-48.
[14] Mark McClain-Taylor, "But Isn't "It" a Sin?," in: C.L. Seow (ed.), *Homosexuality and Christian Community*, Louisville, Kentucky: Westminster John Konx Press, 1996, 77.

조를 따라서 분석했다.[15] 즉 전문(1-2절, 나는 여호와라), 역사적 서언(3-5절, 출애굽과 땅 점령에 대한 상기), 세부 규정(6-23절, 근친상간, 중혼, 월경 시 성관계, 간음, 몰렉 숭배, 동성애, 수음), 합의 근거(24-28절, 땅을 더럽히고 가증스런 일), 증인(30절, 나는 여호와라), 저주(29절, 백성에게서 끊어짐)로 나누었다. 물론 이것은 완전히 일치하는 양식은 아니라 할지라도 언약의 형식을 따르고 있다는 것이다.

이 사실은 레위기 18장의 본문이 독립된 자료라고 말할 수는 없어도 적어도 독자적 문학 양식을 취하고 있다는 것이다. 또 본문이 특별히 늦은 시대의 것으로 간주할 이유가 없다는 것이다. 히타이트 제국은 이스라엘이 생기기 전에 존재했기 때문에 이 양식을 따른 본문도 이른 시기에 존재했을 가능성을 보여 준다.

내용에서 레위기의 다른 부분과는 달리 18장과 20장은 성적 순결을 강조하는 점에서 유사성이 있다. 단지 20장에서는 규정을 위반하는 자에 대한 심판이 명확하게 제시되었다는 것이다. 그래서 20장은 18장의 내용을 보완하는 의미가 있다.

성경의 보도로는 레위기는 시내산에서 한 달 만에 주어진 하나님의 계시이다. 이것은 성막을 세운 후 민수기가 시작하기 전에 주어진 것이다(출 40:2; 민 1:1). 본문을 연구할 때 문헌의 역사와 사회적 정황을 아는 것이 중요하지만 이 문헌의 역사적 배경과 그 편집 과정에 대해 아무것도 알 수 없다. 그래서 본문이 우리에게 주어진 그대로 정경의 상태와 순서에 근거해서 연구할 수밖에 없다.

그렇게 하면 동성애법이 속한 성결법도 이스라엘이 하나님과 교제하기 위해 거룩성을 유지하며 살아가도록 주신 전체 레위기 계시에 포함된 것으로 볼 수 있다. 이 말은 레위기에 있는 동성애법이 단순한 사회문화적

15　Donald J. Wold, *Out of Order: Homosexuality in the Bible & the Ancient Near East*, Grand Rapids, Michigan: Baker Books, 1998, 97.

규율이 아니라 다른 레위기의 법과 마찬가지로 장차 약속의 땅에서 하나님과의 관계를 유지하려는 방편으로 주어졌다는 것이다.

2) 본문 번역과 형태

레위기에서 동성애를 금하는 법은 두 가지다(18:22; 20:13). 이 둘은 같은 내용이지만 형태상 차이가 있다. 이 두 금지법을 비교하면 다음과 같다.

> 레위기 18:22, we'eṯ-zāḵār lō ṯiškaḇ miškeḇē 'iššā tō'ēḇā hī.
> 여자와 눕듯이 남자와 눕지 말라. 이것은 가증스럽다.

> 레위기 20:13, we'īš 'ašer yiškaḇ 'eṯ-zāḵār miškeḇē 'iššā tō'ēḇā
> 'āsū šᵉnēhem mōṯ yūmāṯū dᵉmēhem bām.
> 남자가 여인과 눕듯이 남자와 눕는 경우, 그 둘은 가증한 일을 행했으니 그들이 반드시 죽게 하라. 그들의 피가 자신에게 있을 것이다.

첫째, 율법의 형태상 당위법(apodictic law)에 해당한다. 이것은 어떤 조건이 없이 일방적으로 주어지는 것이다.[16] 그리고 이 법은 그중에서도 금지법에 해당하는데 금지법의 종류를 문법적으로 말한다면 이 명령은 일시적이거나 경고적 의미가 있는 금지가 아니라 신적 금지(divine prohibition) 혹은 절대 금지를 나타낸다. 이것은 문장의 구조가 부정어 '로'(lō,

---

16 율법을 당위법과 조건법으로 나눈 알트(Alt)는 이 당위법이 전형적인 이스라엘의 법이라고 하면서 이것은 제의에서 나온 것이라고 한다. 그러나 이것은 근거가 없는 말이다. 왜냐하면, 이스라엘 주변에도 이런 법이 있기 때문이다. A. Alt, *Kleine Schriften zur Geschichte des Volkes Israel* I (München: C. H. Beck'sche Verlagsbuchhandlung, 1959), 302-308: "Auf kanaanäische Herkunft deutet ja auch nicht das Mindeste in den apodiktischen Satzreihen hin, weder die Anschauungen, die aus ihn sprechen, noch auch nur die allgemeinen Kulturverhältnisse, die sie voraussetzen."

"아니")와 미완료 이인칭이 결합했기 때문이다(lō tiškab).[17] 이 문장의 동사 "샤캅"(šākab)은 기본적으로 '눕다'란 말이지만 여기서는 성관계를 완곡하게 표현한 것이다.

그래서 개역한글판은 "교합하다"라고 좀 더 노골적으로 번역했고, 개역개정판에는 "동침하다"라고 했다. 영어 번역 가운데는 NLT, NCV는 아예 성적 관계로 의역을 했다.[18] 이 법을 위반하는 것은 가증스럽다고 했다. 이 법률에 한정된 심판은 나와 있지 않고 다른 금지법을 포함해서 이 중에 하나라도 범하면 "백성 중에서 끊쳐지는 것"이다(18:29).

둘째, 금지문이 아니라 그런 행위를 하는 사람 즉 그런 경우라고 하는 조건적 의미를 지녔다. 이것은 알트(Alt)가 말하는 조건법(casuistic law)에 해당한다. 이 법에는 강한 심판이 두드러진다. 그 내용은 사형이다. 이것은 부정사 독립형 유음중첩법적 용법을 써서 강조하고 있다. 문자적으로 번역하면 "그들이 반드시 죽임을 당하게 하라"라는 말이다. 또 하나 첨가된 것은 "그들의 피가 자신에게 있을 것이다"라는 말이다.[19] 이것은 죽임당하는 자에게 책임이 있다는 것이다.

동성애 금지를 다루는 본문의 언어는 아주 명확하다. 여기에 대한 다른 해석의 여지를 주지 않는 것 같다. 그리고 이 두 문장의 법 조항의 형태가 당위법과 조건법으로서 상호 배타적인 것이 아니라 보완적이라고 볼 수 있다. 하나님의 신적 금지가 앞에 나오고 또 거기에 대한 심판을 첨가한 형태가 경고성이 있어 보인다.

---

17 일시적 금지나 경고적 의미의 금지를 나타내면 부정어 'al 과 간접명령형을 쓴다. Cf. GK §107 o.
18 *NLT*: Do not practice homosexuality, having sex with another man as with a woman. It is a detestable sin. *NCV*: You must not have sexual relations with a man as you would a woman. That is a hateful sin.
19 *NIV*: their blood will be on their own heads.

3) 본문 주석

(1) 금지 조항

당위법 형식으로 제시된 18:22은 금지 명령으로 이루어져 있다. 이 문장은 특별히 "남자와 더불어"를 앞에 배치해서 이것을 강조한다. 왜냐하면, 히브리어 일반 동사구문은 동사, 주어, 목적어 순이기 때문이다. 여기서 남자에 해당하는 단어 "자카르"(zākār)는 일반적으로 남자와 사람 그리고 남편을 동시에 가리킬 수 있는 '이쉬'(îš)와 다르다. 또 사람을 가리키는 '아담'('ādām)과도 다르다. 이것은 여성과는 정확하게 대조되는 남성을 의미한다.[20]

이 문장에서 강조된 남자는 하나님의 형상으로 함께 지음을 받은 여성의 파트너이다(창 1:27). 그래서 이 "자카르"란 단어로 이 법이 의도하는 것은 그 대상이 어떤 상태이든지 남자라면 그와 가지는 성행위는 허용하지 않는다는 것이다. 그래서 특정한 남자의 범주를 따로 제시하거나 나열할 필요가 없다.[21] 이렇게 모든 종류의 동성애 관행에 대한 구약의 정죄는 고대 근동에서 유일한 것이다.[22]

남성이라는 단어와 관련하여 레위기 20장의 조건법에서는 "이쉬"라는 단어를 사용하여 "이쉬"와 "자카르"의 관계를 언급한다. 이것은 성인 남자는 어떤 나이의 남자와도 성관계해서는 안 된다는 뜻으로 사용되었다. 이 "이쉬"는 그냥 부정대명사로 '~하는 자마다'로 번역해도 무방하다.[23]

이 문장의 본동사는 부정어와 함께 미완료로 쓰였다(tiškab). 이것은 부정어와 함께 절대금지법으로 쓰인 것으로 결코 일어나서는 안 된다는 것을

---

20   KJV와 NASB는 mankind라고 번역했다. 이것은 현대인에게 영어로 남성을 나타내는데 부족한 표현이다.
21   가령 소년 간의 동성애, 혹은 소년과 성인, 노년과 성인, 성인 간의 동성애 등. Cf. Wold, *Out of Order*, 104.
22   John D. Currid, *Leviticus* (Faverdale North, Darlington: Evangelical Press, 2004), 244.
23   Cf. *HALOT*, 44.

기대하고 쓰는 말이다. 동사 "샤캅"은 기본적으로 '눕다'라는 의미다. 그러나 여기서는 전치사 '에트'('ęt)와 함께 '성관계를 갖다'란 의미로 쓰인다.

이 단어는 디나가 하몰의 아들 세겜에게(창 34:2), 그리고 다말이 암논에게 강간을 당할 때(삼하 13:14) 쓰였다. 그래서 성관계와 관련해서 사용되는 "야다"(yāda','알다")와 동의어로 쓰이는 말이다(창 19:5:8). 우리말로 "동침하다"로 번역할 수 있다. 그런데 이 동사가 "자카르"와 함께 쓰이면 좀 더 구체적으로 "남자와 (항문) 성교를 하다"로 번역된다.[24]

이 금지 명령이 단수로 쓰인 것은 수신자인 이스라엘 모든 남자를 하나의 공동체로 간주한 것이다. 이스라엘은 하나님의 백성으로서 언약을 준수하면서 거룩한 백성으로 살아야 했다.

다음으로 종속문처럼 이어서 나오는 "미쉬커베 잇샤"(miškebē 'iššā)란 표현은 좀 애매하다. 문자적으로는 앞에서 언급했듯이 '여자의 눕는 곳'을 의미한다. 이 문자적 의미는 전통적으로 유대인들에게 널리 받아들여진 견해다. 그래서 이것은 부부관계에서 남성의 위치가 여성의 자세와 같이 수용적 태도가 되어서는 안 된다는 규율로 여겼다.[25]

그러나 "미쉬커베"가 명사로서 단순히 침상을 의미하지만 원래 동사 "샤캅"의 의미를 상실한 것은 아니다. 이것은 단순한 명사의 속격 관계가 아니라 '~와 동침하다'는 관용어로 쓰인다.[26] 예를들어, "남자와 성관계를 갖다"라는 "미쉬커베 자카르"(mišk^ebē zākār)라고 표현했다(민 31:17, 35; 삿 21:11). 이 구문을 그대로 "미쉬커베 잇샤"의 번역에 적용하면 이 표현은 여자와 동침하는 것이 된다. 그래서 "여자와 성관계를 갖는 것을 남자와 갖지 말라"라고 번역할 수 있다. 이 명령은 동성 간의 성관계에서 어떤 태도를 말하는 것이 아니라 동성 간의 성행위 자체를 금지하는 것이다.

---

[24] Cf. Walsh, "Leviticus 18:22 and 20:13: Who is doing what to whom?," 202.
[25] Cf. Sayler, "Beyond Biblical Impasse: Homosexuality Through the Lens of Theological Anthropology," 81-89.
[26] *HALOT*, 646.

(2) 금지 이유

동성 간의 성관계를 금할 것을 명령한 즉시 그 이유가 뒤따른다. 그 이유는 "그 행위가 가증하다"(tō'ēbā hī)는 것이다. 히브리어 "토에바"(tō'ēbā)는 기본적으로 '아주 싫다'는 의미를 지닌 '혐오'를 뜻한다(detestable, abhorrence, abomination, loathness).[27] 동성애는 하나님께 가증스럽다. 이 "토에바"라는 단어를 잘 이해하는 것이 동성애 논쟁에 매우 중요하다. 친동성애자들은 이 용어가 주로 정결법과 관련되기 때문에 도덕적 규범과는 상관없다고 한다.

베일리는 "토에바"란 표현을 우상 숭배와 관련된 것으로 보았다. 레위기 문맥에서는 자연성을 바꾼 것이라고 했다.[28] 그의 추종자 보즈웰도 "가증하다"는 말이 강간이나 도적질과 같은 본래의 악한 것을 의미하는 것이 아니라 유대인을 위한 의식적 정결과 관련된 것을 의미한다는 것이다.[29] 그래서 그는 이 명령이 현대의 동성애와 무관하다고 본다. 사실 이 단어는 폭넓게 쓰였다. 성경은 이 용어를 제의적 정결뿐만 아니라 관습에도 적용한다. 애굽 사람들은 목자들도 싫어하고(창 46:34) 이스라엘 사람과 식사하는 것(창 43:32)도 가증스럽게 여겼다.

또한, 비아가 언급했듯이 "토에바"가 무질서와 혼동과 섞이는 것이 부정한 것으로 보고 이것을 바로 잡는 것이 금지법이라고 볼 수도 있다.[30] 즉 부정한 동물을 먹는 것(레 11장), 문둥병(레 13장), 설정(레 15장), 근친상간(레 18:6-18), 월경 중 성관계(레 18:19), 몰렉에게 자녀를 바치는 것(레 18:20), 다른 종류의 가축을 교배시키는 것, 씨를 섞어 뿌리고, 옷감을 짤

---

[27] 구약에서 117번 쓰인 tō'ēbā 의 어원은 잘 알려지지 않고, 아카드어와 우가릿어에 동일 어근을 찾을 수 없다. 동종언어인 아랍어 동사 'āba (더럽히다)는 관계가 있는 것 같다. HALOT, 1702.
[28] Derrick Sherwin Bailey, *Homosexuality and the Western Christian Tradition*, London: Longmans, Green, 1955, 10, 43, 59-60: "The dominant note in the concept of "abomination" is always that of idolatry." 물론 우상 숭배와 관련된 것이 가장 빈번하지만, 이 단어가 적용되는 용례는 아주 다양하다. Cf. Gagnon, *The Bible and Homosexual Practice*, 118-119.
[29] Boswell, *Christianity, Social Tolerance, and Homosexuality*, 100.
[30] Via & Gagnon, *Homosexuality and the Bible*, 7.

때 실을 섞어 짜는 것(레 19:19) 등 모두 부정한 것으로 간주된다. 그중에는 신명기에도 우상의 형상(7:25), 창기의 돈을 하나님의 전에 바치는 것(23:19), 흠이 있는 동물을 바치는 것(17:1), 부정한 음식(14:3) 등을 가증한 것으로 여겼다.

그러나 부정하다고 해서 죄의 내용이나 경중이 다 같은 것은 아니다. 즉 일상생활의 부정보다 음행과 근친상간과 같은 도덕적 부정이 더 심각하고, 우상 숭배의 부정은 가장 심각한 것이다. 그런데 레위기에서는 이런 조항에 대해 한 번도 "토에바"란 용어를 직접 적용한 적이 없다. 오히려 다른 곳에는 "토에바"가 도덕적 악행에 적용되는 경우도 많다.

특별히 잠언에 20번[31] 쓰인 "토에바"는 모두 "가증하다" 혹은 "미워하다"로 번역되어 윤리적, 도덕적 죄나 그 동기와 관련되어 있다. 사악한 자(3:32: 15:8; 15:9, 26; 21:27), 부정직성(6:16-19; 8:7; 12:22; 17:15; 26:25-28; 29:27), 사기(11:1 20:10, 23), 사악한 마음(11:20), 악행(13:19; 16:12), 교만(16:5), 비웃음(24:9), 불법(28:9).[32] 또한, 선지서에도 많은 경우 "토에바"가 우상 숭배와 관련되었지만, 윤리적인 것과도 연관되어 사용되었다.

예레미야는 악과 죄의 대가의 원인 중에 가증한 것을 들고 있다.

> 내가 우선 그들의 악과 죄를 배나 갚을 것은 그들이 그 미운 물건의 시체로 내 땅을 더럽히며 그들의 가증한 것으로 내 기업에 가득하게 하였음이라 (렘 16:18).

31　tō'ēbā in *Logos Bible Software*.
32　BDB 사전은 1073쪽에서 이 중에 여섯 개를 윤리적 의미를 지는 것으로 제시했다. 8:7; 16:12; 29:27; 13:19; 29:27; 24:9.

에스겔도[33] 이 단어로 성 윤리적 죄를 지적했다.

> 어떤 사람은 그 이웃의 아내와 가증한 일을 행하였으며 어떤 사람은 그의 며느리를 더럽혀 음행하였으며 네 가운데에 어떤 사람은 그 자매 곧 아버지의 딸과 관계하였으며(겔 22:11).

흥미로운 것은 에스겔이 "토에바"와 "짐마"($zimm\bar{a}$, "음란", "악행")를 나란히 쓴 것이다.

> 네 음란과 네 가증한 일을 네가 담당하였느니라(겔 16:58).

여기서는 음란한 행위와 가증한 행위가 동의어로 쓰였다. 이것은 근친상간에 대한 레위기의 금지법에도 잘 어울리는 표현이다.

> 너는 여인과 그 여인의 딸의 하체를 아울러 범하지 말며 또 그 여인의 손녀나 외손녀를 아울러 데려다가 그 하체를 범치 말라 그들은 그의 살붙이니 이는 악행($zimm\bar{a}$)이니라(레 18:17).

이것은 동성애에 대한 평가와 같은 것으로 봐야 할 것이다. 이 동의어 관계는 "가증하다"란 말이 레위기에서 윤리적으로 쓰인다는 것이 근거가 될 수 있다.

"토에바"가 도덕적 죄와 관계가 있다는 것이 구약의 헬라어 번역인 70인역에도 나타난다. 70인역 번역가들은 하나의 히브리어 단어를 문맥과 내용에 따라서 모두 네 가지로 번역했다. "아카타르토스"($akathartos$,

---

[33] 에스겔은 이 단어를 43번 사용했는데 주로 '성결법'에 근거한 규례와 밀접한 관계를 갖고 있다. 간음(18:6, 11, 15; 22:11), 근친상간(22:10-11), 월경 중 성교(18:6; 22:10) 등. Cf. Gagnon, *The Bible and Homosexual Practice*, 118-119.

부정"), "아세베이아"(asebeia,"불경건"), "브델뤼그마"(bdelygma, "가증한 것"), "아노미아"(anomia,"불법"). 그중에 가장 빈도수가 높은 것이 "브델뤼그마"(68번)이고, 다음으로 "아노미아"(28번)이다.³⁴ 그렇지만 이 둘은 서로 대조적인 것이 아니다. 제의적인 것에도 "아노미아"로 번역했기 때문이다(겔 8:6).³⁵

다시 말해서 70인역이 레위기의 동성애 금지법의 이유로 제시된 "토에바"를 "아노미아"로 번역하지 않고 "브델뤼그마"로 번역했다고 해서 그것을 도덕적으로 불법이 아닌 것으로 보아서는 안 된다는 것이다.

이 모든 것을 고려할 때 "토에바"는 원래 그 공동체의 기준에 근거해서 위험스러워 보이고 또 혐오감을 불러일으키는 것을 가리켰다. 이 개념은 먼저 제의에 적용되고 다음으로 법률적이고 윤리적인 것에도 적용되었다.³⁶ 종교적인 것은 윤리의 근거와 동기가 된다. 그렇지만 많은 경우에 이 두 영역이 동시에 포함된다. 레위기는 이 둘을 크게 구분하지 않는다. 도덕적 죄는 곧 종교적 죄가 되기 때문이다.

레위기 18장에 언급된 내용은 "더럽히는 것"과 "악"('āwōn)³⁷ 과 "가증한 것"을 같은 차원에서 보아야 할 것이다(18:25-26). 그리고 여기서 기억해야 할 것은 "토에바"라는 단어는 레위기에서는 오직 동성애를 금지하는 조항에만 쓰였고(레 18:22; 20:13) 또 그 문맥에서 비정상적 성관계(레 18:26, 27, 29, 30)에 적용되었다는 것이다. 후자는 전체를 요약하는 성격이 있다.

---

34 Cf. Wold, *Out of Order*, 110.
35 "그가 또 내게 이르시되 인자야 이스라엘 족속의 행하는 일을 보느냐 그들이 여기서 크게 가증한 일을 행하여 나로 내 성소를 멀리 떠나게 하느니라 너는 다시 다른 큰 가증한 일(ἀνομίας)을 보리라 하시더라"
36 E. Gerstenberger, *tō'ēḇā*, THAT II. 1051-55.
37 'āwōn 은 죄, 불법, 악, 허물 등을 나타내는 말로서 ḥaṭṭā't (죄)와 상호교호적으로 쓰이는 경우도 있다. R. Knierim, *'āwōn*, THAT II, 246.

그래서 보즈웰과 같이 이 본문은 동성애 윤리와는 상관없는 정결법이라고 주장하는 것은 근거가 없는 견해이다. 또한, 멜처와 밀그롬이 이것은 동성애가 아니라 씨의 손실을 금지하는 것이라는 것도 근거가 약하다. 왜냐하면, 앞에서 언급한 근친상간은 자녀 생산이 가능하기 때문이다. 본문은 한마디로 그것이 가증하다고 한다.

"내가 거룩한 것같이 너희도 거룩하라"는 레위기의 법이 언약 공동체의 유지를 위해 가족 관계와 관련해서 주어졌다는 것은 십계명의 연장선에서 이해해야 할 것이다.[38]

하나님은 동성애가 그 백성과의 언약 관계를 침해하는 요소로 규정하고 금하셨다. 이스라엘은 하나님이 거룩하신 것같이 거룩한 삶을 살아야 했다. 이것은 버드와 같은 학자들의 생각과 같이 단순히 이교도와 구분 짓는 기준으로 사용된 것이 아니다. 거룩이란 말은 구분이나 격리를 의미하지 않고 하나님께 영광을 돌리는 속성과 관련된 것이다. 동성애는 가증스러운 것이기 때문에 이스라엘은 이 규정을 지켜야 했다.

(3) 심판 규정

동성애법을 위반하는 자에게 심판이 뒤따른다. 레위기 18:22에는 그 조항에 대해 한정된 심판은 없고, 그와 관련된 죄에 대해 같은 심판이 주어졌다. 그것은 "백성 중에서 끊어지는 것"이다.

> 이 가증한 모든 일을 행하는 자는 그 백성 중에서 끊어지리라(레 18:29).

"이 가증한 일"이란 앞에서 나열한 금지법을 종합적으로 언급한 것이다. 그 항목 중에 월경 시 성관계를 갖는 것(18:19)을 제외하고는 다 도덕적 죄와 관련

---

[38] Russ Tate, 'Homosexuality: Not a Sin - Not a Sickness': Towards an evaluation of por-Gay theological perspective, *Evangel* 21, no 3 Aut. 2003, 91.

된다. 이 금지법 가운데 어떤 것도 행해서는 안 된다는 것이 경고로 주어졌다.

"백성 중에서 끊어지는 것(*kāraṭ*)"은 7:20에 처음 나타나는데 이스라엘에게는 특별한 의미가 있다. 이 법은 고대 사회에서는 범법자와 그 자손을 그 나라에서 제거함으로써 소멸을 위한 신의 조건적 저주로 사용되었다.[39] 멜처는 "카레트(*karet*, "끊어짐")는 조기 사망과 범법자의 대가 끊기는 것을 의미한다"고 한다.[40]

물론 백성에게서 끊어져서 추방당한 사람의 생활이란 살아 있는 것이라고 보기 어려울 것이다. 또한, 그는 가족 관계를 형성할 수 없으므로 대가 끊기는 것도 맞는 말이다. 그러나 백성 중에서 끊어지는 것은 이런 자연적 이유보다 훨씬 더 엄중한 데가 있다. 그것은 하나님의 언약 공동체에서 끊어지는 것이다. 범법자는 하나님과의 언약이 파기됨으로써 구원이 위태롭게 된다. 이것은 결코 작은 벌이 아니다. 아마도 죄인들은 대속죄일에 용서받을 기회를 얻을 것이다.

이것을 어떻게 시행하는지에 대해서는 언급이 없다. 여기에 대해 밀그롬은 랍비들의 전통을 따라서 개인적으로 이 율법을 범할 경우에는 하나님이 시행하신다고 한다.[41] 이것은 인간에게 달린 심판이 아니라 하나님께 속한 영역으로 취급되었다는 것이다.

그리고 집단으로 그 죄를 범할 때는 이것이 땅을 더럽힌 행위이기 때문에 "땅이 그들을 토해낸다"(18:28)고 표현한다. 이것은 가나안인의 축출(민 33)과 나중에 이스라엘이 쫓겨나는 것(레 26)을 연상케 한다. 가나안인들의 경우는 이 모든 가증한 죄를 범한 전과가 있다는 것을 경고로 알려 준다(18:27). 이 가운데 동성애와 관련해서 생각하도록 하는 것은 소돔의 죄가 될 것이다. 그들이 그 죄로 말미암아 어떤 최후를 맞았는지

39　James B. De Young, *Homosexuality*, Grand Rapids (Michigan: Kregel Publications, 2000), 56.
40　Melcher, "The Holiness Code and Human Sexuality," 97.
41　Milgrom, *Leviticus*, 209.

를 기억해야 했다.

레위기 18장의 부적절한 성관계가 애굽과 가나안 땅의 풍속과 관련되었다고 할 때. 실제로 이런 풍속이 있었는지 궁금해질 것이다. 가나안의 경우는 소돔이 그 실례가 될 것이다. 앞 장에서 언급했듯이 애굽의 경우는 신왕국 시대 제18왕조 때의 것으로 추정되는 『사자의 서』(the Book of the Dead) 가운데 자신의 결백을 42신에게 선언하는 내용(주문 125) 중에 동성애에 해당하는 내용이 나온다.

> 무덤에서 나와 얼굴을 뒤로 향한 (신)이여, 나는 소년과 성관계를 가진 적이 없습니다.[42]

이 번역을 따른다면 이 기도문은 단순한 동성애가 아니라 어린 동성을 상대로 성폭력을 하지 않았다는 것이다. 이것은 도덕적 순결을 지키는 것이 당시 애굽 사회의 종교와 도덕적 의식에 속한다는 것을 보여 준다.

한편 동성애에 대한 심판으로 레위기의 다른 본문은 사형을 명한다(레 20:13). 이것은 동성애의 죄가 얼마나 심각한지를 일깨워 준다. 사형 방법은 아마도 돌로 쳐 죽이는 방식일 것이다(20:27). 레위기의 법은 고대 근동의 다른 법보다 더 엄격하다. 이름이 알려지지 않은 주전 이천 년 기 말의 중기 앗수르 시대의 법전에는 동성애자의 처벌이 기록되었다.[43]

---

42 Miriameim, *Ancient Egyptian Literature*, 127.
43 Hallo, *The Context of Scripture II*, 355.

만일 남자가 자기 동료와 성관계를 하고 사람들이 그의 죄를 증명해서 그가 유죄임을 밝힌다면 그들이 그 사람과 성관계를 하고 그는 거세를 당할 것이다(A §20).

여기서 "그의 동료"(tappâšu)는 친구나 신분이 동등한 사람을 의미하겠지만 이 상황은 상호 간 수용적 성적 관계가 아니라 강제로 성관계를 하는 것으로 보인다. 왜냐하면, 한 사람에게만 벌이 적용되기 때문이다. 앗수르의 법은 야만적인 면이 있지만, 그 엄격성에 있어서 이스라엘 법이 더 강하다고 하겠다. 이것은 영적, 육적 생명이 다 달려 있기 때문이다.
밀그롬은 이 20:13을 해석하면서 동성애자에 대한 처벌로 간주할 수 없다는 것을 미체너(James Michener)가 반박하는 뉴욕타임즈 기사를 인용하고 있다.[44]

당신이 이 법이 우리 시대에 적용된다면 일어나게 될 홀로코스트를 상상할 수 있겠는가? 우리는 부모를 거역하고 음행을 하는 젊은 자들을 죽이지 않는다.

그는 이 법이 이스라엘에 한정되는 것으로 본다. 여기서 유대인 학자들이 동성애 금지법을 보편적으로 인정하지 않으려는 이유를 발견하게 된다. 그것은 계시 발전에 근거한 성경 해석이 불가능하기 때문이다. 정말 문자적으로 그 법을 집행한다면 곤란한 문제가 생길 것이다.
이 심판 규정에 대한 해석은 다음 단원에서 다룰 것이다. 어쨌든 구약은 동성애를 그 시대에도 심각한 죄로 여겼고, 지금도 중대한 죄로 정죄한다.[45]

---

44 Milgrom, *Leviticus*, 256.
45 De Young, *Homosexuality*, 55-56. 범법자가 용서받을 수 있는 길이 있다. 그는 고의적으로 범죄했기 때문에 개인적 속죄제를 드릴 수가 없고 진정해 회개한다면 다만 대속죄일에 대제사장의 속죄제사를 통해 정결하게 될 수 있을 것이라는 De Young의 말은 좀더

4. 적용 문제

1) 레위기법의 권위

앞 단원에서 언급했듯이 레위기 18:22과 20:13이 확실하게 동성애 금지법이라고 인정해도 그 법이 현대인에게 적용되지 않는다는 것은 레위기가 정경으로서 어떤 권위가 있는가를 질문하게 된다.

비아와 같은 학자들이 레위기법이 정결법이기 때문에 적실성이 없다고 말하는 것은 부분적으로 맞는 말이다. 현대 그리스도인들은 더 이상 의식적 정결법을 따르지 않는다. 그것은 그리스도의 구속으로 말미암아 성취되었기 때문이다. 그러나 정결법이 도덕이나 언약과 관련될 때는 그 법이 아직도 실효성이 있는 것으로 본다. 그래서 근친상간과 동성애 같은 윤리적 법은 아직도 유효하다.

보즈웰[46]이나 버드가 동성애 금지법은 이스라엘을 이방 나라와 구분하기 위해 주어진 것이기 때문에 동성애가 죄와 상관없다는 것은 대부분의 친동성애 학자들이 주장하는 말이다. 그것이 애굽이나 가나안의 우상 숭배와 관련이 있으므로 금지되었다는 것이다. 확실히 가나안 종교의식 중에 음행이 있었고, 그 가운데 동성애도 있었다(왕상 14:24).[47] 이스라엘 백성은 이런 종교의식에 참여해서도 안 되고 그 관행을 따라서도 안 된다.

이는 이스라엘은 이방 민족과 다르기 때문이다. 그러나 레위기가 동성애를 금하는 것은 그것이 애굽이나 가나안 종교의 우상 숭배 관행이기 때문이라기보다는 동성애는 본질에서 잘못되었기 때문에 정죄한 것으로 볼 수 있다. 이것은 근친상간, 인간 제물, 수음도 같은 차원에서 금지된 것으

논의할 여지가 있다.
46 Boswell, *Christianity, Social Tolerance, and Homosexuality*, 100-102.
47 Cf. Simon J. De Vries, *1 Kings*, *WBC* (Nashville: Thomas Nelson Publishers, 2003), 184.

로 볼 수 있을 것이다.[48]

그다음 문제는 밀그롬이 주장하듯이 동성애 금지법은 이스라엘과 약속의 땅에 사는 거민들에게 한정된 것이기 때문에 현대인에게 적용되지 않는다고 보는 것이다. 이 견해는 레위기를 포함한 구약의 율법을 시대적, 문화적 산물로 보는 것이다. 이런 견해를 가진 자에게 구약은 더 이상 권위 있는 하나님의 말씀이 아니다. 왜냐하면, 지금은 육적 이스라엘은 의미가 없고(갈 3:29), 또 약속의 땅도 없기 때문이다(갈 4:25). 레위기법은 인간의 사색이나 문화적 산물이 아니라 하나님의 계시로서 영감된, 신적 권위를 가진 말씀이다. 이 법을 주신 동일한 하나님을 믿는 자는 이 법을 선택 사항으로 여겨서는 안 될 것이다.

2) 레위기법의 신학적 해석

레위기의 법은 기본적으로 하나님 백성의 거룩한 삶을 위해 주어진 것이다. 그것은 개인적 성결과 언약 공동체의 거룩을 위한 것이다. 이 법을 지킴으로써 이스라엘은 하나님과 은혜의 관계를 유지할 수 있었다. 그런데 엄격한 구분은 아니지만, 레위기에 언급된 의식법, 정결법, 도덕법, 언약법, 시민법 등을 이 시대의 그리스도인들이 어떻게 이해해야 하는가가 중요하다.

기본적으로 구약의 법전과 현대인의 삶 사이에는 연속성과 불연속성이 존재한다. 연속성은 이 시대에도 계속 적용되는 것이고, 불연속성은 그리스도의 구속 사역의 성취로 인해 더 이상 적용되지 않는 것이다.

여기서 의식법과 시민법은 폐기되었다. 그래서 의식법이나 정한 음식, 부정한 음식 구분, 안식년, 희년 규정, 이자 규정 등과 같은 것은 지금은 유효

---

[48] Cf. John S. & Paul D. Feinberg, *Ethics for a Brave New World* (Wheaton, Illinois: Crossway Books, 1993), 194.

하지 않다. 그러나 도덕법과 언약법은 계속 유효하다. 물론 그리스도의 구속이 온 율법에 동일하게 효력이 있지만, 살인, 도적질, 거짓말, 간음, 동성애, 우상 숭배 금지와 같은 규정은 현대 그리스도인에게도 여전히 적실성이 있다.

그렇다고 해서 제의적 정결법과 시민법이 현대 그리스도인에게 아무런 의미가 없는 것은 아니다. 그 규정의 영적 의미, 그 정신은 그대로 유지된다. 정한 음식과 부정한 음식에 관한 규정은 그리스도인이 거룩한 삶을 추구해야 한다는 것을 가르쳐 준다. 그러나 다른 방식으로, 즉 성령의 인도를 따라 살아야 할 것을 말한다. 희년의 경우도 마찬가지다.

우리는 희년을 지킬 필요가 없다. 그러나 희년의 정신, 즉 이웃 사랑, 평등, 자유의 정신을 실천하며 살아야 할 것을 가르친다. 현대인은 이자를 받아도 상관이 없지만, 그 기본 정신은 이웃 사랑이다. 이 해석의 중요한 원리는 계시 역사의 전진이라는 것이다.

이 관점에서 보면 이 명령을 처음 받은 이스라엘과 같이 이제 영적 이스라엘이 이 명령에 순종하면서 하나님과의 관계를 유지해야 한다는 말이다. 왜냐하면, 그리스도께 속한 자는 모두 아브라함의 자녀이기 때문이다(갈 3:29). 그리고 이 명령을 거역하는 자는 심판을 받게 된다. 그런데 "백성 중에서 끊어지리라"와 "죽일지니라"는 문자적으로 이해하지 않는다.

역시 계시의 점진적 관점에서 이해한다. 그래서 이것은 교회의 권징으로 주어진 것이다. "백성 중에서 끊어지는 것"은 언약 공동체의 교제에서 배제되는 것이기 때문에 수찬 정지 혹은 그 이상으로 적용할 수 있을 것이고, "죽일지니라"는 출교로 이해할 수 있을 것이다. 신접한 자를 죽이라는 것도 현대적 의미로는 출교를 의미하는 것이다.

이런 해석 원리를 적용한다면 동성애 금지법은 성격상 제의와 관련된 정결법이든지 아니든지 상관없이 여전히 유효한 것이다.

6. 결론

구약의 동성애 금지법은 레위기의 "성결법"에 나타난다. 이 법은 제의적 정결법과도 관련이 있지만, 도덕적 부정으로 간주한다. 하나님은 이스라엘이 거룩한 언약 공동체로서 자신과의 관계를 유지하기 원하셨기 때문에 동성애 금지를 명하셨다. 동성애는 근본적으로 잘못된 성행위이기 때문이다. 이 법을 어기는 것은 언약 공동체에서 쫓겨나든지 사형에 해당했다. 이것은 동성애가 심각한 죄라는 것을 의미한다.

고대 이스라엘에 주어진 이 법은 오늘도 여전히 유효하다. 현대 교회에서는 권징 사유가 된다. 왜냐하면, 신약성경이 이 법의 연장선에서 동성애를 금하고 있기 때문이다(롬 1:26-27, 31).

제6장

다윗과 요나단의 관계[*]

1. 서론

성경 해석의 역사는 해석자의 시대정신을 반영한 결과를 보여 준다고 해도 과언이 아니다. 이런 경향은 본 주제에도 그대로 적용된다. 전통적으로 다윗과 요나단의 관계는 기독교인들이 본받아야 할 우정의 모범으로 제시되어 왔다.[1] 그러나 현대의 다양한 해석은 그런 전통적 해석을 거부하고 현대 사회에서 뜨거운 화제가 되는 동성애의 관점에서 그 두 사람의 관계를 이해하려고 한다.

2009년 6월 7일 제3시대 그리스도연구소에 초청된 미국 시카고신학교(Chicago Theological Seminary)의 테드 제닝스(Theodore W. Jennings) 교수는 "교회 안에서 동성애를 혐오하는 것은 성경의 가르침을 왜곡한 것"이라고 말하고, 성경은 자연스럽게 동성 간의 사랑을 제시한다고 하며 다윗과 요나단의 사랑도 언급했다. 물론 그의 말은 성경이 동성애를 어떻게 보느냐보다는 교인이 동성애자를 어떻게 보는가와 관계가 있는 것 같다.

그러나 성경 본문과 사건의 의미가 무엇인가를 살피는 것이 무엇보다도 중요할 것이다. 그래서 본 제6장에서 다윗과 요나단의 관계에 대한 다양

---

[*] 이 글은 대부분 「갱신과 부흥」 제7호(2009)에 실린 내용이다.
[1] Cf. Sidney Greidanus, *Sola Scriptura: Problems and Principles in Preaching Historical Texts* (Ontario: Wedge Publishing Foundation, 1970), 58.

한 견해를 살펴본 후 해당 본문을 정당하게 주석함으로써 그 관계를 밝힐 것이다.

2. 다윗과 요나단의 관계에 대한 다양한 견해

1) 진정한 우정

다윗과 요나단의 관계를 진정한 친구 간의 관계로 보는 견해는 전통적 해석에 근거한 것이다.[2] 요나단은 다윗과 마음과 마음으로 하나 되어 다윗을 자기 생명처럼 사랑하고 좋아했다(삼상 18:1; 19:1). 그 사랑으로 인해 언약을 맺고(18:3), 맹세하면서(20:17), 다윗이 원하는 것은 무엇이나 들어주겠다고 하면서까지 그를 보호하려고 했다(삼상 20:4).

또한, 정치적 계산을 초월해 그를 왕으로 인정하기까지 했다(23:17). 이것은 기독교의 전통적 해석일 뿐만 아니라 유대교에서도 다윗과 요나단의 관계를 전형적인 참다운 우정의 역사적 모범으로 본다.

유대인 주석가 골드만(Goldman)은 그들 관계의 성격을 이렇게 언급했다.

> 성경에서 다윗에 대한 요나단의 사랑보다 더 아름다운 것이 없고 또 사심이 없고 이해관계를 따지지 않는 점에 있어서 이보다 더 고상한 것은 없다.[3]

---

[2] Cf. Keil & Delitzsch, *Commentary on the Old Testament*, 490; P. K. McCarter, *1 Samuel*, Anchor Bible 8 (Garden City, NY: Doubeday, 1980), 342; Otto Kaiser, *David und Jonathan: Tradition, Redaktion und Geschichte in 1 Sam 16-20*; Ein Versuch, *Ephemerides Theologicae Lovanienses* 66 (1990), 281-296; Diana V. Edelman, Jonathan, "Son of Saul," *ABD* 3, 944-946; Gagnon, *The Bible and Homosexual Practice*, 146-154.

[3] S. Goldman, Samuel, *Hebrew Text & English Translation* (London: The Soncino Press, 1987), 110.

2) 정치적 관계

요나단과 다윗의 관계를 정치적으로 보는 것은 그들이 맺은 언약이 정치적 성격을 띤다고 보기 때문이다. "언약"($b^e r\bar{\imath}t$)은 주로 국가 간에 동맹을 맺을 때 쓰인다. 또한, "요나단이 다윗을 사랑했다"고 할 때 "사랑하다"($\bar{a}hab$)란 말도 정치적 의미를 지닌다고 본다.[4] 결혼과 하나님과의 관계를 생각하면 언약 관계 자체가 사랑을 전제로 하므로 이 둘은 서로 분리해서 생각할 수 없는 것은 사실이다.

톰슨(Thompson)은 히브리어 "아하브"($\bar{a}hab$, 사랑하다)를 다윗과 히람의 관계에 적용된 사례(왕상 5:15, 한글 성경 5:1)와 고대 근동의 아카드어 문헌의 용례를 들어 다윗과 요나단의 관계를 정치적 관계로 제시했다.[5]

성경 본문에서는 "온 이스라엘과 유다가 다윗을 사랑하였다"(삼상 18:16)라는 말도 정치적 신뢰를 표현하는 말이며, 다윗에 대한 요나단의 사랑도 정치적 언약의 파트너로서 사랑한 것이다(20:17). 요나단과 다윗의 사랑 관계는 다윗이 왕이 되는 것과 왕이 된 이후 요나단의 집을 보호하는 정치적 언약 관계로 나타난다(cf. 20:15-16). 실제로 다윗은 요나단의 아들 므비보셋을 선대 함으로써 그 약조를 지켰다(삼하 9:10). 그래서 그들의 "사랑"은 애정과 같은 감정적 요소라기보다는 정치적 관계를 표현하는 것이었다.

3) 동성애 관계

지난 세대부터 여러 학자가 다윗과 요나단의 관계를 동성애(homosexual or homoerotic relationship)로 이해하려는 경향이 두드러진다.[6] 특히 호너(Horner)

---

[4] J. A. Thompson, Israel's "Lovers", *VT* 27 no 4 (1977), 477-478.
[5] J. A. Thompson, "The Significance of the Verb LOVE in the David-Jonathan Narratives" in 1 Samuel, *VT* 24 no 3 (1974), 334-338.
[6] Tom Horner, *Jonathan Loved David: Homosexuality in Biblical Times* (Philadelphia: The

는 몇 가지 근거를 제시하면서 자신의 논지를 전개했다.

(1) 그 두 사람은 동성애를 받아들인 팔레스타인 문화의 그늘에서 이백 년 동안 존속한 사회에서 나왔다.
(2) 그들은 동양적 의미에서 철저한 군대라는 사회적 상황 가운데 있었다.
(3) 이들 중 한 사람은 상관으로서 자신의 사랑을 공공연하게 표현했다.
(4) 그 둘은 솔직하게 종신 협약을 맺었다.
(5) 그들은 비밀리 만나서 입을 맞추고 헤어질 때 하염없이 눈물을 흘렸다.
(6) 그중에 한 사람은 그들의 사랑이 여인에 대한 사랑보다 진하다고 했다.
(7) 사울이 "패역 부도 계집의 소생아 네가 이새의 아들을 택한 것이 네 수치와 네 어미의 벌거벗은 수치 됨을 내가 어찌 알지 못하랴"고 호통친 것은 동성애 관계를 암시한다.[7]

여기에 덧붙여서 쉬뢰어와 쉬타우블리(Schroer & Staubli)는 "오라 우리가 들로 가자"(삼상 20:11)란 표현을 아가서의 "내 사랑하는 자야 우리가 함께 들로 가자…"(아 7:12, 한글성경 7:11)란 말과 연결해서 다윗과 요나단의 사랑의 성격을 동성애로 규정하려고 했다.[8]

Westminster Press, 1978), 26-39; D. M. Gunn, *The Fate of King Saul*, JSOTSS 14 (Sheffield: Sheffield University Press, 1980), 93; S. L. Terrien, *Till the Heart Sings: A Biblical Theology of Manhood and Womanhood* (Philadelphia: Fortress Press, 1985), 169; E. S. Gerstenberger, *Das dritte Buch Mose, Leviticus*, ATD 6 (Göttingen: Vandenhoeck & Ruprecht, 1993), 271; Silvia Schroer & Thomas Staubli, "Saul, David und Jonathan" - eine Dreiecksgeschichte?: Ein Beitrag zum Thema Homosexualität im Ersten Testament, *Bibel und Kirche* 51 (1996), 15-22.

7 Horner, *Jonathan Loved David*, 27-28, 31-32.
8 Horner, *Jonathan Loved David*, 77; Schroer & Staubli, "Saul, David und Jonathan," 18-19.

이 둘의 관계를 동성애나 동성애적 성향이 있는 것으로 이해하려는 학자들은 소돔의 죄(창 19)와 기브아 사람들의 죄(삿 19)가 동성애적 의도와는 무관하다고 해석한다.[9] 또한, 레위기에 나타난 동성애 금지 규정은 다윗 시대에 없었다고 한다. 왜냐하면, 그들이 이 규정을 후대에 생긴 "성결법"에 속한 것이고 그 내용이 도덕적 법이 아니라 "정결법"에 속한 것이라고 믿기 때문이다.[10] 그래서 다윗과 요나단이 그 법의 저촉을 받을 이유가 없었다는 것이다.

4) 이성애 관계

이 관계는 동성관계이기는 하지만, 두 사람 중 한 사람이 다른 성을 가진 것처럼 그 역할을 담당하는 것이다. 펠렉(Peleg)은 본문 분석과 용어의 용례를 들면서 다윗과 요나단의 관계는 동성애가 아니라 이성애라고 주장했다.[11] 이 관계에서 전쟁 영웅인 다윗은 남성의 역할을 하고 요나단은 여성의 역할을 한다고 한다. 특히, 언약이라는 말 자체를 결혼 관계에 쓰이는 용어로 전제하고(스 16:8; 말 2:14; 잠 2:17) 나이가 많고 권세가 있는 요나단이 어린 다윗과 언약을 맺을 때 주도적 역할을 했다는 것이다. 본문은 요나단을 수동적이고 여성적 인물인 다윗의 "여성 신부"로 묘사해 왕위에 오를 자격이 없고 결과적으로 다윗의 왕위를 정당화한다는 것이다.

---

[9] Horner, *Jonathan Loved David*, 47-58.
[10] Schroer & Staubli, "Saul, David und Jonathan," 16-17; Marti Nissinen, "Die Liebe von David und Jonatan als Frage der modernen Exegese," *Biblica* 80 (1999), 257-258.
[11] Yaron Peleg, "Love at First Sight? David, Jonathan, and the Biblical Politics of Gender," *JSOT* Vol 30. 2 (2005), 171-189.

5) 동려애 관계

최근에는 고대 서사시에 나타난 영웅들 간에 표현된 사랑의 관계에 유추해 다윗과 요나단의 관계를 동성연애보다는 동려애(male boding)로 보려는 경향이 일각에서 일고 있다. 이것은 기능적 요소와 감정적 요소를 통합하는 남성 관계의 한 유형으로서 길가메시 서사시의 주인공인 길가메시와 엔키두 그리고 일리아드의 주인공인 아킬레스와 파크로클루스 간의 관계와 같은 것이다.

이 관계를 주장하는 클라인즈(Clines)는 동려애의 특징을 다음과 같이 제시하면서 다윗과 요나단의 관계 성격을 규정한다.

> 그린 남성 간의 우정의 이념은 이런 요소를 포함한다. 서로에 대한 충성, 배타적 성향을 가진 쌍방 관계, 공동의 목표에 대한 헌신 그리고 다른 어떤 관계보다도 이 우정에 대한 가치 부여. 이런 우정에는 강한 감정적 요소가 존재할 필요는 없다. 왜냐하면, 이 유대는 감정적이기보다는 실용적이고 기능적이기 때문이다. 아마도 이것이 다윗과 요나단 간 유대의 성격이고, 이것이 그들이 남성에 대한 히브리적 이념에 기여하고 그것을 고양하는 방식일 것이다."[12]

니씨넌(Nissinen)은 기본적으로 이 둘의 관계를 동려애로 보고 그 관계 속에서 동성애의 성향을 어느 정도 나타내는 유대였다고 한다.[13]

---

12 David J. A. Clines, David the Man: The Construction of Masculinity in the Hebrew Bible, *Interested Parties*, The Ideology of Writers and Readers of the Hebrew Bible, *JSOTSS 205* (Sheffield: Sheffield University Press, 1995), 225.

13 Marti Nissinen, "Die Liebe von David und Jonatan als Frage der modernen Exegese," 259-261.

3. 본문 연구

이 단락에서는 다윗과 요나단의 관계에 대한 다양한 견해를 지지하는 학자들이 근거로 제시하는 본문을 주석하면서 그 의미를 밝히고자 한다.

1) "요나단이 다윗을 사랑했다"(삼상 18:1, 3; 20:17)

> 요나단의 마음이 다윗의 마음과 하나가 되어 요나단이 그를 자기 생명같이 사랑하니라(삼상 18:1)[14]

여기서 "사랑하다"(*'āhab*)는 여러 각도에서 살펴볼 수 있다. 먼저 톰슨과 같이 "사랑하다"를 정치적으로 해석할 수 있다. 물론 문맥에 따라서 그렇게 볼 수 있다. 특히, 앞에서 언급한 다윗과 히람의 관계를 표현할 때 쓰인 "사랑"은 정치적 언약과 같은 것이다. 그러나 요나단의 마음이 다윗의 마음과 통하는 것을 두고 그것을 정치적 음모로 해석할 수 없다면 그 사랑의 의미도 정치적으로 이해할 수 없을 것이다. 그것은 문맥이 다르다. 이 본문에서는 감정적 측면이 우선하고 만일 정치적 측면이 있다면 그것은 부차적으로 고려해야 할 사항이 될 것이다.[15]

다윗과 요나단의 사랑에 감정적 요소가 앞선다고 인정할 때 호너와 같은 학자들이 그 두 사람이 서로 정신적으로뿐만 아니라 신체적으로 사랑했다고 주장할 수도 있을 것 같다.[16] 그러나 히브리어 "아하브"는 단순히 남녀 간의 성적 사랑을 나타내기보다는 더 넓은 개념을 가졌고 그 용례도

---

14 동사 *qāšar*를 번역할 때 마음이 "하나가 되었다"보다는 "마음이 서로 통했다"라고 번역하는 것이 더 나아 보인다.

15 Peter R. Ackroyd, The Verb Love - *'āhēb* in the David-Jonathan Narratives - A Footnote, *VT* 25 no 2 (1975), 213.

16 Horner, *Jonathan Loved David*, 34.

다양하다. 사랑은 기본적으로 감정적 표현인 '좋아하다,' '사랑하다,' '경외하다', '집착하다' 등의 의미를 지닌다.[17]

이 단어는 다양한 사랑의 관계에 적용된다. 남녀 간의 사랑,[18] 남자 간의 사랑,[19] 부모와 자식 간의 사랑,[20] 하나님에 대한 인간의 사랑,[21] 인간에 대한 하나님의 사랑,[22] 또 일이나 사물에 대한 집착에도 사용된다.[23] 그 외에도 친구를 표현할 때 이 동사의 분사형('ōhēḇ)을 써서 명사로 나타낸다.[24]

여기서 주목할 것은 남자 간의 관계를 나타낼 때 쓴 "사랑"이란 말이다. 특히 솔로몬과 히람의 관계에서 나타난 사랑(왕상 5:15)은 정치적 파트너를 의미하고, 신하 중에서 다윗이 사랑하는 자도 역시 정치적 관계를 의미하는 것으로 쓰였다(삼하 19:7). 이런 점을 고려하면 다윗과 요나단의 관계에서도 정치적 요소를 완전히 배제할 수는 없을 것 같다. 그렇지만 피차의 정치적 계산 때문에 서로 사랑했다는 것은 그들의 헌신적 태도와는 다른 것이다.

쉬뢰어와 쉬타우블리는 다윗과 요나단의 사랑의 성격을 규정할 때 요나단의 마음이 통했다는 것을 아가서의 "내 마음이 사랑하는 자"(아 1:7)란 표현에 연결해서 연인 사이라고 주장했다.[25]

17　E. Jenni, "āhaḇ," TLOT I, 46.
18　이삭과 리브가(창 24:67), 야곱과 라헬(창 29:18), 세겜과 디나(창 34:3), 삼손과 들릴라(삿 16:4, 15), 엘가나와 한나(삼상 1:5), 다윗과 미갈(삼상 18:20), 암논과 다말(삼하 13:1, 4, 15), 아하수에로와 에스더(에 2:17) 등.
19　다윗과 요나단(삼상 18:1, 3; 20:17), 솔로몬과 히람(왕상 5:15), 다윗과 신하(삼하 19:7, 한글성경 6절).
20　아브라함과 이삭(창 22:2), 리브가와 야곱(창 25:28) 등.
21　출 20:6; 신 5:10; 7:9 수 22:5; 23:11; 삿 5:31; 왕상 3:3; 시 31:24; 38:12; 116:1; 단 9:4 등.
22　이스라엘 조상(신 4:37: 10:15), 이스라엘(호 3:1), 경건한 자(신 7:13; 23:6; 사 43:4; 렘 31:3, 호 11:1; 14:5; 시 97:10), 나그네(신 10:18), 솔로몬(삼하 12:24) 등.
23　시 33:5; 사 56:10; 렘 14:10; 호 10:11; 12:8 등.
24　렘 20:4.6; 시 88:19 에 5:10, 14.
25　Schroer & Staubli, "Saul, David und Jonathan," 18.

그러나 그것은 어법상 어색한 면이 있다. "마음이 사랑한다"는 것은 아가서의 경우와 같이 성적 관계를 의미할 수 있다(cf. 창 34:3). 그런데 아가서의 "내 마음이 사랑한다"('āhabā nafšī)는 것과 "마음이 연결되었다"(nefeš niqšerā)는 표현 간에는 차이가 있다. 후자는 에로틱한 관계가 아니라 같은 마음을 가지고 헌신적 사랑의 태도를 포함하는 것이다.[26]

"사랑하다"는 동사와 관련해서 특이한 것은 하나님이 아브라함을 "나의 친구"('ōhabī)라고 하실 때 "아하브"의 완료형을 써서 표현했다는 것이다(사 41:8; 대하 20:7).

이런 관계가 다윗과 요나단의 관계에도 적용될 수 있다고 본다. 그 사랑의 관계는 서로의 신의를 전제로 하는 헌신적 우정이 될 것이다. 때로는 남자들의 우정은 이성을 뛰어넘는 깊은 사랑의 감정을 수반할 수도 있다.[27]

2) "오라 우리가 들로 가자"(삼상 20:11)

쉬뢰어와 쉬타웁리는 다윗과 요나단의 관계가 동성애적이라는 것을 증명하는 또 다른 본문으로 요나단이 다윗에게 "들로 가자"는 표현을 제시했다. 그는 이 "들"을 "사람이 없고 한적한 장소, 은밀한 장소, 도피처, 가장 다양한 만남과 사건이 생기는 장소"로 이해하고 이 구절을 아가서의 다음 표현과 관련지었다.[28]

> 내 사랑하는 자야 우리가 함께 들로 가자(아 7:12).

---

26 동사 qāšar(연결하다)는 전치사 be와 함께 상호 신뢰와 헌신의 관계를 나타낸다. *HALOT*, 1154.
27 Cf. Barry A. Jones, "Between Text & Sermon, 1 Samuel 20:1-17," *Interpretation* April (2004), 172-174.
28 Schroer & Staubli, "Saul, David und Jonathan," 18-19.

이 두 문장에는 두 동사 "할락"(hālak, "가다")과 "야차"(yāṣā, "나가다")가 병치 되어 있다. 아가서 본문은 두 동사 사이에 접속사 '워'(wᵉ)가 없는데 이것은 문체가 시문이기 때문이지 내용상 차이는 없다. 들은 사랑이 이루어지는 곳으로 나타나기도 했지만(룻 3) 살인이 난 곳이기도 하다(창 4).

다윗과 요나단이 들로 나가는 의미는 그 두 사람이 어떤 상황에서 가게 되었으며 또 거기서 무엇을 했는지를 살펴보면 알 수 있을 것이다.

그들이 들로 가게 된 배경은 다윗의 격앙된 감정과 관련이 있어 보인다.

> 내가 무엇을 하였으며 내 죄악이 무엇이며 네 아버지 앞에서 내 죄가 무엇이기에 그가 내 생명을 찾느냐(삼상 20:1).

다윗의 다그치는 질문에 요나단이 다윗을 안심시키며 안전을 확신하지만, 다윗은 자신의 생명이 경각에 달렸음을 인식한다(20:2-3). 다윗은 월삭 정례 식사 모임에서 사울과 대면하게 될 것을 피하면서 사울의 마음 상태를 살피겠다고 하자 요나단은 다시 안전을 확신시키려고 한다. 그러나 다윗을 그것은 사울의 의지에 달렸으므로 요나단의 능력 밖이라고 생각한다(20:5-10).

그때 요나단이 들로 나갈 것을 제안한다. 이 상황을 보면 요나단의 제안은 대화의 분위기를 바꾸어서 다윗이 사울의 정치적 박해로부터 안전하게 보호받을 수 있다는 확신을 주기 위한 것으로 보인다.

또한, 그들이 대화한 내용은 서로의 안전에 대한 약속으로 이루어졌다. 요나단은 다윗이 안전할 것이라는 단호한 입장을 취하고(20:13) 다윗에게 자신의 생명을 지켜달라고 요청했다(20:14). 이것은 자신의 생명뿐만 아니라 후손까지도 포함하는 집안에 대한 호혜였다(20:15). 여기서 요나단은 다윗이 왕이 될 것을 암시했다. 이것은 그가 하나님의 섭리를 따르고 있음을 보여 준다.

이런 상황에서 그들이 한 맹세는 진정한 우정에 입각한 서로의 안전과 관련된 것이었다. 그래서 그들이 들로 나아간 것도 이런 종류의 대화를 하기 위한 것이라면 그런 정치적 내용의 대화를 아무데서나 하는 것은 극도의 위험이 따를 것이다. 결국, 그 "들"은 두 사람이 사랑을 나누기 위한 은밀한 장소로 보기 어렵다.

3) "네가 이새의 아들을 택한 것"(삼상 20:30)

이 표현은 다윗의 입장을 대변한 요나단에게 사울이 격노하면서 꾸짖는 말의 한 부분이다. 첸더(Zehnder)가 살핀 바에 의하면 히브리어 동사 "바하르"(bāḥar, "선택하다")는 구약에서 162회 언급되었는데 그중에서 단지 10회만 인간의 행위와 관계가 있다고 한다.[29] 대부분은 하나님이 인간을 선택하는 것이고 인간의 선택은 창세기 6장의 경우를 제외하고는 전쟁이나 행사를 위해 소집하거나 일상생활과 관련된 경우다.[30] 이것은 구약에서 "바하르"가 인간 간의 사랑 관계를 나타내기 위해 거의 쓰이지 않았다는 것이다.

그러나 호너는 요나단이 다윗을 "파트너"로 삼았다고 번역하면서 동성애의 가능성을 제시한다.

"네가 이새의 아들과 절친한 짝이라는 것을 내가 모르냐?"[31]

이것은 히브리어 "바하르"(선택하다) 대신 70인역을 번역한 것이다. 그는 70인역 번역자가 히브리어 본문의 "바하르"가 '자위전환'(metathesis) 현상이 일어난 오기로 철자의 순서를 바꾼 "하베르"(ḥābēr)로 보고 번역한 헬라어 "메토코스"(μέτοχος)를 채택했다. 이것은 설득력 있는 본문비평이다.[32]

---

[29] Markus Zehnder, "Observations on the Relationship between David and Jonathan and the Debate on Homosexuality," *Westminster Theological Journal* 69 (2007), 153; H. Wildberger는 전부 146회 언급되었다고 한다. Cf. *TLOT*, 211.

[30] 여인들(창 6:2); 군사(출 17:9); 관리(출 18:25); 성읍(신 23:17); 신들(삿 10:14); 돌맹이(삼상 17:40); 백성(삼하 6:2); 말(욥 9:14); 길(시 119:30) 등.

[31] Horner, *Jonathan Loved David*, 31.

[32] Klein이 70인역을 따라서 번역했다. R. W. Klein, *1 Samuel, Word Biblical Commentary*, Vol. 10 (Dallas: Word, Incorporated, 2002), 201.

왜냐하면, 타동사인 *bāḥar*가 분사형(*bōḥēr*)으로 쓰였는데 전치사 '러'(*le*, ~에게)와 연결된 것이 어색하기 때문이다.[33] 그래서 이 동사를 '동료'를 의미하는 명사인 *ḥābēr*로 바꾸어서 이 문장을 명사문으로 이해한 것은 자연스럽다(cf. 시 119:63, 잠 28:24, 사 44:11). 그러나 호너의 설명은 문법적으로나 내용 면에서 만족스럽지 못하다.

호너는 이렇게 말했다.

> 여기서 헬라어 단어는 "메토코스"(*métochos*)를 쓸 뿐만 아니라 '벗' 혹은 '짝'이란 의미로 쓰였다. 특히 이 경우와 같이 뒤에 인물이나 사물의 속격(genitive)이 오면 '나눔' 혹은 '참여'를 의미한다.[34]

그러나 헬라어 본문에 기록된 "이새의 아들"에 붙은 정관사와 명사의 형태는 속격이 아니라 여격(dative)이다.[35] 또 내용상 동료, 벗을 의미하는 "하베르"가 다윗과 요나단의 관계를 나타내는 말이라고 해도 그것이 두 사람의 성적 관계를 나타내는 것이라고 볼 수 없다. 오히려 이 말은 요나단이 다윗과 한편이 되어서 그를 편들고 있다고 해석하는 것이 나을 것이다.[36]

4) "네 수치와 네 어미의 벌거벗은 수치"(삼상 20:30)

앞 단락과 관련해 사울이 사용한 이 원색적 표현이 다윗과 요나단 간의 성적 관계를 암시하고 있다는 주장이 제기되었다. 호너는 "수치"와 "벌거벗은"이란 말이 이스라엘 족장 사회에서는 성관계와 밀접한 관련이 있다고

---

33 동사 *bāḥar*는 직접 목적어(accusative) 또는 전치사 *be*와 연결된다.
34 Horner, *Jonathan Loved David*, 31-32.
35 οὐ γὰρ οἶδα ὅτι μέτοχος εἶ σὺ τῷ υἱῷ Ιεσσαι (LXX 삼상 20:30b).
36 Don't I know that you have sided with the son of Jesse…? (*NIV* 삼상 20:20).

보고 다윗과 요나단의 관계가 동성애 관계임이 명백하다고 주장했다.[37] 사실 이 두 단어가 성적인 것과 관련되었다는 지적은 틀린 말이 아니다.

특별히 "벌거벗음"에 해당하는 히브리어 "에르와"('*erwā*)는 '노출' 또는 '남자나 여자의 성기부위'를 의미한다. 그래서 쉬뢰어와 쉬타우비는 요나단이 자신의 부끄러운 행동을 통해 어머니를 "벌거벗겼다"고 했다.[38] 그런데 "수치"에 해당하는 "보쉐트"(*bōšęṭ*)는 30번 가운데 단 한 번만 성적인 것과 관련된다(호 9:10). 그것도 간접적으로 우상 숭배와 관련해서 은유적으로 표현된 것이다.[39] 일단 사울이 말하는 수치는 요나단의 배신행위가 수치스런 행동이라는 것으로 이해할 수 있을 것이다.

이 문제를 해결하는 중요한 열쇠는 문맥이다. 대화의 흐름 속에서 사울이 그렇게 화를 낸 이유를 살펴보면 그의 말이 부적절한 동성적 배경에서 나왔는지 아니면 정치적 배경에서 나왔는지 알 수 있을 것이다.

> 이새의 아들이 땅에 사는 동안은 너와 네 나라가 든든히 서지 못하리라 그런즉 이제 보내어 그를 내게로 끌어오라 그는 죽어야 할 자이니라 한지라 (삼상 20:31).

이것은 요나단이 다윗을 사랑해서 보호하는 자체가 사울 가의 왕위를 보존하는 데 위협이 되고 또 정말 우려하던 대로 다윗이 왕이 된다면 그것은 그 어미가 낳은 아들로 말미암아 이루어진 매우 치욕스러운 일이기 때문에 이런 과격한 표현을 썼을 것이라고 여겨진다.[40] 첸더의 말대로 만일 요나단

---

37 Horner, *Jonathan Loved David*, 32.
38 Schroer & Staubli, "Saul, David und Jonathan," 19.
39 Cf. Zehnder, "Observations on the Relationship between David and Jonathan and the Debate on Homosexuality," 150.
40 사울이 요나단의 어머니에 대한 수치를 말한 것이 지중해 문화와 연결해서 "부끄러운 행동에 연루된 여인은 그녀의 수치의 불명예를 아들에게 영향을 미친다"고 한 Stansell 의 주장은 본문의 상황과 잘 맞지 않는다. 왜냐하면 사울은 요나단이 수치스런 행동

의 동성애가 문제 되었다면 어머니의 수치가 아니라 요나단의 벌거벗은 수치라고 해야 했을 것이다.[41]

5) "서로 입 맞추었다"(삼상 20:41)

호너는 이 본문에 근거해서 다윗과 요나단의 관계가 신체적으로 동성애적 관계였다고 말한다.[42] 쉬뢰어와 쉬타우비는 이 표현이 아가서에 나타나는 사랑하는 자들의 입맞춤과 유사한 상황이라고 한다(아 8:1).[43] 성경에는 연인이나 부부간에 입 맞추는 것 외에도 여러 대상에 대한 입맞춤이 있다.[44] 특별히 다윗과 요나단의 경우는 작별을 표하는 입맞춤으로 서로 번갈아 가면서 키스했을 것이다(창 31:55; 룻 1:9; 행 20:37).

서로를 아끼고 돌보는 언약 관계에 있는 이들이 언제 다시 만날지 모르고 이별하는 상황에서 당시의 사회적 통념을 따라 서로 입 맞추는 것을 동성 간의 사랑으로 이해하는 것은 보편적 지지를 받기 어려워 보인다. 이 입맞춤을 두고 다윗과 요나단의 관계가 동성애적 관계였다고 한다면 나오미와 그 자부들의 관계도 레즈비언으로 보아야 할 것이다(룻 1:9, 14).

을 했다고 했기 때문이다. Gray Stansell, "Honour and Shame in the David Narratives," *Semeia* 68 (1995), 60.
41　Stansell, "Honour and Shame in the David Narratives," 60.
42　Horner, *Jonathan Loved David*, 33-34.
43　Schroer & Staubli, "Saul, David und Jonathan," 19.
44　아버지(창 27:26; 50:1), 부모(왕상 19:20); 아들(삼하 14:33); 아내 (창 29:11); 형제(33:4; 4:27); 손자(창 48:10); 장인(출 18:7); 동료(삼하 20:9); 시모(룻 1:14); 자부(룻 1:9); 지파 사람(삼하 15:5); 연인(8:1; 잠 7:13); 사무엘과 사울(삼상 10:1) 등.

6) "그대는 심히 내게 아름다움이라"(삼하 1:26b)

요나단이 죽은 후에 다윗이 그의 죽음을 애도하면서 부른 애가에 나타난 표현이다. 한글로 "아름답다"로 번역된 이 말은 일반적으로 사랑의 대상을 표현할 때 쓸 수 있는 말이다. 쉬뢰어와 쉬타우비는 이 단어의 어원 "나암"(nā'am, "즐거운", "사랑스러운")을 언급하면서 이것이 아가서에서 연인에게 적용된다고 하고(아 1:16; 7:7) 남녀가 그런 상황에서 아름답고 순수한 평안의 감정을 경험하게 된다고 한다.[45]

그렇지만 아가서에서 연인의 사랑에 단지 두 번 쓰인 그 단어를 다윗과 요나단의 관계에 적용해서 동성애로 보려는 것은 좀 지나친 감이 있다.[46] 이 동사는 "사랑받는"이란 의미를 지닌 "아후브"('āhūb, 'ahab의 분사 수동형, 신 21:15; 느 13:26)와는 달리 포괄적 개념을 가졌다. 히브리어 "나암"은 "즐거운", "사랑스런", "친근한", "기쁜" 등의 의미로 쓰였다.

대부분의 영어 번역은 "즐거운"(pleasant)으로 번역했다(RSV, KJV, JPS, NASB). 본문의 사전적 의미로는 '친밀한' 관계를 나타내는 말로 이해할 수 있다.[47] 물론 다윗의 표현 속에 동성애적 감정은 아니라고 할지라도 남성 간의 우정에서 느낄 수 있는 따뜻함과 편안함이 함축되어 있다고 볼 수 있다.

7) "여인의 사랑보다 더하였도다"(삼하 1:26c)

이 구절은 다윗과 요나단의 사랑에 대한 가장 강렬한 표현이다.

올리언(Olyan)은 요나단의 사랑을 '여인의 사랑'과 비교하는 것은 요나단

---

45 Schroer & Staubli, "Saul, David und Jonathan," 19.
46 Zehnder는 이 단어가 모두 28번 쓰였다고 하면서 아가서의 의미와 다윗이 사용한 단어 간에 의미상 관련이 없다고 한다. Zehnder, op.cit., 151f.; Markus Zehnder, Exegetische Beobachtungen zu den David-Jonathan-Geschichten, Biblica 79, no. 2 (1998), 165.
47 HALOT, 705.

의 사랑의 성적 특성에 대한 암시로 이해해야 한다는 것을 증명하려고 했다.[48] 이 비교가 그들의 관계가 더 이상 언약적 신뢰가 아니라 감정적 에로스의 관계를 드러낸다는 것이다.

악커만(Ackerman)은 이것을 두고 남성간의 육체적 관계가 고대 바빌로니아와 이스라엘에 용인되었다고 한다.[49]

그렇지만 이 표현 자체는 그 사랑의 깊이가 어떠했는지 충분히 짐작할 수 있도록 하지만 두 사람의 관계가 감정적 에로틱한 성적 관계를 증명할 수 있을 정도는 아니다. 이것은 목숨을 대신할 정도의 남자들의 깊은 우정에 대해서도 충분히 쓸 수 있는 말이다. 특별히 다윗의 애가는 군사적 동료의 죽음을 애도하는 전형적인 조가의 운율을 갖추고 있다.[50]

또한, 이 애가는 그 형식이 시적일 뿐만 아니라 내용도 비유법을 써서 "그들은 독수리보다 빠르고 사자보다 강하였도다"(1:23)라는 과장된 표현을 쓰고 있다. 다윗의 애가가 지닌 이런 특징들을 고려하면 "여인의 사랑보다 더하였도다"라는 표현으로 다윗과 요나단의 관계를 에로틱한 동성애적 관계로 증명하려는 것은 무리한 시도다.

---

48 Saul M. Olyan, "Surpassing the Love of Women," in Mark D. Jordan (ed.), *Authorizing Marriage* (Princeton: Princeton University Press, 2005), 7-16.
49 Susan Ackerman, *When Heroes Love* (New York: Columbia University Press, 2005), 193.
50 W. W. Klein, C. L. Blomberg & R. L. Hubbard Jr., *Introduction to Biblical Interpretation* (Nashville, TN: Thomas Nelson, 2004), 338. "그런 애가를 식별하는 하나의 열쇠는 '오호라'로 시작하는 것이다. 그 조가는 학자들이 '키나'라고 하는 시적 운율, 매 연마다 다섯 음절에 강세가 있는 독특한 시적 운율을 가졌다. 가장 좋은 예는 사울과 요나단(삼하 1:19-27) 그리고 아브넬(삼상 3:33-34; 대하 35:25)에 대한 다윗의 애가들이다."

4. 현대적 해석에 대한 평가

다윗과 요나단의 관계에 대한 현대적 해석은 정치적, 동성애적, 이성애적 그리고 동려애적 관계로 보는 것이다. 먼저 앞 단원에서 제시한 주석의 결론에 근거해서 여러가지 이론들을 평가하고자 한다.

1) 정치적 관계라고 보는 견해에 대한 평가

정치적 관계는 다윗과 요나단의 관계에서 나타나는 전체적인 양상에서 드러난다. 결국, 왕권이 어디로 향하느냐는 것이다. 그렇지만 그 두 사람의 관계가 사랑의 감정이 배제된 정치적 동지로 설명하려는 것은 설득력이 없다. 왜냐하면, 요나단이 왕인 사울과의 관계를 희생하면서까지 다윗의 생명을 아끼는 것은 정치적으로 설명할 수 없기 때문이다. 다윗의 왕위와 관련해 말한다면 요나단은 하나님의 섭리를 받아들이고 있다고 말해야 할 것이다.

2) 동성애 관계라고 보는 견해에 대한 평가

본문 주석에 비추어 볼 때 두 사람의 관계를 동성애로 보려는 학자들의 시도는 성경적 근거가 빈약하다고 하겠다. 또한, 성경에 대한 이들의 관점이 다르다는 점도 지적하지 않을 수 없다. 소돔의 죄(창 19장)와 기브아 사람들의 의도(삿 19장)가 동성애와 무관하다는 것은 해석에 대한 다른 전제를 가졌다고 볼 수 있고, 다윗 시대에 동성애에 대한 율법이 존재하지 않았다는 것은 "성결법"이 에스겔 시대에 쓰였다는 클로스터만(Klostermann)의 전제를 받아들인다는 말이다.[51]

---

51   A. Klostermann, *Der Pentateuch: Beiträge zu seinem Verständnis und seiner Entstehungsges-*

그것은 고대의 언약 체결 형식을 갖추고 있는 레위기 18장의 본문을 잘 살피지 못한 것으로 보인다. 그래서 이스라엘 왕의 이상형으로 제시된 다윗은 모세의 율법을 잘 알았고 동성애 금지에 관한 법을 준수하면서 살았다고 보는 것은 자연스럽다. 그는 무엇보다도 하나님의 마음에 합한 자였다. 그는 현대 사회에서 말하는 동성애자가 아니라 이성애자로서 여러 명의 아내가 있었다. 요나단도 그의 아내 사이에 아들을 두고 있었다.

또 한 가지 지적할 점은 요나단의 나이가 다윗보다 적어도 20살 정도 많은 것으로 보인다는 것이다.[52] 다윗과 요나단의 관계를 현대식으로 생각해서 동성애적 관계로 보려면 나이도 어느 정도 맞아야 할 것이다.

3) 이성애 관계라고 보는 견해에 대한 평가

다윗과 요나단이 동성관계이기는 하지만 두 사람 중 한 사람이 다른 성을 가진 것처럼 그 역할을 담당하는 이성애의 관계였다고 하는 펠렉의 주장은 근거가 없다. 이것은 어떤 의미에서 현대적 동성관계를 적용해서 설명한 것이라고 볼 수 있다. 성경은 요나단을 "여성 신부"로 묘사해 그가 자격이 없기 때문에 왕위를 계승하지 못하는 것이 아니고 하나님이 사울의 집을 버리셨기 때문이라고 한다(삼하 6:21).

---

chichte (Leipzig: A. Deichert 〈Georg Böhme〉, 1893), 368-418.

[52] 삼상 13:1의 히브리어 본문이 훼손되어서 사울의 나이를 정확하게 계산할 수 없다. 문자대로 번역하면 "사울이 한 살에 왕이 되어 이 년을 다스렸다"고 해야 할 것이다. 한글 성경은 40세에 왕이 되었다고 했고, *NIV*는 70인역 루키안역을 따라서 30세에 왕이 되었다고 했다. 어쨌든 사울이 왕이 되었을 때 요나단은 군대의 지휘관이었다. 이 말은 사울이 70세 혹은 80세 조금 넘어서 죽었다면 요나단도 50세 혹은 60세에 죽었을 것이다. 그러면 그때 다윗의 나이가 30세였기 때문에 20년의 간격은 충분히 생각할 수 있을 것이다. 참고로 James Jordan은 그의 특강에서 두 사람이 30년 정도 나이 차이가 난다고 했다.

4) 동려애라고 보는 견해에 대한 평가

두 남성 간의 관계를 동려애로 보려는 것은 상당히 근거가 있어 보인다. 그것은 전장에서 볼 수 있는 전쟁 영웅들의 전우애와 같은 것이다. 동려애의 특징은 공동의 목표에 헌신적이고, 신의를 지키며, 서로의 관계를 우선으로 여기는 기능적이고 또 감정적 요소도 있다. 동려애는 사랑의 관계를 유지하지만, 육체적 사랑의 행위를 하지 않는다는 특징도 있다. 그렇지만 그것이 고대 서사시에서 유추한 것일 때는 재고할 필요가 있을 것이다.

고대 서사시에 나타나는 주인공들의 사랑은 단순한 남성 간의 헌신적 우정에서 그치지 않고 육체적 사랑으로 이어진다. 길가메시는 엔키두를 "나의 친구"라고 부르지만 그들의 사랑에 대한 표현은 구약 사무엘서에 기록된 것보다 훨씬 노골적이고 강렬하다. 심지어 엔키두를 여성처럼 묘사하기도 하고 또 자신이 여성으로 묘사된 곳도 있다.[53]

물론 이런 표현에 대해 더 많은 연구가 필요하고 또 고려해야 할 점은 성경 본문의 의미를 이교적 문헌에서 유추하는 데 신중해야 한다는 점이다.

이런 동려애에 대한 개념은 다윗과 요나단의 우정을 이해하는 데 참고가 될 만하고 더 연구할 여지가 있지만, 성경에서 말하는 이 둘이 지니는 공동의 목표라는 것이 명확하지 않다. 다윗과 요나단이 서로에 대한 신뢰를 지키지만 단지 이 둘의 관계는 요나단의 일방적 희생으로 진행될 뿐이다.

---

[53] 길가메시가 엔키두를 만나기 전에 꾼 꿈 이야기에서 어머니의 해석에서 "너가 그를 사랑했고 마치 그에게 여인처럼 이끌렸을 것이다"(I, vi, 4)라고 하고 자신의 애매한 성적 표현인 "내가 그것을 너의 발에 놓고 내가 그것을 사랑하고 마치 여인과 같이 이끌렸다"(I, vi, 3-5)고 한다. 엔키두가 죽었을 때 길가메시는 "통곡하는 여인처럼 비통하게 울었다"(VIII, ii, 3)고 하고 "신부와 같이 그의 친구를 베일로 가렸다"(VIII, ii, 17)고 했다. 본문에서 "그것"은 도끼를 말한다. 그런데 그의 어머니가 그 도끼는 남자라고 해석했다. J. Pritchard, *Ancient Near Eastern Texts* (Princeton: Princeton University Press, 1969), 72-88.

또한, 이 둘의 관계는 상호 간의 신뢰와 우정을 넘어서 하나님의 약속을 굳게 의지하도록 하는 점이다(삼상 23:16-17). 이 관계에 포함될 수 있는 에로틱한 관계는 더욱 아니다. 그래서 다윗과 요나단의 관계를 동려애로 규정하기는 어려울 것이다.

5. 계시 역사적 접근

구약 전체의 흐름 속에서 다윗과 요나단의 관계를 엄격하게 규정하는 것은 그렇게 중요하지 않다. 계시 역사에서 중요한 것은 정통성 없는 왕위 계승자였던 다윗이 어떻게 해서 왕이 되었는가를 보여 주는 것이다. 다윗과 요나단의 관계가 모범적 우정으로 제시되고, 그들의 우정을 그리스도인들이 본받아야 한다는 것이 이 둘의 관계가 보여 주는 메시지가 아니다.

다윗은 이미 기름 부음 받은 자(메시아)였고 요나단은 그것을 알았는지는 몰라도 자신의 마음에 합한 왕을 그 백성에게 주시려는 하나님의 섭리에 순종했다. 아버지와 자신의 관계를 어렵게 만들면서까지 자기에게 돌아올 왕관을 다윗에게 돌린 요나단의 행위는 메시아가 오는 길을 여는 믿음의 행위였다. 요나단의 우정은 자기보다 어리고 신분이 비천한 다윗이었지만 궁극적으로는 자신이 순종할 메시아의 조상에 대한 사랑과 배려였다.[54]

하나님은 다윗에 대한 요나단의 사랑을 통해 인류에 대한 구원 계획을 점차 이루어 가셨다. 이런 관점에서 이 둘의 관계는 우정에 대한 단순한 모범이 되어서는 안 될 것이다.

---

[54] I. de Wolff, *De geschiedenis der Godsopenbaring*, *IV* (Enschede: J. Boersma B.V., nd), 174-175.

6. 결론

주석에서 보았듯이 동성애적 요소가 있는 것으로 보는 모든 본문이 성적 에로틱한 사랑이 아니라 상호 간에 깊은 신뢰와 사랑을 줄 수 있는 우정으로도 설명할 수 있는 내용이다. 진정한 우정이란 유익과 쾌락이 아니라 상호 신뢰와 헌신, 그리고 덕을 바탕으로 하는 것인데 다윗과 요나단의 관계가 그랬다. 그래서 성경 본문은 하나님의 뜻을 따르는 요나단의 진정한 우정을 통해 사울의 정치적 박해를 피하고 다윗이 합법적 왕이 되는 하나의 과정을 보여 준다.

제3부
구약과 사회문제

제7장
희년 윤리

제8장
구약과 땅/토지

제9장
구약과 다문화

제10장
구약과 생태계

제11장
구약과 전염병

제7장

희년 윤리*

1. 서론

희년에 대한 견해는 크게 두 가지로 나뉜다. 구약의 희년제도에 따라 무리한 현대적 적용을 주장하는 사람이 있는가 하면, 그것을 단순한 고대 시민법 정도로 생각하는 사람도 있다. 본고는 정말 구약의 희년이 이 시대에도 여전히 유효한지, 아니면 생각해 볼 가치도 없는 고대 이스라엘 사회의 시민법인지를 살펴보고자 한다.

그리고 구약의 희년제도가 오늘날 논의하는 토지 문제와 사회, 경제 문제를 해결하는 데 도움이 되는지, 이러한 시도가 가능한 일인지를 살펴볼 것이다. 또한, 구약의 희년제도가 우리 시대에 주는 윤리적 의미가 무엇인지를 제시할 것이다.

2. 서론적 고찰

1) 희년의 용어

구약에는 희년이라는 용어에 대한 직접적 근거는 없다. 그 말은 단지 '외치다'라는 말(*jubilare, jubilum*)에 근거한 '희년의 해'(*annus jubilaeus*)에 나왔다. 일찍이 '유빌룸'(jubilum)은 농부나 목자들의 "유-"라는 외침에서 나왔고, '요벨'(yōḇēl)은 혼합된 말이다.[1]

동사 '야발'(yāḇal)에 대한 유래로서 히브리어 '수양'(yōḇēl, 수 6:5; 출 19:13)에 해당하는 어원은 아랍어 '주블라'(jubla, 수양)일 가능성이 있다고 하지만 이것은 '해방의 해'를 의미하는 희년과는 무관하다.[2] 전통적으로 '수양'이라고 하지만 이 말을 어원 '야발'(yāḇal, '가져가다')과 비교하는 이도 있다. 그러나 이것도 우리가 알고 있는 라틴어 '주빌라레'(jubilare, '외치다')와 관계가 없는 말이다.

출애굽기 19:13에는 "요벨"이 악기(나팔)로 나타나 있는데 여호수아 6:5의 "케렌 요벨"(qeren yōḇēl)과 같은 악기(양각 나팔)이다.[3] 희년은 그 이름에 있어서 속죄일에 그 시작을 알리는 이 악기 이름과 관련된 것 같다. 그러나 "요벨"의 어원은 확실하지 않다. 이날에 부는 악기는 "요벨"이 아니라 "쇼파르"(šōfār)이다(레 25:9).

이 '요벨'이라는 단어 외에도 희년을 다른 말로 표현하고 있다. "오십 년째"(레 25:10-11), "되돌리는 해"(겔 46:17; 개역개정은 šᵉnaṯ haddᵉrōr를 "희년"으로 번역함), "은혜의 해"(사 61:2), "면제년"(신 15:9; 31:10)이다.

2) 희년의 날짜

레위기 25장과 27:16-25은 "희년의 해"(šᵉ naṯ hayyōḇēl)에 대해 언급하고 있다. 이 해가 언제인가에 대해 두 가지 견해가 있다.

---

* 이 글은 대부분 「고려신학보」 제25집(1993)에 실린 내용이다.
1 Cf. *HALOT*, 398.
2 E. Kutsch & R. North, "*jobel*," *Th WAT* III, 555-6.
3 H. A. Hoffner, "*jbl*," *Th WAT* III, 391.

첫째, 대부분 랍비와 많은 신학자가 레위기 25:8, 10에서 희년은 49년 안식년 다음 해라고 주장한다.[4] 그렇게 되면 안식년과 희년 2년 동안 땅을 묵히게 된다는 말이다.

R. 드 보(R. De Vaux)는 오십 년이란 주기를 가나안 원주민의 농사 월력과 관련된 것으로 보고 이 두 해 동안 땅을 쉬게 했다고 본다. 그래서 이것은 경제적 타격이 크기 때문에 지키기 어려운 것으로 보았다.[5]

둘째, 성경은 희년이 선포되는 날짜를 정확하게 말하고 있다.

> 칠월 십 일은 속죄일이니 … 제 오십 년을 거룩하게 하여 …
> (레 25:9-10, 개역한글).

여기서 말하는 제 오십 년은 사십구 년이 지난 다음 해라기보다는 안식년과 같은 해로 보아야 할 것이다. 즉 예수님이 제 삼 일 만에 살아나셨다고 할 때 실제 날수는 이틀밖에 되지 않는다. 이런 식으로 "오십 년째"를 이해하는 것이 가능성이 더욱 크다고 하겠다. 그래서 일곱 번째 안식년을 중반부터 희년과 겹쳐 지켜야 했을 것이다.[6] 칠월 십일 속죄일에 희년이 시작되기 때문이다.

특히 안식년에 시작되는 것은 칠 일, 칠 년, 일곱 번의 칠 년과 같이 7이란 숫자와 관련된 것 같다. 그렇지 않으면 희년을 맞을 때마다 일 년의 오차가 생겨 칠 년에 한 번씩 안식년과 겹칠 것이고, 성경에서 말하는 "안식년 일곱 번 동안 곧 사십구 년"과 만나려면 사십구 년이 걸릴 것이다. 정말

---

4 A. van Selms, "Jubilee, Year of," *IDB* Suppl., 469.
5 Roland de Vaux, A*ncient Israel*: Its Life and Institutions (London: Darton, Longman and Todd, 1961), 176.
6 Bergsma는 희년의 길이가 49년이라고 한다. 그 이유는 앞 주기의 50번째 해와 다음 주기의 첫째 해가 계산되기 때문이라고 한다. 그러면서도 그것이 일곱 번째 안식년과 일치하지 않고 다음에 온다고 주장하는 것은 이해하기 어렵다. John S. Bergsma, "Once again, the Jubilee, every 49 or 50 years?," *VT* 55 *no 1* (2005), 121-125.

그렇다면 동양의 회갑과 같이 안식년과 희년이 일치되는 날은 특별한 희년으로 지정되었을 것이다.

여기에 반대해서 마르싱(Maarsingh)은 레위기 25:21-22에서 제 여섯 해에 나는 "삼 년 쓸 소출"에 근거해 희년이 안식년 다음이라고 주장한다.[7] 그렇지만 그렇게 될 경우 22절에 "제 팔 년에는 파종하려니와"란 말과 11절의 희년에 파종하지 말라는 말이 상충하는 것을 설명할 수 없다. 또한, 이것은 앞에서 언급한 간격을 고려하지 않은 주장이다.

3) 안식일, 안식년과의 관계

희년은 안식일과 안식년의 연장선에 있다고 볼 수 있다. 안식일은 하나님이 엿새 동안 천지를 창조하시고 이레되는 날에 쉬셨다는 것에 근거해 인간이 안식을 누리는 날이다(출 20:8-11). 이 안식의 근거는 계시가 발전하면서 다르게도 나타난다. 즉 출애굽이 안식의 근거가 된다(신 5:12-15). 이것은 하나님이 자신의 사역에 근거해 인간에게 복으로 주신 것인데, 그 내용은 노동으로부터 해방되는 것이다. 더 나아가서 적극적으로 "내 안식일을 지키고 내 성소를 공경하라"(레 19:30)라고 명하신다.

안식년에 대해서는 출애굽기 23:10-11과 레위기 25:1-7; 25:18-22 그리고 신명기 15:1-11에서 각각 규정하고 있다.[8]

첫 번째 본문은 땅이 쉬어야 할 것을 전제하고 가난한 자들과 소산물을 나누어야 할 것을 말한다.

두 번째 본문은 주인이 종에 대한 배려를 잊지 말 것을 강조한다.

세 번째 본문은 채무자들의 면제를 명한다. 이 안식년은 안식일처럼 쉬는

---

7 B. Maarsingh, *Leviticus*, POT (Nijkerk: Callenbach, 1974), 227.
8 비평가들은 이 내용이 들어 있는 부분을 각각 언약서, 성결법 그리고 신명기 법전이라고 표현한다.

것과 더불어 땅의 휴식을 통해 이웃과 나누고, 채무자에 대한 면제로 인해 형제가 노예가 되는 것을 막았다. 여기에 해방의 정신이 나타난다.

이처럼 희년의 규례에서 명하는 안식과 면제에 관한 조항은 안식일과 안식년에서 이미 나타난 것이다. 또한, 레위기 25장에 희년법의 규정이 안식년을 포함하고 있다(18-22). 희년법에 나타난 토지와 가옥의 반환이나 무이자 규정과 종의 해방은 앞의 두 규례의 연장이며 그와 정신적으로 맥을 같이 하고 있다.

3. 이스라엘의 희년제도

구약성경에서 희년은 유일한 것인데, 출애굽기나 신명기에 나타나지 않는 규례이다. 오직 레위기에만 명시되어 있다. 이 책에서만 우리는 희년에 대한 상세한 규정을 발견할 수 있다.

성경 외에 이와 일치하는 규정을 찾으려면 좀 멀기는 하지만 바벨론 지역에서 발견할 수 있을 것이다. 거리가 멀다고 하는 것은 이스라엘의 희년과 메소포타미아의 왕들이 내린 "미샤룸"(*mišarum*) 칙령 사이에는 꽤 다른 점이 있다는 말이다.[9] 달리 말해서, 바벨론에서는 왕이 칙령을 내려 약자를 보호하지만, 이스라엘에는 전혀 왕이 필요치 않고 다만 레위기 25장 서두에 의하면 하나님의 뜻이 이를 시행토록 한다.

---

9   여기에 대해 잘 연구한 책: F. R. Kraus, *Ein Edikt des Königs Ammi-Saduqa von Babylon*, (Leiden: Brill, 1958). 이 책이 이 칙령에 대해 설명하는 바에 따르면, 메소포타미아의 여러 왕이 종종 자신의 초기 통치 기간 중 한 해에 가난한 백성들의 집단의 부채를 면제하라는 내용의 칙령을 공포한다고 한다. 왕의 칙령 둘째 단락에 채권자와 채무자 사이의 채무증서를 파기할 것을 기록했다. 물론 그것은 진흙판이었는데 그것을 깨뜨려 버렸다. 왜냐하면 왕이 그 나라를 위해 공정한 질서(*mišarum*)를 세웠기 때문이다.

희년은 사람이 임의로 행하는 일이 아니라 이미 확정된 것이다. 희년법이 '미샤룸'에서 말하는 면제의 내용을 포함하고 있으나 그 바벨론의 법은 뜻밖의 갑작스러운 일이고, 하나님의 희년 규정은 모든 이스라엘 백성들이 이미 알고 기대하고 있다.

이렇게 이 희년은 전형적으로 이스라엘적이기에 우리는 레위기를 통해서만 희년에 대해 알 수 있다. 여기서 레위기 25장의 희년에 관한 규정을 내용별로 분류해 생각해 보고자 한다.

1) 희년의 주제(레 25:8-12)

이 부분은 처음으로 희년에 관한 규정이 나타나는 본문이다. 앞부분의 안식년과 같은 맥락에서 언급하지만 역시 그 나름대로 특유한 성격을 가진 절기를 명한다. 희년이 시작되는 날짜가 정확하게 기록되었는데 그것은 제 오십 년 칠 월 십 일 속죄일 나팔을 불면서부터 시작된다. 이날에 시작함으로써 안식년과 같이 희년도 종교적 의미를 지닌다. 이때는 가을로서 일 년 중 중간이지만 고대 신년과 관계가 있다.[10]

나팔을 부는 것은 전쟁이나 국가적 재난이 있을 때 경고로 사용하기도 하지만 여기서는 하나님을 경배하게 하려고 백성을 소환하는 의미가 있다. 왜냐하면, 이 일은 하나님의 뜻으로 이루어지는 매우 중대한 일이기 때문이다.[11] 희년의 대주제는 '자유'이다.

이 '자유'란 말은 "데로르"($d^e r\bar{o}r$)로 쓰였다(레 25:10; 사 61:1; 렘 34:8, 15, 17). 이 말은 아카드어 '안드루아루, 두라루'(*andruaru, duraru* < *daruru*, '마음대로 가다', '도망하다', '자유롭게 되다')에서 파생되었는데 아카드어 명사형 '안두라루'(*andurāru*)는 '자유,' '면제,' '짐을 벗은 상태'를 말하고, 히브리어로는

---

10 B. Maarsingh, *Maatschappijcritiek in het Oude Testament: Het Jubeljaar, Bijbel en Gemeente 13* (Kampen: J. H. Kok, 1977), 30.

11 Maarsingh, *Maatschappijcritiek in het Oude Testament*, 25.

'해방'을 뜻한다.[12]

명사형이 아카드어와 관련해서 고든(Gordon)은 안식년과 희년과 같은 제도가 이스라엘 밖에 있었다고 생각하는 경향이 있다. 누지에서 발견된 아카드어 토판에는 "수두티"(suduti)와 "안-두-라-리"(an-du-ra-ri)라는 말이 자주 나오는데 그는 후자를 '더로르'와 동의어로 보고 전자는 안식년과 관련지어 설명한다.[13]

그러나 이 비교는 확실하지 않다. 우리는 이 두 제도가 칠 년, 그리고 오십 년 만에 한 번씩 시행되는지에 대해 전혀 알 수 없다. 단지 우리가 말할 수 있는 것은 누지 문서에 안식년과 희년을 닮은 것이 언급되어 있다는 것이다.

이 용어가 말해 주듯이 희년의 특징은 해방과 본래대로 상환(restitutio ad integrum)하는 것이다. 각자가 자기 기업과 가족으로 돌아가기 때문이다(레 25:10). 이것은 팔지 않으면 안 되었던 땅으로 돌아오고, 종 된 자가 자기 가족에게 돌아오는 것을 말한다. 이로 말미암아 이스라엘 백성 각자가 야웨께서 생활 수단으로 그들에게 주신 땅에서 자유로운 사람으로 살도록 하셨다. 이것은 소유와 삶의 핵심 문제이다.

---

12 *CDA*, 17; *HALAT*, 221; *AHw*, 50. J. Lewy는 이 면제에 대해 몇 가지 예를 들고 있다. "Irisum I가 은, 금, 동, 납, 곡식, 양모와 몇 가지 품목에 대해 *andurarum*을 제정했다. Samas-nasir는 이것을 '자유의 운동'이라고 정하고 바벨론시를 제외한 몇몇 장소에서 이를 허락했다." J. Lewy, "The Biblical institution of *d ᵉror* in the Light of Akkadian Documents," *Eretz Israel* V (1958), 21-24.

13 Cyrus H. Gordon, Parallèles Nouziens aux lois et coutumes de l'Ancien Testament, *RB* 44 (1935), 38-41. "Le sujet deviendrait parfaitement intelligible si le sudutu et l'anduraru s'avéraient comme l'année sabbatique et le jubilé." 그는 자기 누이를 어떤 남자에게 노예 입양의 형식으로 넘겨준 형제의 경우를 예를 들고 있다. 그는 나중에 자기 여동생을 그 남자에게 아내로 주었는데 그것은 *anduraru* 이후의 일이었다.

2) 매매 규정(레 25:13-23)

이 단락의 출발점은 희년에 각기 자기의 기업('aḥuzzā)으로 돌아가는 것이다. 이것은 땅에 관련된 것이다. 14-17절은 땅 자체를 사는 것이 아니라 희년까지 나올 수확을 매매하도록 규정하고 있다.

구매자는 그 토지에서 희년까지 얻을 수 있는 이익에 대해서만 돈을 지불한다. 이는 그때 그 땅이 본래 주인에게 돌아갈 것이기 때문이다. 사는 사람은 동족(遑)이 토지나 그 소유를 팔지 않으면 안 되는 상황을 오용해서는 안 된다.

14절의 "속이지 말라"라고 번역된 원어는 '억압하지 말라'('al-tōnû)는 뜻인데 여기서는 매매하는 상황이기 때문에 "속이지 말라"라는 번역이 더 적합하다.[14]

그래서 물건의 값을 터무니없이 올려서 요구하거나 턱없이 낮은 가격을 제시하지 말라는 뜻이다. 물론 그런 행동의 결과는 가난한 자, 과부, 고아, 나그네, 도망한 종 그리고 어려운 처지를 당해 무엇을 파는 형제를 억압하는 것이다.

이 규정을 통해 야웨께서 백성 중 많은 사람이 가난하게 되는 것을 막으시고, 동시에 몇몇 사람이 엄청난 토지를 소유하는 것을 방지하신다. 이런 토지 매매에 관한 규정의 배후에는 중요한 종교적 동기가 있다. 땅은 임의로 할 수 없다. 그것은 거룩한 땅, 약속의 땅이기 때문이다.

> … 토지는 다 내 것임이니라 너희는 거류민이요 동거하는 자로서 나와 함께 있느니라(레 25:23).

---

[14] HALAT, 398; Maarsingh, Leviticus, 230.

이스라엘은 가나안 땅을 사기 위해 지급한 것은 아무것도 없다.[15] 그들은 이미 족장들에게 약속하신 기업으로서 그 땅을 은혜로 받았다. 그래서 아무도 그 땅에 대한 진정한 소유권을 행사할 수 없다. 땅은 기업으로 남아 있다. 이스라엘도 어떤 의미에서 나그네일 뿐이다. 여기서 하나님과 그 백성 간에 특별한 관계가 나온다. 그러나 백성과 땅의 관계는 오직 야웨와 그분을 믿는 믿음을 통해서만 이루어진다.[16]

3) 속전(레 25:24-34)

야웨께서 두 희년 사이의 기간에도 백성 중에 가난해지는 것을 억제하기 위해 규례를 세우셨다. 만일 어떤 사람이 가난해서 자기 소유의 일부를 팔았다면, 친척 중에서 누가 그 판 것을 다시 사서 무를 수 있다. 이것을 '속전'(g^e '$ull\bar{a}$)이라고 한다. 그것은 토지에 관한 것일 수도 있고 가옥에 관한 것일 수도 있다. 룻기에서 그 예를 잘 보여 주고 있다.

그런데 이 '속전하는 자'($g\bar{o}$ '$\bar{e}l$)의 권리는 시간과 공간의 제한을 받는다. 만일 성안의 가옥을 팔았으면 판지 일 년 안에 무를 수 있고, 그 기간이 지나면 무를 수 없으며 희년에도 돌려주지 않는다. 그러니까 희년제도는 성벽이 없는 촌락에만 해당한다. 그러나 레위인의 가옥은 언제든지 무를 수 있고, 희년에도 판 가옥을 돌려보내도록 했다. 이것은 이스라엘 자손 중에서 얻은 기업이기 때문이다(민 35:1-8; 수 21:1-42). 이 속전의 원리도 23절의 하나님의 소유권이라는 관점에서 이해할 수 있겠다.

15　아브라함이 막벨라 굴(창 23:16)을 산 것과 야곱이 세겜의 거처를 산 것(창 33:19)을 지적할 수 있겠지만 그것을 '이스라엘'이 산 것이라고 말할 수 없을 것이다.
16　Joh. de Wolf, *Schaduwen van het Licht* (Barneveld: De Vuurbaak, 1989), 74-75.

4) 이자 규정(레 25:35-38)

가난으로 어려움에 부닥친 사람이 동족에게 돈을 빌리면 그에게서 이자를 받아서는 안 된다. "이자"를 의미하는 "네쉑"(nešek)은 원래 문자적으로 부당한 대우를 의미하는 것으로 이방 세계에서는 자주 높은 이자가 적용되었다.[17]

그러나 이스라엘에서는 하나님이 이자 금지를 명하셨다. 돈 때문에 눌리는 사람에 대해 그렇게 명하셨다. 물론 가난한 것은 자신의 책임이지만 하나님은 가난한 자들이 이자를 지불함으로써 그 잘못에 대한 대가를 치르는 것을 원치 않으셨다. 백성들은 이기주의에서 벗어나 무이자로 빌려줌으로써 형제 사랑하기를 배워야 했다.

하나님은 그들을 애굽에서 인도해 내신 그 은혜를 상기시키셨다(38절). 이 이스라엘의 법은 사랑의 원리에서 오늘 우리 시대에도 적용된다. 물론 이자를 받는 것이 불법이라는 말은 아니다.[18]

5) 노예 해방(레 25:39-55)

이스라엘 사람이 가난하게 되어, 빚 때문에 자신이 종으로 팔리게 될 경우에 그를 종으로 부려서는 안 된다. 그 이유는 하나님이 이스라엘을 애굽 땅에서 종으로 살았던 집에서 끌어내셨는데 그들이 가나안 땅에서 서로 종

---

[17] 바벨론 자료인 Eshnunna에는 곡물에 대한 최고 이자가 33퍼센트, 돈은 20퍼센트까지 나와 있다. W. H. Gispen, *Leviticus*, COT (Kampen: J. H. Kok, 1950), 364.

[18] 칼빈은 이 부분을 명쾌하게 밝혔다. 종교개혁 시대에 모두가 "돈은 아이를 낳지 않는다"는 아리스토텔레스의 견해를 따르고 있을 때 유일하게 그가 이자를 받는 것이 정당하다고 주장했다. 이스라엘의 율법이 이 시대에 적용될 수 없다는 입장이다. 그는 생존을 위해 돈이 필요한 자에게는 이자를 받아서는 안 되고, 사업을 위한 자에게는 이자를 받아야 한다고 했다. 즉 사랑과 사업을 구분하라는 것이다. H. Van Til, *The Calvinistic Concept of Culture* (Philadelphia: P&R, 1972), 101.

이 되도록 하지는 않으셨기 때문이다. 그들은 동족을 엄하게 다루어서는 안 된다. 그래서 종이 아니라 품꾼으로 대우를 받도록 하셨다. 모든 이스라엘 사람은 야웨의 종이다. 그래서 그들은 자신도 종인 처지에 다른 형제를 종으로 부려서는 안 된다. 그러나 이방인은 영원한 종이 된다.

이스라엘 사람이 부유한 이방인의 집에 팔리면 그를 소유물과 같이 속할 수 있다. 여기서 고엘은 가까운 가족이 되는데 이는 결원이 생긴 가족을 보충하는 이스라엘 가족의 법적 관계를 보여 준다.[19] 돈이 없어서 속하지 못하면 희년에 풀려나 그의 가족에게 돌아간다.

이 법은 이스라엘 전체가 특별한 야웨의 '종'이요, 그 자체가 탈취당할 수 없다는 것을 상기시킴으로써 끝난다(55절). 이것은 이 사회법을 지배하는 종교적 사상이다. 이스라엘 제사법이 사회적 성격을 지니는 것과 마찬가지이다.[20] 즉 희년의 정신은 하나님을 경외하는 것이다(17, 36절).

4. 환상인가? 실제인가?

1) 이스라엘 사회의 이상으로서의 희년

희년의 공식적 표현은 다음과 같다.

> 너희는 각각 자기의 소유지로 돌아가며 각각 자기의 가족에게로 돌아갈 지며(레 25:10b)
> 그의 가족과 그의 조상의 기업으로 돌아가게 하라(레 25:41b).

---

[19] A. R. Hulst, en C. van Leeuwen, *Bevrijding in het Oude Testament* (Kampen: Kok, 1981), 53.
[20] A. Noordtzij, *Levitikus*, KV (Kampen: J. H. Kok, 1940), 257.

이스라엘은 각자의 토지를 소유하고 거기서 나는 산물로 풍요를 누리는 것을 사회적 이상으로 생각했다. 이것은 솔로몬 시대의 태평세월에 대한 묘사에서 잘 드러난다.

> 솔로몬이 사는 동안에 유다와 이스라엘이 단에서부터 브엘세바에 이르기까지 각기 포도나무 아래와 무화과나무 아래에서 평안히 살았더라(왕상 4:25).

또 앗수르 왕 산헤립이 예루살렘 사람들을 설득하는 것은 그들의 사회적 이상을 반영한 것이라 볼 수 있다.

> 내가 장차 와서 너희를 한 지방으로 옮기리니 그곳은 너희 본토와 같은 지방 곧 곡식과 포도주가 있는 지방이요 떡과 포도원이 있는 지방이요 기름 나는 감람과 꿀이 있는 지방이라 너희가 살고 죽지 아니하리라(왕하 18:32a).

미가는 구원의 때를 말하면서 희년의 주제를 말한다(4:4).
스가랴가 미래에 대해 말할 때 이렇게 예언했다.

> 만군의 여호와가 말하노라 그 날에 너희가 각각 포도나무와 무화과나무 아래로 서로 초대하리라 하셨느니라(슥 3:10).

위의 구절들을 볼 때 이스라엘이 가진 이상적, 사회적 표준이 무엇인지 짐작할 수 있다. 그것은 희년의 원리가 잘 적용된 사회일 것이다.[21]

---

21 Cf. Maarsingh, *Maatschappijcritiek in het Oude Testament*, 62-64; Bruce C. Birch, *Let Justice Roll Down* (Louisville: Westminster, John Knox Press, 1991), 182.

2) 이스라엘이 지킨 희년제도

R. 드 보는 이스라엘의 희년제도에 대해 이렇게 말한다.

유토피아적 법률이고 죽은 문자로 남았다.[22]

지르쿠(A. Jirku)도 이렇게 말한다.

이 법을 통해도 몇몇 개인이 토지를 엄청나게 축재하는 것을 책망하는 선지자들의 설교가 별 성과가 없었던 것 같다.[23]

그렇다고 이 제도를 포로 이후에 첨가한 이상적 제도라고 해서는 안 된다. 발샤이트(B. Balscheit)와 아이히로트(W. Eichrodt)와 같이 희년이 후대의 공상적 산물이라고 한다면[24] 앞에서 다룬 희년의 의미가 모호한 상태로 남아 있을 리가 없기 때문이다. 또 그렇게 주장하는 자는 자본주의 체제 외에 다른 경제체제를 경험하지 않았기 때문이다.[25]

성경에 종종 희년이 무시되고(대하 36:21) 구체적으로 희년을 완전히 실행했다는 내용이 나타나 있지는 않지만 몇몇 본문을 통해 이스라엘이 이 제도를 이행한 것으로 볼 수 있다.

특히 레위기 27:16-25과 민수기 36:1-4에 "희년"이란 말이 명시되어 있기에 희년법은 고대로부터 존재했고, 민수기 기사는 그것을 사람들이 기대했음을 알 수 있다. 그리고 예레미야 32:6-15의 내용도 이스라엘이 포로 이

22　De Vaux, *Ancient Israel: Its Life and Institutions*, 177.
23　A. Jirku, "Das Israelitische Jobeljahr," in: *Von Jerusalem nach Ugarit* (Graz, 1966), 179.
24　B. Balschheit und W. Eichrodt, *Die soziale Botschaft des Alten Testaments für die Gegenwart* (Basel: Friedrich Reinhardt, ND), 13, 16.
25　Van Selms, "Jubilee, Year of," 497.

전에 이미 희년을 지켰음을 보여 준다.[26]

이외에도 여러 부분에서 희년이 시행되었다는 증거를 주고 있다(렘 34; 느 5; 겔 7:13).

5. 희년 윤리의 현대적 적용

이스라엘의 희년법을 오늘 우리 시대에 어떻게 적용할 수 있는가에 대해 크게 두 가지 상반된 입장을 보여 왔다. 그것은 희년법의 내용을 문자적으로 연장해서 적용하는 것과 완전히 단절시켜서 보는 견해이다.

1) 직접 연관성을 취하는 입장

이 견해 가운데서도 여러 가지 적용이 나타나는데 먼저 좀 과격한 태도를 보이는 자들이 있다. 희년이 시민들 사이에 평등성을 회복시켜 주었고 가난 때문에 재산과 자유를 잃어버린 가족들에게 새로운 기회를 주고 약자를 보호하는 정의를 실현하는 것이라는 견해에 근거해 우리 시대의 정치, 경제, 사회윤리에 희년이 주는 정신, 즉 평등원리를 적용해야 한다는 의견이다. 영원한 식민주의를 배제하고, 억압받는 자와 기존 체제의 혜택을 누리지 못하는 계층에게 평등한 기회를 주어야 한다는 것이다.

이것은 사회학적 해석에 의한 것인데 해방신학적, 민중신학적 해석과 관계가 있다. 또 희년을 이사야 61:1-2 및 누가복음 4:16-21과 관련시키기도 한다. 개인에 따라 강조점은 있으나 이런 태도를 보이는 사람은 젤음스(Van Selms), 트로끄메(Andre Trocome), 요더(Yoder), 문희석 등이다.[27]

---

[26] W. H. Gispen, "Bijbelsche archaeologie," in: *Bijbelsch Handboek* I, (Kampen: J. H. Kok, 1935), 290; J. Pedersen, *Israel*: Its Life and Culture I-II, (Copenhagen: Branner og Korch, 1954), 84.

[27] Van Selms, "Jubilee, Year of," 498; 앙드레 트로끄메, 『예수와 비폭력 혁명』, 박혜연, 박명수 공역 (서울: 한국신학연구소, 1986), 56-74; Moon, H. Cyris, "The Year of Jubilee and the Economics of Equality," 「교회와 신학」 XIV, 18-19; J. H. Yoder, *The Politics of Jesus*

이와는 아주 다른 입장을 취하면서도 희년제도가 토지제도에 대해 제공하는 원리가 있다고 보는 사람들이 있다. 이것은 특별히 우리나라에서는 토지공개념이 대두되면서 상당히 알려지기 시작했다. 이 견해는 헨리 조지(Henry Georgy)의 토지론을 중심으로 이루어져 있는데, 그 성경적 기초를 희년에서 찾고 있다.

이와 맥을 같이하는 이들은 대천덕, 김진홍, 허성구 등이다. 그래서 하나님의 법은 영원한데 오늘도 그 법을 따라 살면 토지문제로 인한 경제,사회 문제는 해결될 것으로 보고 있다. 그렇지만 이들은 구약의 희년 자체에 관한 연구보다는 토지와 관련된 경제 체계에 집중하고 있음을 알 수 있다. 특히 토지의 지가와 가치 상승률에 따른 사회의 기회 균등의 부조화를 해결하려는 시도이다.[28]

특히 유럽에서는 일찍이 발샤이트와 아이히로트가 희년제도의 규정을 포함한 재산에 관한 모세의 법이 모든 시대에 단순히 적용할 수 없지만, 그런 시각에서 국가와 교회, 사회 전반에 적용할 것을 주장했다. 그리고 이런 규정과 그 법을 준수할 것을 요구하는 선지자의 요구도 사회적인 것으로 보았다.[29] 이때 희년과 같은 모세의 율법은 무산계급이 일어날 것을 막기 위한 것이라 한다. 그렇지만 이 법 자체가 그런 계층이 있었음을 전제하고 그것을 증명하고 있다.

이 부분에서 문제가 되는 것은 그것이 과격하든지 온건하든지 간에 이스라엘의 희년제도에서 말하는 토지가 오늘 우리에게도 관련되는가 하는 것이다. 실제로 그 희년법은 이스라엘 즉 하나님의 백성에게 주신 법이고, 그들의 땅은 기업으로 주신 것이기 때문이다. 오늘 우리 사회는 하나님의 법과 무관한 백성이 절대다수를 차지하고 있기에 구약의 희년법을 그냥 그대로 적용할 수

(Grand Rapids, Michigan: Eerdmans, 1972), 39.

28 대천덕, 『토지와 자유』 (서울: 무실, 1992), 23-69; 허성구, 『성서에 나타난 희년 사상』 (서울: 기독교대학 설립동역회 출판부, 1989).

29 Balscheit und Eichrodt, *Die soziale Botschaft des Alten Testaments für die Gegenwart*, 26-31, 37, 38, 52-59.

는 없다. 그래서 이상적 경제원리는 다른 차원에서 이루어져야 할 것이다.

2) 예표적 의미로 보는 입장

이 입장은 예표적, 종말론적 견해를 결합하고 있다. 그러니까 구약의 희년제도가 구체적으로 오늘 우리 사회의 제도개혁에 적용될 수는 없고 그 법의 목적이 해방과 자유이기 때문에 그러한 궁극적 의미만을 적용해야 한다는 것이다. 카일(C. F. Keil)과 델리취(F. Delitzsch)의 주장이다.

> 희년의 주된 사상은 하나님 나라의 회복, 즉 시간의 흐름 속에서 인간의 죄로 말미암아 더러워진 모든 것의 회복이다. 그것은 죄로 말미암아 파괴된 모든 것을 복구하는 것이고, 하나님의 자녀를 위한 참다운 자유를 세우는 것이며, 인간의 죄로 말미암아 만물이 탄식하게 되는(cf. 롬 8:19) 헛된 굴레로부터 모든 피조물을 해방하는 것이다. 그리고 그것은 그의 모든 택한 백성을 창세 이전부터 그들의 유업으로 예비한 평화의 나라와 영원한 복락으로 인도한다(마 25:34; 골 1:12; 벧전 1:4).[30]

특별히 희년은 속죄일에 선포되기 때문에 그 해방은 예수 그리스도의 속죄 사역에서 성취된다. 그것은 궁극적으로 종말에 있을 자유의 나라를 고대하도록 한다는 것이다. 물론 이 말은 이스라엘에서 희년제도가 실현된 일이 없고, 완전한 실시가 불가능했기 때문에 종말론적 대망이 생겼다는 것은 아니다.

이런 해석 하에서는 윤리적 의미는 사라지고 속죄의 의미만 남는다. 물론 예수님이 희년을 성취하신 분이기에(눅 4:14-21) 그분 안에 있는 우리는 더

---

30 W. H. Gispen, *Bijbelsche archaeologie*, 290-291; C. F. Keil and F. Delitzsch, *Commentary on the Old Testament II*, translated by James Martin (Grand Rapids, Michigan: Eerdmans, 1983), 467.

이상 구약의 희년법을 기대할 필요는 없다. 그렇다면 희년제도는 더 이상 윤리적 의미가 없는가 하는 의문을 가지게 된다.

3) 남은 윤리적 요소

이 문제에 대해 마르싱은 위의 두 견해를 종합하는 입장을 취한다. 그래서 그는 희년법이 사회 개혁의 원리를 제공함과 동시에 그리스도 안에서 해방을 뜻한다고 한다.[31]

우리가 이 문제를 다룰 때 구약의 일반적 해석 원칙을 여기서도 적용해야 함을 잊어서는 안 된다. 그것은 연속성과 불연속성에 관한 문제이다. 즉 구약의 역사적 사건이나 율법을 이 시대에 그대로 연장해서 적용해야 할 것과 더 적용해서는 안 되는 부분이 있다는 것이다. 즉 구약의 희년법은 하나님의 백성 이스라엘에게 준 시민법이라는 것이다. 그것은 이스라엘 언약 공동체가 더욱더 나은 삶을 누리며 하나님을 섬기도록 하기 위함이다.

모든 시민법이 그렇듯이 원칙적으로 희년법도 문자적으로 이 시대에 적용될 수는 없다. 우리가 사는 땅은 이스라엘과 같이 기업으로 받은 약속의 땅이 아니다. 약속을 받은 조상들로부터 물려받은 땅도 아니다. 그리고 이 땅에 하나님의 백성만 살지 않기 때문이다. 더욱이 이 법은 이스라엘의 사회경제법이라기보다는 종교적 사상에서 출발한 것이다.[32]

그래서 희년제도는 이 시대의 사회 개혁을 위해 주어진 것이 아니다. 그것은 옛 언약 시대에 한 백성에게 한정된 것이다. 그리고 하나님의 정의가 그 시대적 상황에 적합하게 적용된 것이다. 즉 그 제도는 약속의 땅에서 하나님의 백성들이 평등한 위치에서 동등한 기회를 부여받아 자신과 재산의 보호를 받으며 하나님을 섬기도록 하기 위한 장치이다.

---

31 Maarsingh, *Maatschappijcritiek in het Oude Testament*, 67.
32 Noordtzij, *Levitikus*, 251.

그러면 우리가 적극적으로 적용해야 할 연속성은 무엇이냐는 질문이 나온다. 그것은 희년법이 가지는 정신이다. 이스라엘의 모든 시민법에 적용되는 것은 여기서도 적용된다. 즉 부정한 식물에 관한 법이 우리 시대에 적용되지는 않지만, 그 영적 의미를 그대로 적용해서 거룩한 삶에 대한 의무를 실천해야 한다는 것이다. 이자에 관한 규정도 교인들끼리 이자를 받지 말라는 것이라기보다는 끼니를 이어 가기 힘든 형제에게 돈을 빌려줄 때 거기서 이자를 취하지 말라는 교훈으로 이해해야 할 것이다.

희년법은 약한 이웃에 대한 사랑, 관심과 보호를 요구한다. 이것이 윤리적 규범이 된다. 그렇지만 이 정신을 구현하는 방법과 그 양상은 시대마다, 문화적 배경에 따라 다양할 것이다.

6. 결론

결론적으로, 이스라엘의 희년에 대한 규정은 계시 역사의 진전 관점에서 이해할 때 해석상 야기되는 많은 혼란에서 벗어날 수 있다. 즉 희년은 사회 개혁의 원리로 사용하도록 주어진 사회법이 아니라, 이웃과 더불어 하나님을 잘 섬기도록 하기 위한 종교적 법이라는 말이다.

그것은 선택받은 한 백성을 위한 것이다. 그 법의 완전한 성취는 종말론적 성격을 지닌다. 그래서 이스라엘은 그리스도 안에서 완전한 속죄와 해방을 고대했고, 종말을 사는 우리는 그 해방의 즐거움을 맞본다. 거기다가 희년법에서 우리에게 여전히 요구하는 윤리적 규범은 약한 이웃을 향한 사랑의 실천이다. 이때 사랑이란 정의와 공평과 균형을 이룬 상태를 말한다.

제8장

구약과 땅(토지)*

1. 서론

 인간 생존의 근본이 되는 토지(땅)는 예수 그리스도를 통한 인간의 구원을 다루는 구약에서도 중요한 주제가 된다. '토지'란 말은 정착이나 인간의 활동을 위한 땅이라는 의미를 지니는데 구약에서는 그런 용어가 따로 없고 일반적 '땅'('ereṣ, 'adāmā)이라는 말로 다 통용된다. 그러나 우리는 이 말을 상황에 따라서 땅, 육지, 토지, 영토, 지역, 영역 등으로 다양하게 번역한다.

 구약에서 그 용례가 어떻든지 인간이 장악하고 활동하는 땅이라는 의미에서 토지는 중요하다. 그래서 구약에서 말하는 토지와 관련된 교훈이 현대 그리스도인과 우리 사회에 어떻게 적용되는지 알아볼 필요가 있다. 토지가 구약 이스라엘에게 다양한 측면에서 의미가 있지만 여기서는 편의상 정치적, 경제적, 신학적 측면에서 구약의 토지가 지니는 의미를 살펴보고자 한다.

2. 정치적 측면

아브라함과 족장들이 살았던 지역을 정치적 의미에서 토지라고 할 수 없다. 그들이 소유한 합법적 땅은 헤브론의 막벨라굴과 세겜의 일부에 지나지 않는다(창 23:16; 33:19; 49:30). 그들은 반유목민으로서 다른 민족이 정착해 있던 땅에서 떠돌면서 살았기 때문에 토지에 대한 영유권을 가지지 못할 뿐만 아니라 경계조차도 없었다.

1) 영토(국가 차원)

국가적 차원에서 고려해 볼 때 이스라엘의 토지(땅)의 개념은 그들이 가나안 땅을 점령하고 지파별로 땅을 분배한 이후부터 고려할 수 있을 것이다. 정치적 구조를 가진 집단의 토지는 영토가 된다. 영토는 국가의 기본 요소이기 때문에 정복과 분배 이전에는 토지 개념을 적용할 수 없다. 또한, 이스라엘이 주전 586년에 멸망한 이후에는 민족은 있지만, 주권이 없어졌기 때문에 토지나 영토에 대해 논하기 어려울 것이다.

원래 가나안 땅은 조상들이 살았던 곳으로서 하나님의 약속 때문에 주어진 것이다(창 15:7; 출 6:4). 그 땅의 경계는 사사 시대부터 통일왕국 시대와 분열왕국 시대까지 약간의 유동이 있었지만, 일반적으로 구약에서 말하는 경계는 동으로는 요단강, 서쪽으로는 지중해, 남으로는 브엘세바 그리고 북쪽으로는 단까지라고 한다(삿 20:1; 삼상 3:20).[1] 물론 아브람에게 주어진 약속의 땅은 나일강에서 유프라테스강까지이지만(창 15:18) 한 번도 이 땅이 이

---

* 이 글은 「고신신학」(2018)에 실린 논문이다.
1 이때 단에서 브엘세바까지는 약 240km가 된다. 북쪽 갈릴리 바다에서 지중해까지는 약 45km, 사해 북쪽 끝에서 지중해까지의 폭은 약 135km이다. 이 지역의 총면적은 약 18,000km²에 달하고, 요단 동편 고지대를 합치면 30,000 km² 정도의 크기다. 우리나라 경상도 정도의 크기가 될 것이다.

런 경계를 가진 적이 없다. 그 땅의 위치는 지정학적으로 아시아와 아프리카 그리고 유럽을 잇는 가교 역할을 하는 곳이다.

여호수아의 가나안 땅 정복과 분배로 이스라엘은 자신과 후손들이 정착할 안정된 기반을 갖게 되었다. 이것은 애굽의 압제에서 벗어나서 독립된 완전한 해방을 의미한다. 그러나 이스라엘은 왕의 통치가 이루어지기까지는, 정확하게 다윗 시대까지는 약속의 땅에 대한 영유권을 완전히 행사하지 못했다. 사사기는 이스라엘이 왜 분배받은 기업에서 땅을 차지하지 못했는지를 보여 준다(삿 1장).

이스라엘은 가나안 주민을 쫓아내지 못하고 약속의 땅에 대한 온전한 영유권을 행사하지 못한 상태에서 백성의 연합된 행동과 정치적 연대를 이룰 수 없었고 영적 통일성에도 항구적 위협을 받을 수밖에 없었다. 초기 이스라엘의 점령 구도는 산악 지대를 중심으로 이루어지고 이스르엘평원과 해안평야, 쉐펠라, 블레셋평야와 같은 평지는 가나안 사람과 블레셋 사람이 차지했다(수 13:1-6; 삿 1:27).[2]

서부 중앙의 교통 요충지인 게셀은 물론 산악 지대의 여부스도 차지하지 못했다(삼하 5:6-7). 이는 이스라엘 지파가 요단협곡을 중심으로 동서가 갈라지고, 이스르엘평원을 중심으로 남북이 나뉘어 서로 왕래하기 어려웠다는 것을 의미한다. 이처럼 사사 시대의 정치적 혼란은 약속의 땅을 온전히 장악하지 못한 이스라엘의 불충에서 비롯했다고 볼 수 있다(삿 2:2-3).

그 혼란은 가나안 사람들과 섞여 살면서 그들의 종교와 문화에 동화되면서 나타나는 영적 타락으로 가속화되었다. 사사 시대에 나타난 여러 차례의 외부 침략과 약탈이 그것을 보여 준다(삿 6:4). 이스라엘의 지파의 정치적 안정은 그들이 분배받은 기업의 영유권을 행사하느냐 아니냐에 달린

---

2 Kallai는 여호수아 13장의 내용과 사사기 3:1-4의 남은 땅에 대한 정보가 일치한다는 점을 지적했다. Zecharia Kallai, "The Reality of the Land and the Bible," in G. Strecker, *Das Land Israel in Biblischer Zeit*: Jerusalem-Symposium 1981 der Hebräischen Universität und der Georg-August-Universität (Göttingen: Vandenhoeck,, 1983), 81.

것으로 보인다.

왜냐하면, 그 반대는 점령을 당하는 것이기 때문이다. 나라를 새롭게 하는 것도 침략 세력을 몰아내고 영토를 확보한 후에 이루어지는 것이다(삼상 11:1-14). 그렇지만 단 지파가 배정받은 지역의 기업(수 19:40-47)을 버리고 라이스에 새로운 정착지를 마련한 것은 앞으로 변방에서 초래할 외침을 감당해야 했다(삿 18-19).

왕정 초기 초대 왕 사울은 정치적으로 이스라엘에 희망을 주었다. 사울은 당시 블레셋에게 복속되었던 이스라엘의 요충지를 회복하고(삼상 13-14), 여러 침략자와 싸우면서 이스라엘을 보호했다(삼상 14:47-48; 15). 그러나 결정적으로 블레셋을 완전히 정복하고 약속의 땅에서 온전한 영유권을 행사한 왕은 다윗이었다(삼하 8:1; 왕상 4:9-11; 대하 11:8).

다윗의 통치는 지파 동맹체로 존재하던 이스라엘을 예루살렘을 중심으로 명실상부한 국가로서 '이스라엘'을 만들었다. 그 국가의 위상은 그 땅에 대한 지배권을 행사하는 데 머물지 않고 암몬, 모압, 아람, 에돔과 같은 주변 국가를 점령해 이스라엘을 작은 제국으로 만든 데서 나타난다(삼하 8-10장). 다윗은 신정정치의 수호자로서 약속의 땅에서 하나님의 통치를 이루려고 노력했다.

주변국까지 위세를 떨친 솔로몬의 통치와 번영은 다윗이 이룬 기반 위에서 출발한다(왕상 4:21, 24; 대하 9:26). 그가 이룬 외교와 통상도 다윗 시대에 달리진 국격 때문에 가능했다. 그는 평화의 사람으로서 평화를 지키기 위해서는 군사력을 증강해야 했다.[3]

이때 이스라엘의 주요 도시가 요새화되었다. 예루살렘, 북쪽 아람의 영토와 마주 대하는 하솔, 이스르엘평원을 내려다보는 전략적 요충지인 므깃도, 평야에서 접근하는 서쪽 도로를 지키는 게셀, 아래 벧호른, 바알랏과 에돔과 대치해 있는 광야의 다몰을 요새화했다(9:15-19). 이런 요충지들은 내란

---

3   솔로몬이 유일하게 전쟁한 것은 하맛 소바를 정복한 것이다(대하 8:3).

이나 외침에 신속한 작전을 개시할 수 있도록 하기 위함이었다.

그러나 솔로몬이 행정구역을 재편해서 각 지역에서 그 토지 소산으로 왕실의 양식을 공급하도록 한 것은 토지가 내는 풍요를 백성이 제대로 누리지 못하도록 한 과도한 정책으로 보인다(왕상 4:7, 22, 27). 또한, 솔로몬은 히람과 정치적 거래를 위해 갈릴리 땅의 성읍 스무 개를 주었지만(왕상 9:11) 다행스럽게 나중에 돌려받았다(대하 8:2).

솔로몬 이후 나라가 둘로 나뉘어 처음에는 유다와 이스라엘이 영토 확장을 위해 다투었다.[4] 재미있는 것은 영토 확장과 백성의 정치적 평안과 번영이 반드시 긍정적으로만 평가할 수 없는 이스라엘 역사가 있다는 것이다. 오므리는 세멜에게서 사마리아를 사서 그곳으로 천도한 것은 다윗이 예루살렘을 정복하고 그곳을 수도로 삼은 것과 같다.

오므리는 이스라엘의 국력을 지중해 연안 국가의 권력 경쟁에서 중요한 역할을 하는 중류 국가로 상승시켰다.[5] 오므리와 아합은 모압을 정복해 아합 때까지 40년간 통치했다.[6] 그리고 아합은 여리고성을 재건하고(왕상 16:34) 여러 성읍을 요새화했다(왕상 22:39). 또 앗수르의 살만에셀의 서진을 저지하기 위해 아람 동맹에 가담했을 때 아합이 전차 2천 대와 보병 만 명을 보낼 정도의 국력이 있었다.[7]

---

4 아비야왕 통치 때 벧엘 북쪽으로 유다의 경계선을 그었으나 아사왕 때 다시 벧엘 남쪽으로 그 경계가 정해졌다(왕상 15:16-17; 대하 13:13-20).

5 Rainer Kessler, *The Social History of Ancient Israel*: An Introduction, trans. Linda M. Maloney (Minneapolis, MN: Fortress Press, 2008), 69.

6 Rainey & Notley, *The Sacred Bridge*, 211. 메사의 석비: "나는 그모스의 아들, 모압의 왕, 이본 사람 메사다. 내 아버지는 모압을 30년 통치했고 나는 내 아버지 뒤를 이어 왕이 되었다. 나는 카르호에 그모스를 위해 이 산당을 지었다. 왜냐하면 그 신이 나를 모든 왕들에게서 구하고 내가 나의 모든 대적에게 승리할 수 있도록 해 주었기 때문이다. 이스라엘 왕 오므리는 오랫동안 모압에 굴욕을 주었다. 그것은 그모스가 자신의 땅에 진노를 발했기 때문이다. 그의 아들 아합이 그를 계승했다. 그리고는 그가 말하길, '내가 모압에게 굴욕을 줄 것이다'라고 했다. 내 시대에 그가 그렇게 말하였으나 내가 그와 그의 집을 이기고 이스라엘은 영원히 멸망했다."

7 Bright, *A History of Israel* (Philadelphia: Westminster Press, 1981), 243.

그러나 그에 대한 성경의 평가는 그가 이룬 정치적, 군사적 업적과는 달리 가장 가혹하다(왕상 16:31-33). 솔로몬 이후 가장 넓은 영토를 확장한 이스라엘의 여로보암 2세도 마찬가지다(왕하 14:25-27). 그가 하맛 어귀까지 영토를 확장하고 국운을 회복시킨 것은 언약적 복이 적용된 것이 아니라 하나님의 자유로운 주권에 의한 것으로 봐야 할 것이다.

그러나 이스라엘의 번영은 결국 언약을 떠난 지도자들에 의해 백성의 토지와 가옥을 비롯한 경제적 착취를 당함으로써 사회 양극화 현상이 두드려졌다(미 2:1-2; 3:1-3, 11). 북이스라엘의 계속된 배교는 결국 하나님의 심판을 받아서 앗수르에게 점령당해 영토를 잃어버리는 결과를 초래했다(주전 722년). 남유다도 우상 숭배로 말미암아 바벨론에게 점령당했다(주전 586년).

하나님은 이스라엘을 나무같이 견고하게 그 땅에 정착하도록 하셨고(출 15:17; 시 80:8-15), 또 그들의 토지를 잃을 것에 대한 경고도 받았지만(신 28:36-46, 64; 사 13:9; 렘 10:17-18; 16:10-13; 암 7:11) 그들의 집요한 배교로 하나님의 심판을 받아 삶의 터전을 잃어버렸다.

정치적 이스라엘은 영토를 얻으면서 시작되고, 영토를 잃으면서 종말을 고하게 된다. 페르시아 왕 고레스의 관용정책으로 이스라엘의 남은 자는 고토로 돌아와서 새로운 공동체를 건설한다. 이때 땅은 진정한 이스라엘 사람을 구분하는 기준이 된다. 즉 포로에서 고토로 돌아온 사람만 "거룩한 자손"(zera haqqodeš)인 이스라엘이 될 수 있었다는 것이다(스 9:2).[8] 그렇지만 포로에서 돌아온 이스라엘이 그 땅에 거주한다고 해서 그 땅의 주인이 될 수 있었던 것은 아니었다. 그 땅은 이미 이스라엘의 기업이 아니라 페르시아 제국의 소유일 뿐이었다.[9]

---

[8] Sara Japfet, "People and Land in the Restoration Period," in G. Strecker, *Das Land Israel in Biblischer Zeit*, 116.

[9] 에스라 11장에는 기업을 나누는 내용이 나오지만 이것은 약속의 땅에서 영유권을 가지고 기업을 차지하는 것과 의미가 다르다.

구약은 영토가 이스라엘이 정치적 연대를 이루어 이상적 공동체를 이루는 터전이 되고 나라의 번영과 개인의 복지가 이루어지는 기초가 된다는 것을 보여 준다. 그러나 이스라엘이 차지한 영토는 그 이상의 의미가 있다. 그것은 하나님의 통치가 이루어지는 신정국가를 이루는 것이다. 그래서 이스라엘은 그 땅이 하나님의 기업으로써 정당하게 사용되도록 해야 했지만, 그 땅을 보존하는 원칙을 지키지 못함으로써 영토를 잃어버렸다(수 24:20).

2) 토지(개인 차원)

야베스의 기도는 사사 시대에 자신의 영역을 넓히기 위한 개인적 기도로 보인다(대상 4:10). 왜냐하면, 그가 속한 족보 아래에 초대 사사인 옷니엘이 언급되기 때문이다(대상 4:13). 그가 "경계"($g^eb\bar{u}l$)를 넓혀 달라고 기도한 것은 땅의 경계 즉 영역을 넓혀 달라는 뜻이다. 이 기도는 개인의 재산 증식이나 사사로운 이익을 구하는 기도가 아니고 그 당시 상황에서 시대적 사명을 다하게 해 달라는 기도이다.

사사 시대 초기에 이스라엘에 주어진 사명은 가나안 사람들을 쫓아내고 분배받은 땅에서 영유권을 행사하는 것이다.

그렇지 않으면 환난과 근심에서 벗어날 수가 없을 것이다. 또 그 일은 하나님의 일이기 때문에 그가 토지의 영역을 확장하는 데 하나님의 도움이 필요했다. 하나님이 그의 기도를 들어주셨다. 이것은 그의 기도가 하나님의 뜻에 부합한다는 말이다. 야베스의 기도는 땅을 확장함으로써 하나님 나라를 확장하는 의미가 있다고 하겠다.

개인 차원에서 일어난 토지문제는 나봇의 포도원 사건이다(왕상 21:1-16). 이것은 아합이 사적으로 포도원을 소유하고자 하는 욕심에서 비롯되었다. 그의 죄는 '죽이고 빼앗았다'는 두 가지로 지적받았지만 사악하게 계획된 아합의 살인도 포도원 때문에 일어났다. 포도원을 팔거나 교환하자는 아합왕의 요청에 대한 나봇의 단호한 거절은 그 땅이 조상의 유산($nah^al\bar{a}$)이기 때문에 하나님이 그것을 금하신다는 것에 기초한다(왕상 21:3).

　　모든 토지는 하나님의 것이고 이스라엘은 거류민이다. 땅을 영원히 팔거나 가족에서 따돌리는 것은 그들의 권한이 아니다.[10]

나봇의 답변에 대한 아합의 어린아이 같은 반응에 이세벨이 음모를 꾸며서 나봇을 죽이고 포도원을 빼앗았다. 이 일로 말미암아 아합과 이세벨은 저주스러운 최후를 맞이하게 된다. 이 일은 왕이 불법으로 토지에 대한 시민의 권리와 소유를 빼앗음으로 말미암아 빚어진 일이다.

아합은 아라우나의 타작마당을 기꺼이 값을 주고 사서 하나님의 진노를 면하려는 다윗과는 달랐다(삼하 24:24-25). 그는 백성의 안녕에 대해 관심이 없었다. 이 역사는 토지 소유에 대한 정당하지 못한 정치 권력은 하나님의 저주스러운 심판의 대상이 된다는 것을 보여 준다.

3. 경제적 측면

1) 토지 소산을 나눔

주산업이 농업인 고대 이스라엘에서 토지는 경제 활동의 주요 기반이다. 구약의 율법은 약속의 땅이 아름답고 풍요롭다고 하면서(출 3:8; 민 13:27; 신 8:7-9; 11:10-12) 그 토지 소산의 풍요를 누리되 그것을 가난한 자와 함께 나누라고 한다. 이 규정은 한 사람이 부를 독점하지 못하도록 할 뿐만 아니라 그 땅에 사는 모든 사람이 온전한 복지공동체를 이루기 위한 기본적 조치이다.

10　August H. Konkel, *1 & 2 Kings*, *The NIV Application Commentary* (Grand Rapids, MI: Zondervan, 2006), 340.

레위기 율법은 이스라엘 백성이 추수할 때 밭의 언저리는 남겨두고 포도원의 열매도 다 따지 말라고 한다. 또한, 떨어진 이삭이나 열매도 줍지 말라고 한다.

> 너희가 너희의 땅에서 곡식을 거둘 때 너는 밭 모퉁이까지 다 거두지 말고 네 떨어진 이삭도 줍지 말며 네 포도원의 열매를 다 따지 말며 네 포도원에 떨어진 열매도 줍지 말고 가난한 사람과 거류민을 위하여 버려두라 나는 너희의 하나님 여호와이니라(레 19:9-10).

토지 소산의 풍요를 토지가 없어서 농사를 짓지 못하는 가난한 사람이나 거류민과 나눌 것을 명령하는 법이다. 거류민(gēr)은 전쟁이나 정치적, 경제적 이유로 본거지를 떠난 사람을 말한다. 특별한 보호가 필요한 계층의 사람들을 배려하는 것은 중요하다. 그들을 경제적으로 돕지 않고 방치하면 당사자가 고통을 당할 뿐만 아니라 그것이 이스라엘 공동체의 불안요소로 작용할 수도 있을 것이다.

이 규정에 대한 신명기 율법은 좀 더 관대한 내용을 담고 있다. 그것은 추수꾼이 추수하는 과정에서 실수로 떨어뜨린 이삭을 줍지 않는 정도가 아니고 곡식 다발을 묶었지만, 그것을 잊어버리고 왔을 때 다시 찾으러 가지 말라는 규정이다.

> 네가 밭에서 곡식을 벨 때 그 한 뭇을 밭에 잊어버렸거든 다시 가서 가져오지 말고 나그네와 고아와 과부를 위하여 남겨두라 그리하면 네 하나님 여호와께서 네 손으로 하는 모든 일에 복을 내리시리라(신 24:19).

그 혜택의 대상이 좀 더 구체적으로 명시되었다. 즉 그것은 나그네와 고아와 과부를 위한 것이다. 감람나무도 대충 떤 후에 올리브 열매를 남겨놓아야 했다(신 24:20). 이것은 고대 사회에 항상 존재하는 취약계층을 위해 토지의 소산을 나누라는 명령인데 거기에 하나님의 복이 임할 것이라는 약속이 뒤따른다. 나중에 모압 여인 룻이 보아스의 밭에서 이삭을 줍는 것은 이 규정의 혜택을 받은 것이다(룻 2장).[11]

취약계층을 위해 토지의 소산을 나누는 근거는 그들이 애굽에서 종 되었던 경험을 가진 자로서 보여야 할 이웃 사랑이다(신 24:22). 하나님은 이 법을 통해 이스라엘이 경제적으로 궁핍함이 없는 이상적 공동체를 이루도록 하셨다.

2) 토지 매매법

이스라엘은 약속의 땅에서 토지를 영구히 팔지 말라는 명령을 받았다(레 25:23). 여기서 "영구히"(liṣmitut)라는 말은 "궁극적으로"란 말이다.[12] 이 말은 이스라엘 사회에서 궁극적으로 다른 사람의 손에 대대로 넘어가도록 해서는 안 된다는 말이지만 토지 거래 자체는 가능하다는 뜻이다. 그렇다고 해서 구약에 부동산 거래법과 같은 규정은 나와 있지 않다.

구약이 말하는 토지 매매는 적극적 경제 활동을 위한 것이 아니라 불가피한 상황에 해당하는 것으로 보인다. 모든 사람이 지파별로 기업을 부여받았지만 어떤 재난이나 질병으로 인해 소득을 유지할 수 없을 때는 팔 수 있었다(레 25:25). 특이한 것은 이스라엘의 토지 매매가 다 이런 형태를 띠는지는 몰라도 매매 규정은 땅값을 주는 것이 아니라 그 땅의 소출에 대한 대가를 지불하는 일종의 선물거래 형식을 취한다.

매매할 토지가 농지라면 그 가격을 결정하는 것이 바로 희년이다. 토지의 가격은 희년까지 추수할 횟수만큼의 소출 가격에서 결정된다(레 25:14-17). 구매자는 희년이 되면 토지를 원래의 주인에게로 되돌려야 하기 때문이다. 사실 이것은 엄격한 의미에서 토지 거래라고 볼 수 없을 것이다. 여기서 중

---

[11] 룻이 이 규정을 통해 혜택을 받은 것은 단순히 경제적 도움에서 그치는 것이 아니다. 거기서 룻은 교회 안에서 누리는 성도의 교제가 무엇인지를 발견하고 보아스를 통해 하나님의 구원의 길을 발견하는 실마리를 얻게 된다.
[12] *TDOT*, 1036.

요한 것은 공정한 거래가 되도록 속여서는 안 된다는 것이다(레 25:17). 구매자는 토지를 팔아야 할 상황을 악용하지 말라는 것이다.

이런 매매 규정은 토지 거래로 인해서 부가 편중됨으로 말미암아 다수의 희생으로 소수가 엄청난 부를 누리는 자본주의 사회의 문제점을 근원적으로 차단하고 있다. 그러나 이 제도가 사유재산을 인정하지 않는 사회주의나 공동 분배를 원칙으로 하는 공산주의는 아니다. 토지의 개인 소유권은 인정하지만, 투기의 가능성은 원천 봉쇄하고 있다. 이때 소유권이란 청지기 역할을 하는 것을 의미한다.

토지 거래를 이렇게 제한하는 이유는 모든 토지의 진정한 소유자는 하나님이시기 때문이다. 이스라엘은 단지 거류민이자 하나님과 동거하는 자 일 뿐이다(레 25:23). 이스라엘은 자신이 거주할 약속의 땅을 선물로 받는다. 그들이 값을 지불하지 않고 기업으로 얻은 토지에 대해 진정한 소유권을 주장할 수 없을 것이다. 유산으로 받은 이 토지가 영구히 남의 재산이 되도록 팔거나 탕진할 수 없었다.

그런데 영원히 팔 수 있는 재산이 있다. 그것은 도시의 성읍에 있는 가옥이다. 이것이 토지와 건물을 구분하는 것인지는 모르지만 사람의 노력으로 가치가 상승한 것에 대해서는 일 년 안에 무르지 않으면 영구히 구매자의 것이 될 수 있다.

구약의 토지 매매 규정은 토지가 한정되어 있는데 한 개인이 넓은 토지를 차지함으로써 상대적으로 다른 사람의 삶이 피폐해질 가능성을 배제하고 있다. 땅은 주거와 생산 활동을 위한 것이지 그 자체가 부를 창출하는 수단이 될 수 없다는 것이다. 이것은 현대 사회에서 말하는 토지공개념이 정착된 형태를 보여 준다. 즉 토지를 통해 불로소득을 창출하지 못하고 모두가 토지가 제공하는 혜택을 누릴 수 있도록 하는 것이다.

3) 토지 무르기

이스라엘은 희년이 되면 백성이 잃어버린 토지를 상환해야 했다. 희년의 상환법과 같은 것은 고대 바빌로니아에도 있었다. 그런데 그 법은 주로 왕이 등극할 때 왕의 자비를 보여 주기 위해 빚과 세금을 탕감하고 노예를 해방하고 군 복무를 면제하는 것이다. 그래서 그것은 희년과 같이 주기가 정해져 있지 않고 예측할 수도 없다는 점에서 큰 차이가 있다.[13]

이스라엘의 경우는 하나님이 그의 백성과 자신의 화해로 시작해서 백성들 간의 화해를 이루시려는 의도가 희년으로 나타났다. 그것은 오십 년이 되는 해에 모든 것을 원상태로 돌림으로써 소유 관계뿐만 아니라 주종 관계, 채무 관계 등을 회복시키는 제도이다.

그러나 이스라엘에서 어려움을 당하는 사람들이 하나님의 사랑을 경험하기 위해 곤경에 처한 사람들이 오십 년을 기다리도록 해서 안 될 것이다. 희년이 되기 전에도 이스라엘에서 만약 사정이 딱한 사람이 자신의 토지 일부를 팔았다면 그는 토지 무르기를 할 수 있다. 이것은 세 가지 경우로 제시되었다.

첫째, 가까운 친척이 그 토지를 구매자에게서 사서 그 가족에게 돌려줄 수 있다(레 25:25).

둘째, 그 토지를 판 사람이 능력이 있어서 다시 살 수 있지만, 능력이 없으면 그 토지는 구매자가 희년이 될 때까지 소유할 수 있다.

셋째, 이것도 저것도 안 되면 희년이 될 때까지 기다려야 한다. 그런데 무르는 제도에 예외가 있다.

---

[13] David A. Leiter, "The Year of Jubilee and the 21st Century," *Brethren Life and Thought*, 47 no 3 - 4 Sum - Fall (2002), 168-169.

그것은 도시나 성벽이 있는 가옥은 일 년 내에 무르지 못하면 구매자의 것이 되는 경우이다. 그 이유는 그것이 기업(^{a}ḥuzzā)의 땅이 아니기 때문이다. 그러나 성벽이 없는 촌락의 가옥은 무를 수 있고 또 다른 토지와 같이 희년에 상환된다(레 25:31). 레위인의 성읍의 경우는 무를 수도 있고 무르지 못하면 희년에 돌려주게 된다. 왜냐하면, 그것은 그들의 기업이기 때문이다(레 25:32-33).

이 제도는 토지를 잃은 가난한 사람이 계속 가난하게 살도록 방치하지 않고 경제적으로 회생할 새로운 기회를 주는 것이다. 이 과정에서 이스라엘 사회의 토지 독점이나 투기, 그로 인한 부의 양극화 현상은 차단된다. 특별히 희년의 상환제도는 토지를 무르지 못하는 상황에서도 토지가 원래의 소유주에게로 귀속되어서 모두가 약속의 땅에서 하나님의 자비를 경험하도록 하는 특별한 조치이다. 그래서 이스라엘의 토지는 단순한 거주지 이상의 의미가 있다. 즉 토지는 믿음을 통해 백성과 백성 간의 유대를 강화하고 또 하나님과의 관계를 유지하도록 하는 역할을 한다.

3. 신학적 측면

1) 하나님의 선물

이스라엘에게 땅은 온 땅의 창조자이신 하나님이 주신 선물이다. 그분은 아브람을 부르시고 가나안 땅을 주시겠다고 약속하셨다(창 12:7; 13:15; 17:8). 이 약속은 이삭과 야곱에게도 계속 반복되었다(창 26:4; 28:13; 35:12). 구약에는 '약속의 땅'이란 표현이 없지만, 하나님이 그 땅을 주시겠다고 약속하셨기 때문에 신약성경에서 "약속의 땅"($γῆν\ τῆς\ ἐπαγγελίας$)이란 용어를 사용한다(히 11:9).

하나님은 약속의 땅을 백성의 기업으로 주셨다(민 26:53-56; 수 11:23; 왕상 8:36). 이 기업은 모든 이스라엘 백성이 자동으로 받을 수 있는 것은 아니다. 거기에는 언약적 조건이 있다. 즉 믿음으로만 받을 수 있었다(민 14:29-30).

이스라엘 백성을 약속의 땅으로 인도할 임무를 지닌 모세와 아론조차도 그들의 불신앙 때문에 그 기업에 들어가지 못했다(민 20:12; 신 4:21).[14] 그렇다고 해서 그 백성이 특별한 공로나 자격이 있어서 그 땅을 차지한 것은 아니다. 단지 가나안 땅에 사는 민족들이 악함으로 말미암아 내쫓기는 때가 되었고, 하나님이 약속에 신실하신 분이기 때문에 그 땅을 차지할 수 있었다(신 9:4-6).

하나님이 가나안 민족들을 내쫓으심으로써 약속의 땅이 선물로 주어진 것임을 확인할 수 있는 것은 그들이 땅을 점령하는 과정을 보면 알 수 있다.

이스라엘은 하나님의 기적적 도움으로 자연적 장벽인 요단강을 마른 땅으로 건넜다(수 3:17). 여리고성은 하나님의 능력으로 함락되었다(수 6:20). 여호수아가 남부 동맹군을 무찌른 것도 특별한 기적을 통해 가능했다(수 10:13). 하솔을 중심으로 모인 북부 동맹군은 더 강력한 조직이지만 하나님이 처치하셨다(수 11:6). 그 전쟁은 여호와의 전쟁이고 믿음의 전쟁이었다. 이스라엘은 여호와께서 치르신 전쟁을 통해 땅을 얻게 된 것을 인정하고 그 땅에서 은혜를 받은 자로서 겸손하게 하나님을 섬겨야 했다(수 24:11-14).

또한, 그 은혜의 관계를 유지하기 위해 언약에 신실한 삶을 살아야 했다. 그것은 율법과 규례를 지킴으로써 그 땅에서의 삶을 보장받는 것이다(신 4:40; 5:33; 11:1, 9; 32:46-47). 이스라엘 백성은 기업으로 얻은 땅에서 농사를 지은 후 곡물을 거둘 때 첫 열매를 드림으로써 그 땅에 대한 하나님의 주권과 그 땅에 대한 소유권을 인정해야 했다(출 23:19; 34:26; 레 23:9-10). 약속의 땅을 선물로 받은 이스라엘은 거기서 항상 하나님의 은혜 가운데 복을 받고 살고 있다는 사실을 깨닫고 거기에 합당한 반응을 보여야 했다.

---

14 신득일, 『광야의 반란』(서울: CLC, 2014), 204.

2) 거룩한 땅

이스라엘이 선물로 받은 약속의 땅은 단순히 이스라엘 백성의 거주지로서 간주하지 않는다. 그 땅은 거룩한 땅이다. 약속의 땅은 하나님의 기업이기 때문이기도 하고 다른 신이 아니라 여호와 하나님만을 섬기는 곳이고, 또 그곳이 하나님이 거하시는 성소이기 때문에 거룩하다(출 15:17).[15] 그 땅이 원래 영화로운 땅으로 불리는 것도(단 8:9) 이 거룩함의 개념과 관련된다. 즉 거룩한 땅에 사는 백성은 하나님의 영광을 위해 살면서 하나님의 창조 목적에 부합하는 삶을 산다는 것이다.

이스라엘 백성은 거룩한 백성으로서 이 땅에서 거룩한 삶을 유지해야 했다. 그들은 약속의 땅에서 근친상간, 동성애, 수간 등으로 인해 땅을 더럽혀서는 안 된다. 그렇지 않으면 땅이 토해낼 것이라고 한다(레 18:25). 이것은 전에 있던 가나안 사람들에게도 적용되었다(레 18:27-28).

땅이 토해낸다는 의인화된 표현은 사람이 음식을 먹고 역겨움을 느껴서 토해내듯이 주민을 그 땅에서 쫓아내겠다는 말이다. 즉 포로로 끌려가는 것을 말한다.

땅의 거룩성은 도피성제도와도 관련된다. 이 제도는 부지중에 살인한 자를 보호해 억울한 죽임을 당하지 않도록 하려는 조치이지만 그 이유가 땅과 관련된다. 즉 피는 땅을 더럽히기 때문에 약속의 땅에서 이스라엘 백성은 거룩한 땅을 복수의 피로써 더럽혀서는 안 된다(민 35:33).[16] 하나님이 그곳

---

[15] Nahum M. Sarna, *Exodus, The JPS Torah Commentary* (Philadelphia: Jewish Publication Society, 1991), 82. "이것은 가나안 신 바알의 성소가 서 있는 거룩한 산 차폰과 관련된 우가릿 문헌에 나온다. 여기서 고대 근동에 만연된 종교적 표준 표현이 시인에 의해 이교적 내용을 완전히 배제하면서 유일신론화하여 사용되었다."

[16] "그 땅을 가장 심각하게 더럽히는 것은 살해당한 자들의 피이다 …. 이는 살인자의 범죄의 심각성과 아마도 이스라엘의 사고 속에 있는 살해당한 자의 피가 물리적으로 땅을 오염시킨다는 피에 대한 신비적 개념 때문일 것이다." T. Frymer-Kensky, "The Atrahasis Epic and Its Significance for Our Understanding of Genesis 1–9," *BA* 40 (1977), 154.

에 거주하는 이스라엘 중에 거하신다고 한다(민 35:34). 그 땅이 더러워지는 것은 피를 흘리는 것뿐만 아니라 총체적으로 언약을 저버릴 때 나타난다.

그래서 이스라엘은 우상 숭배로 말미암아 그 땅을 더럽힌 결과로 심판을 받았다(사 24:5; 렘 2:7; 3:9; 16:18; 겔 36:17-18). 거룩하신 하나님이 그 땅에 거하시기 때문에 그곳이 성소가 되고, 또 그 거룩한 장소에 백성은 그분의 속성에 부합하는 삶을 살지 않으면 그 땅을 더럽히는 결과가 되는 것이다.

3) 에덴의 복원

> 에덴동산에서 이루어진 하나님과 인간 그리고 땅 사이의 세 구성의 관계는 이스라엘이 겨냥하는 이상을 묘사한다.[17]

창조 사역의 회복이라는 관점에서 에덴동산과 약속의 땅의 상관관계는 여러 측면에서 나타난다.

(1) 하나님의 임재와 교제

하나님은 에덴동산에서 자신을 자유롭게 드러내시고 인간과 교제하셨다. 이런 특징은 약속의 땅에 관한 약속에서도 나타난다. 약속의 땅은 하나님이 거하시는 성소가 될 것이고 그 백성 가운데 하나님이 거하실 것이라고 한다(출 15:17; 민 35:34). 임재와 교제를 함축하는 하나님의 관심은 애굽과 약속의 땅을 비교하는 본문에서 잘 나타난다. 사실 가나안 땅은 애굽에 비교할 때 결코 비옥한 땅이 아니지만, 그곳은 하나님의 지속적 사랑과 관심이 머무는 곳이다(신 11:10-12).

---

17   J. McKeown, "Land, Fertility, Famine," ed. T. Desmond Alexander and David W. Baker, *Dictionary of the Old Testament*: *Pentateuch* (Downers Grove, IL: InterVarsity Press, 2003), 490.

(2) 부족함이 없는 곳

에덴동산의 특징이 풍요롭고 부족함 없이 행복이 보장되기 때문에 그것을 낙원이라고 한다. 이런 특징은 약속의 땅에도 적용되었다. 그곳에서 백성이 언약을 지킨다는 전제하에 그들은 하나님의 복을 받아 평화와 풍요, 번영을 누릴 수 있었다(레 26:3-12; 신 6:1-3; 17-19; 7:12-15; 11:8-15; 28:1-8; 렘 11:1-5). 물론 이런 상황이 무죄한 상태의 낙원과는 비교할 수 없지만, 그곳을 지향하는 의미가 있다. 그것은 토지 소산을 나누는 데서도 나타난다. 신약적 표현으로 하면 그것은 온전한 성도의 교제를 이루는 것이다.

> 약속의 땅은 에덴동산의 이상적 조건을 반영하고 원래 낙원의 중요한 양상을 모사(模寫)한다. 에덴동산과 같이 약속의 땅은 하나님의 율법이 존중받고 그분의 임재가 나타나는 풍요로운 장소이다.[18]

(3) 안식을 누리는 곳

하나님은 창조 사역을 마치고 안식하셨다. 아담과 하와도 문화적 사역을 하면서 안식을 누렸을 것이다. 물론 그들의 문화적 활동은 죄의 결과와는 무관하므로 노동의 고통은 당하지 않았을 것이다. 놀랍게도 이스라엘이 약속의 땅을 기업으로 얻고 정착하는 것을 여호와께서 "안식을 주셨다"(신 12:10; 수 1:13-15; 21:44-45)고 표현한다. 이 안식은 단순히 안식일에 안식하고 안식년에 땅과 함께 노동을 쉬는 것만(레 25:2-5) 말하는 것이 아니고 정착 생활을 함으로써 방랑을 끝내고 안정된 삶을 살게 되는 것을 말한다.

그러나 약속의 땅에서 누리는 안식의 성취는 성전 건축과 함께 이루어진다(왕상 8:56). 즉 안식의 진정한 의미는 하나님을 경배하고 그분과 함께하는 것이라는 말이다.

---

[18] McKeown, "Land, Fertility, Famine," 490.

구약에서는 쉬는 장소로서의 안식과 하나님의 선물로서의 안식을 구별할 수 없다. 장소와 선물은 함께 간다.[19]

이 안식이 낙원에서 누리던 궁극적 안식을 대망하도록 한다.

(4) 언약 파기의 결과

에덴동산에서 인간이 하나님과 언약적 관계를 유지할 때는 최고의 혜택을 누릴 수 있었지만, 그 관계가 깨질 때 그들은 낙원에서 쫓겨나야 했다. 이것은 이스라엘 백성이 하나님의 율법과 명령을 따라서 언약을 신실하게 지키면 약속하신 모든 복을 누릴 뿐만 아니라 그 땅을 보존할 수 있었던 것과 같다(레 26:3; 신 5:32-33; 6:10-12).

또한, 그들이 언약을 파기하면 저주를 받아서 멸절되어 약속의 땅을 잃게 된다(수 23:14-16). 이스라엘 백성은 하나님의 언약을 저버림으로써 실제로 약속의 땅에서 쫓겨났다. 에덴동산과 약속의 땅은 하나님과 결별한 상태에서 거할 수 없는 곳이라는 데서 상관관계가 있다. 인류의 첫 인간과 이스라엘이 언약을 파기함으로써 하나님의 구속역사가 끝나는 것은 아니고 그것은 또 다른 진전된 국면으로 접어들어 새로운 차원의 하나님 나라로 가는 길을 제시한다. 그 차원은 약속의 땅을 벗어난 교회 시대를 예고한다.

(5) 완성 이후의 사명

땅 점령이 끝난 것은 땅을 정복하는 창조의 계획이 완성된 것과 같은 일면이 있다. 그것은 하나님의 창조 사역의 완성을 회상하는 용어로 묘사된 데서 알 수 있다(수 18:1; 19:51; cf. 창 1:28; 2:2).[20] 하나님의 창조 사역이 끝난 다음 인간은 낙원에서 자기에게 맡겨진 문화적 사명을 감당해야 했다.

19　Horst Dietrich Preuss, "nū ᵃḥ," *TDOT* 9, 284.
20　John Goldingay, *Old Testament Theology: Israel's Gospel*, vol. 1 (Downers Grove, IL: InterVarsity Press, 2003), 513.

또한, 이스라엘 백성이 가나안을 정복한 후 각자의 기업에서 그 땅이 하나님께 영광을 돌리도록 해야 했다. 그것은 가나안 족속을 몰아내고 바알의 문화를 하나님의 말씀에 기초한 새로운 문화로 대체할 사명을 완수하는 것이다.

이스라엘은 이 사명 완수를 통해 약속의 땅에 하나님의 이상적 통치가 이루어지도록 해야 했다. 그들은 세속적 인본주의의 화신인 바알을 섬김으로써 실패했지만, 약속의 땅에서 이루시려는 하나님의 목표는 분명하다.

4) 잠정적 성격

구약에서 땅은 중요한 주제가 된다. 앞에서 보았듯이 국가로서 이스라엘은 땅과 함께 등장하고 땅과 함께 사라진다. 하나님의 구속역사의 과정에서 땅은 필수적이었다. 에덴동산에서 나온 인간은 바벨탑 사건으로 흩어지고, 아브람의 소명으로 이스라엘의 조상들이 가나안 땅에 머물고, 족장의 한 가정이 애굽의 고센 땅에서 한 민족으로 성장하는 것과 그 민족이 시내산에서 율법을 받은 것은 이스라엘 국가의 준비과정을 보여 준다.

약속의 땅은 이스라엘이 제사장 나라가 됨으로써 인류를 구원하시려는 하나님의 계획을 이루는 데 기반이 되었다. 하나님은 예루살렘(시온)에서 자신을 계시하시고 백성 가운데 거하시며 그분의 은혜로운 통치를 보여 주셨다.

땅과 관련된 하나님의 구속계획에도 불구하고 백성의 언약 파기는 약속의 땅을 잃어버리는 결과를 초래했다. 그러나 하나님은 포로로 잡혀갔던 자기 백성을 고토로 돌아오게 하시고 '이상적' 신앙공동체로 회복시키겠다고 약속하셨고, 이스라엘은 '새로운 출애굽'을 함으로써 그 약속이 성취되었다(스 6:19-22; 렘 24:5-7; 겔 36:24-28).

그러나 포로에서 돌아온 백성으로 이루어진 집단은 현실적으로 약속 내용과 다른 공동체로 보인다. 그들이 땅을 차지할 것이라고 했지만(렘 30:3), 그 땅은 자기 소유의 땅이 아니라 정치적으로 페르시아의 속주로 분류될 뿐이었다. 또한, 이스라엘 백성이 돌아와 압제자들을 주관하는 일은 일어나지 않았고(사 14:1-2). 그들이 다시는 그 땅에서 뽑히지 않을 것이라는 선지자의 예언도 어떻게 성취되었는지 확인할 수 없다(암 9:14-15).

본문의 의미를 고려할 때, 땅과 관련된 이스라엘 회복에 대한 예언은 종말론적 이해를 요구한다.[21] 이스라엘의 회복은 옛 언약 시대가 새 언약 시대로 향하는 길목에 해당한다. 하나님이 예루살렘을 다시 자신의 거처로 택하시고 많은 나라가 여호와의 백성이 되어 언약 백성이 되는 것은 제2 성전 시대를 의미하지 않고 새 언약 시대에 이루어질 일을 예고하는 것이다(슥 2:10-13). 굳이 이 사건이 이루어지는 장소를 지정한다면, 예수님이 구속 사역을 이루신 골고다와 예루살렘이 될 것이다.

구속의 정점이 되는 이 대속의 사역과 오순절 사건이 교회 시대를 열면서 만국 백성이 주님의 백성이 될 수 있었다. 여기서 옛 언약 시대의 삶의 터전이었던 약속의 땅의 의미는 사라진다. 교회는 약속의 땅의 경계를 넘어선다(행 1:6-8). 사도들의 관심은 약속의 땅이 정치적으로 해방되는 것에 있었지만 예수님은 그 경계를 넘어서 '땅끝'으로 그 관심을 확대했다. 새 하늘과 새 땅이 임할 때는 지역의 경계는 의미가 없다(계 5:9-10; 7:9-17; 21:9-27).

성경 계시 역사를 전개하면서 땅을 빼놓을 수는 없지만, 그것은 항구적인 것은 아니다. 특히 이스라엘의 삶의 터전이었던 약속의 땅은 옛 언약 시대에 필수적인 것이었지만 새 언약 시대에는 그 경계의 의미가 사라졌기 때문에 구약의 땅은 아무리 중요한 의미를 지녔다고 할지라도 그것은 잠정적 의미만 지녔다고 말해야 할 것이다.

---

21 Hanhart는 후기 선지자가 언급하는 땅에 대한 예언은 우주적이고 종말론적 의도가 있음을 봐야 한다고 한다. R. Hanhart, "Das Land in der spätnachexilischen Prophetie," in Strecker, *Das Land Israel in Biblischer Zeit*, 135.

3. 결론

　약속의 땅은 이스라엘 국가의 출발점이었다. 정치적인 면에서 그 땅은 백성의 안전과 풍요를 보장하는 터전이 된다. 이스라엘 정착 초기에는 땅의 영유권을 차지하는 것이 백성의 삶의 질을 보장받는 길이 되었다.

　또한, 일반적으로 땅이 확장되는 것은 나라에 번영을 가져다주지만, 그 번영이 항상 복된 것은 아니다. 하나님을 떠난 번영에 집착한 이스라엘은 더 많은 사회 문제에 봉착하게 되고, 결국 포로가 되어 그 땅에서 쫓겨 나가는 신세가 되었다. 정치적으로 그 땅에서 항구적 공동체를 이루는 길은 개인과 민족이 언약에 순종하는 삶을 사는 것이다.

　토지 소산을 나눔과 토지 매매법, 기업 무르기, 희년과 같은 약속의 땅에 관한 규정은 백성 가운데 궁핍한 사람이 없도록 해 이상적 신앙공동체를 지향한다. 또한, 그 규정은 부의 불균형을 방지하고 공정한 삶을 살도록 규제한다. 이 제도는 토지를 재산 증식의 수단으로 삼지 못하도록 차단하는 토지공개념의 출발점이라고 할 수 있다.

　약속의 땅을 정치, 경제적 차원에서만 생각한다면 그 땅은 역사 속에서 무의미한 땅이 되고 말 것이다. 그 땅은 하나님이 인류 구속을 시작하신 땅이고, 거기서 백성과 함께 일하신 하나님이 어떤 분인가를 알려 준다. 백성에게 땅을 선물로 주시고, 그 땅의 소산으로 풍요로운 삶을 주시고, 무엇보다도 그들과 교제하시는 사랑과 자비의 하나님을 보여 준다. 더욱이 약속의 땅은 에덴동산을 모방하는 의미가 있으므로 그 땅을 낙원으로 회복하려는 하나님의 의도를 보여 준다.

　그러나 백성의 불순종으로 말미암아 그 땅은 사라지고 구속사의 새로운 국면이 전개된다. 즉 땅의 경계가 없는 새 언약 시대가 도래한다는 것이다. 그래서 약속의 땅은 옛 언약 시대에 하나님이 인류 구속을 위해 활동하신 주요 무대로서 잠정적 의미가 있다.

제9장

구약과 다문화*

1. 서론

다문화(multi-cultural)란 용어는 일반적으로 다양한 문화가 혼재하는 특정 집단을 규정하는 말로 쓰인다. 만일 한 가정이 두 개 이상의 문화적 배경을 가진 구성원으로 이루어졌다면 "다문화 가정"(multi-cultural family)이라고 하고, 다양한 인종과 민족으로 구성된 사회를 "다문화 사회"(multi-cultural society)라고 규정한다.

지난 세기까지만 해도 한국이 인종과 언어 그리고 문화적 동질성을 지닌 "단일민족"으로 구성되었다는 통념이 받아들여졌다. 그러나 21세기에 들어서 급증하는 외국인 이주자로 말미암아 "단일민족"이란 표현이 어색하게 여겨질 정도다. 현재 해외 이주민의 수가 250만 명에 육박하고 있다.[1] 이런 사회적 변화에 대처하기 위해 국가적으로나 지방자치단체별로, 그리고 여러 기독교 단체에서 다문화 정책에 관한 연구가 활발하게 진행되고 있다. 이런 상황 가운데서 교회나 기독교 기관의 이주민 정책은 이주민에 대한 성경적 교훈을 기반으로 정책을 수립하는 것이 중요하다.

---

* 이 글은 대부분 「고신신학」 (2019)에 실린 글이다.
1 「출입국·외국인 정책 통계월보」, (출입국·외국인정책본부, 2019년 6월호), 13. 2019년 6월까지 정확한 이주자 수는 2,416,503명이다.

그래서 이 글은 외국인 이주민에 대한 성경적 가르침 가운데서도 옛 언약 시대에 이주자에 대해 언급하고 있는 구약의 교훈에 치중할 것이다. 여기서는 구약 전체에 나타난 이주자에 대해 연구하겠지만 특별히 이스라엘의 율법과 사회와 관련해 이주자에 대한 교훈을 살펴볼 것이다.

왜냐하면, 구약 전체에서 이주자에 관한 사항을 연구한다면 이스라엘 자체가 이주자이기에 그 기준이 모호해지기 때문이다. 이 말은 이 장이 다른 민족이 이스라엘 족장이나 민족 또는 개인에 대해 어떤 기준을 갖고 대했는가를 다루지 않고 이스라엘이 다문화 사회와 가정을 어떻게 이해하고 상대했는가를 살핀다는 것이다.

이 장은 구약에 나타난 이주자에 관한 규정과 실례를 영역별로 나누어서 본문을 주석함으로써 구약에서 말하는 다문화에 대한 의견을 제시하고자 한다.

2. 본론

1) 이주자에 대한 구약의 용어와 정의

(1) "게르"

구약은 다문화를 형성하는 사람들을 다양한 용어로 표현하고 있지만, 그들이 이주자로서 가장 빈번하게 쓰인 말이 개역개정판에서 "객"이나 "나그네" 또는 (함께 거하는) "타국인"으로 번역된 히브리어 "게르"(gēr)이다(창 15:13; 출 2:22; 12:48; 18:3; 22:20; 23:9; 레 19:34, 34; 신 10:19; 23:8; 겔 47:22). '게르'는 '외국인으로서 거주하다'를 의미하는 히브리어 동사 '구르'(gūr)의 전성명사로서, 한 공동체 구성원으로서 '본토인' 또는 '내국인'을 의미하는 '에즈라흐'('ezrāḥ)

와 대조되는 개념으로 쓰였다(출 12:48-49; 겔 47:22).²

'게르'는 기본적으로 이런 사람을 가리킨다.

> 전쟁(삼하 4:3)이나 기근(룻 1:1) 혹은 전염병 또는 피흘린 죄 등으로 인해 (혼자 또는 가족과 함께) 성읍이나 지파를 떠나서 다른 장소에서 은신처나 거주지를 찾은 사람이다.³

이들은 그 공동체의 일원이 되어 본국인과 결혼도 하고 사유재산을 소유하면서 보호를 받는 정착 주민이 된 나그네들이다.

성경은 족장의 거주(창 23:4), 모세의 미디안 거주(출 2:22; 18:3)를 "게르"라고 하고 이집트에 살던 이스라엘도 '게르'의 복수인 "게림"(gērīm)이라고 한다(창 15:13; 출 22:20; 23:9; 신 20:19; 23:9). 그러나 이스라엘이 가나안 땅에 정착한 후로는 주인과 객이 바뀌어서 이스라엘 민족이 "본토인"이 되고 가나안 땅에 정착하던 원주민이 "게르"가 되었다(대상 22:2; 대하 2:16-17; 8:7-10).

이 점을 고려한다면 R. 드 보(R. de Vaux)는 왕국 시대 끝에 '게림'이 유다에 많이 증가했다고 하지만⁴ 무엇보다도 가나안 정복 후에 여호수아가 백성과 더불어 언약을 맺을 때 많은 '게림'이 이스라엘 공동체에 영입되었을 것이다. 또한, 이스라엘 사람이라도 자기 기업이 아닌 곳에 사는 사람도 '게르'로 불렸다. 사사 시대에 원래 에브라임 산지 출신으로서 기브아에 사는 노인이 여기에 해당한다(삿 19:16).

그렇지만 이 책에서 다루고자 하는 이주자는 족장이나 모세와 같은 이스라엘 사람이 연구 대상이 아니다. 왜냐하면, 성경에서 율법으로 정하는 '게르'는 이스라엘 사회에 정착한 이주민에게 한정되기 때문이다. 그래서 '게

---

2   *HALOT*, 185; *DCH* 2, 372.
3   *HALOT*, 201.
4   R. de Vaux, *Ancient Israel: Its Life and Institutions* (New York, Toronto, London: McGraw-Hill, 1961), 75.

르'는 단순히 거주자를 의미하는 '요쉐브'(*yōšēb*)와는 구분된다.

(2) "토샤브"

'토샤브'는 '앉다' 또는 '거하다'를 의미하는 히브리어 동사 '야샤브'(*yāšab*)에서 파생한 명사로서 '거주자'라는 의미를 지닌다. '토샤브'는 '게르'와 비슷하다. 이것은 아브라함이 자신을 가리켜서 말하길, "나는 당신들 중에 나그네(게르)요, 거류하는 자(토샤브)"라는 데서 나타난다(창 23:4). 그렇지만 그들은 '게르'보다 더 적은 권한을 갖는다(출 12:45; 레 22:10). 이것은 '토샤브'가 '게르'보다는 이스라엘 공동체에 동화되지 못했다는 것이다. '토샤브'는 이스라엘 영토에 사는 비이스라엘인 거주자로서 완전한 시민의 권리를 갖지 않은 시민이다. 이들은 '게르'와 다음 분류에서 소개된 '노크리'(*nŏkrī*, 타국인)의 중간 단계의 신분이라고 할 수 있다. 이들 가운데는 이스라엘이 정복한 땅의 가나안 원주민 출신으로서 한 지역의 거주민이 된 자도 있다.[5]

(3) "노크리"

"노크리"(*nŏkrī*)는 개역개정판에 "객"이나 "타국인" 또는 "이방인"이나 "나그네" 등으로 번역되었다.[6] '노크리'라는 말이 유사한 동종어인 아카드어 '나크룸'(*nakrum*)이 형용사로는 '외국의' 또는 '이방의'란 의미로 쓰이지만, 명사로는 친구의 반대말인 '대적'이나 '원수'를 의미하는 것을 고려할 때 한 공동체에서 좀 더 이질적 요소가 많은 이주민을 뜻한다.[7] '노크리'는 이스라엘 사람이 아닌 외국인을 가리킨다. 그래서 점령당하기 전의 예루살

---

[5] *HALOT*, 1712.
[6] 출 2:22; 18:3; 신 14:21; 15:3; 17:15; 23:21; 29:21; 삿 19:12; 삼하 15:19; 왕상 8:41, 43; 11:1, 8; 사 2:6; 욥 11; 습 1:8; 룻 2:10; 애 5:2; 스 10:2, 10-11, 14, 17-18, 44; 느 13:26-27. R. Martin-Achard, "נכר," *THAT* II, 67-68.
[7] Cf. *CAD*, 189.

렘의 여부스 사람이 여기에 해당한다(삿 19:12).

룻은 스스로 자신을 "노크리야"(nŏkrīyyā, "노크리의 여성")라고 부른 것은 자신은 이스라엘 사람이 아닌 이방인이라는 것을 강조하는 말이다(룻 2:10). 가드 사람 잇대도 "노크리"로 분류된다(삼하 15:19). 솔로몬이 성전 봉헌 시 기도할 때 "주의 백성 이스라엘에 속하지 아니한 자 곧 주의 이름을 위하여 먼 지방에서 온 이방인"이 "노크리"에 해당한다(왕상 8:41). 그들은 이스라엘과는 근본적으로 다른 관습을 지닌 이방인이다(사 2:6).

'노크리'와 관련된 '네카르'(nēkār)라는 추상명사는 다양한 명사와 결합하여 이스라엘과 다른 '이방'이라는 의미를 드러낸다. 즉 "아드마트 네카르"('aḏmaṯ nēkār)는 "이방의 땅"(시 137:4), "엘 네카르"('ēl nēkār)는 "이방 신"(신 32:12; 말 2:11; 시 81:10), "엘로헤 네카르"('ĕlōhē nēkār)는 "이방 신들"이다(창 35:2, 4; 신 31:16; 수 24:20, 23; 삿 10:16; 삼상 7:3; 렘 5:19), "벤-네카르"(ben-nēkār)는 "이방 사람"이다(창17:12, 27; 출 12:43; 레 22:25; 사 56:3).

'노크리'가 유대 공동체에서도 이스라엘과 이질성을 나타내는 사람들이라고 할 때, 요세푸스가 외국 이주자를 두 종류로 나눌 때 그 공동체의 이념을 공유하지 않고 생활방식에 동화되지 않는 사람에 해당한다.[8]

2) 이주자의 법적 보호

이스라엘에 거주하는 이주민들(게림)은 자유인이지 노예가 아니었다. 그렇지만 그들은 외국 태생으로서 완전한 시민권을 소지하지 않았고 이스라엘 시민들과는 달랐다. 모든 부동산은 이스라엘 사람들의 손에 있으므로 본

---

[8] *Against Apion* 2. 210, in *Flavius Josephus and William Whiston, The Works of Josephus: Complete and Unabridged* (Peabody: Hendrickson, 1987): "따라서 우리의 입법자는 우리의 가문뿐만 아니라 우리와 같은 관습을 따라 사는 자들에게까지 이르는 참된 연합을 우호적으로 존중함으로써 우리의 율법을 준수하려고 생각하는 모든 사람을 인정한다. 그러나 우리와 맺은 교류를 인정받기 위해 어쩌다 우리에게 온 자들은 인정하지 않는다."

토인의 호혜에 의존하는 품꾼으로 전락했다(신 24:14). 그들은 대체로 가난했고, 고아와 과부와 함께 분류되었다.[9] 이스라엘 법은 그들을 사회적 약자로 규정하고 그들에 대한 특별한 보호를 규정하고 있다. '게르'에 대한 직접적 보호는 율법의 기본이자 핵심인 십계명과 소위 "언약서"[10]와 "성결법"[11] 그리고 신명기 법전에 언급되었다.

십계명에서 "네 문안에 머무는 객"(출 20:10; 신 5:14)을 언급한다. 여기서 '객'은 '게르'를 말한다. 하나님의 창조질서가 인간사회에 적용된 안식일 제도가 '게르'가 가지는 권리 일부가 되었다.

일반적으로 고대 근동에서 이주자들에게는 별로 권한이 주어지지 않았지만, 율법은 특별히 민감하게 이들의 필요와 복지에 관심을 가진다.[12] 여기서는 다만 노동에서 해방되는 것을 말할 뿐이지 어떤 종교적 관행을 행하는 것을 의미하지는 않을 것이다. 왜냐하면, 가축까지도 그 혜택을 누리도록 명했기 때문이다.

언약서에서는 '게르'의 보호에 대해 "압제하지 말라" 그리고 "학대하지 말라"고 명령하고 있다(출 22:20; cf. 23:9). 하나님은 사회적 약자인 이주자들이 부당하게 착취나 희생을 당하지 않도록 특별한 조처를 하셨다. 문법적으로 이 금지 명령(출 22:20)은 일시적인 것이 아니라 "신적 금지"(divine prohibition)로서 절대적 의미를 지닌다.[13] 여기서 "압제하다"(yānā)와 "학대하다"(lāḥaṣ)는

---

9   De Vaux, *Ancient Israel*, 74-75.
10 "언약서"는 출애굽기 24:8에 나오는 표현으로서 학자마다 약간의 차이가 있으나 비평가들은 십계명 이후의 출애굽기 20:22–23:33의 규정을 "언약서"라고 한다.
11 비평가들은 레위기 17-26장은 원래 따로 존재하는 "성결법"(H)이었다고 한다. "성결법"이란 명칭을 최초로 사용한 Klostermann은 이 법전이 에스겔과 관련이 있다고 한다. 물론 이 관련성은 그 전에 Graf를 통해 제시되었다. 그는 에스겔이 성결법의 대부분(레 18-23; 25, 26)의 저자라고 한다(Karl Heinrich Graf, *Die geschichtlichen Bücher des Alten Testaments*, Leipzig, 1866, 81.). 그러나 그 이후 수많은 학자가 성결법과 에스겔 선지자와의 관계를 연구했지만 일치된 견해는 없다.
12 Nahum M. Sarna, *Exodus*, *The JPS Torah Commentary* (Philadelphia: Jewish Publication Society, 1991), 113.
13 신득일, 『구약 히브리어』 (서울: CLC, 2012), §40d.

각각 감정적 학대와 착취를 의미한다.[14]

그래서 이스라엘은 그들을 노예로 삼아서는 안 되었다. 이 '게르'에 대한 학대와 착취 금지법의 근거는 한때 이스라엘도 애굽에서 똑같이 '게림'으로 살았다는 것이다. 하나님은 이 금지법으로써 이스라엘이 하나님 공의 지배를 받는 공동체가 되게 하셨다.

이른바 성결법에서는 '게르'에 대한 금지 명령과 함께 긍정적 명령을 담고 있다.

> 거류민이 너희의 땅에 거류하여 함께 있거든 너희는 그를 학대하지 말고 너희와 함께 있는 거류민을 너희 중에서 낳은 자 같이 여기며 자기 같이 사랑하라 너희도 애굽 땅에서 거류민이 되었었느니라 나는 너희의 하나님 여호와이니라(레 19:33-34).

'게르'를 압제하지 않는 정도가 아니라 그들을 본토인과 같이 여기며 "자기 같이 사랑하라"고 한다. 이 사랑의 법의 동기도 이스라엘이 애굽에서 '게림'으로 살았다는 것에 호소하면서 본토인과 이주민 간의 공통된 인간적 연대를 강조한다. 더 나아가 농지가 없는 이들의 기초생활을 위해 밭의 곡식과 포도 열매를 다 거두지 말라는 명령이 주어졌다(레 19:9-10; 23:22).

신명기법은 앞선 법의 연장선에서 '게르'에게 구체적으로 제공해야 할 것을 명령한다. 그 내용은 의식주와 관련된 기본권이다. '게르'에게 음식과 의복을 제공하는 것이 율법에 명시되었지만, 그것은 율법 조항 이전에 공의로우신 하나님의 사랑에 근거해서 주어진 것이다.

> 나그네를 사랑하여 그에게 떡과 옷을 주시나니 너희는 나그네를 사랑하라 전에 너희도 애굽 땅에서 나그네 되었음이니라(신 10:18b-19).

---

14 Sarna, *Exodus*, 138.

하나님의 사랑을 먼저 받은 이스라엘은 그 사랑을 이주민에게 실천해야 했다. 또한, '게르'는 레위인과 같이 기업이 없기 때문에 고아와 과부와 마찬가지로 이스라엘이 이들에게 먹을 것을 제공하라는 명령을 받고 또 다 베지 못한 곡식을 그들을 위해 남겨두라는 명령을 받는데 그들이 그렇게 행하는 것이 하나님의 복을 받는 근거로 제시되었다(신 14:29; 24:19).

이주자와 같이 가난한 자들이 밭에서 곡식을 줍는 관행은 이스라엘에만 있는 것이 아니지만[15] 하나님은 이런 사회제도를 통해 하나님의 공의와 사랑을 그 공동체 가운데 이루도록 하셨다. 하나님은 '게르'의 경제생활에 실제적 도움이 되도록 이스라엘 시민이 삼 년마다 십일조를 따로 내게 해 레위인과 고아와 과부들이 나누도록 돌보셨다(신 26:12).

또한, 그들은 의지할 데 없는 고아와 마찬가지로 재판에서 부당한 판결을 받아서는 안 된다.

> 너는 객이나 고아의 송사를 억울하게 하지 말라(24:17a).

이 본문의 번역은 "이주자의 정의(mišpāṭ)를 왜곡하지 말라"고 해야 한다.[16] 이 명령도 절대 금지법으로서 법적 정의를 반드시 지킬 것을 강조한다. 그래서 이주자의 송사를 시민권자와 같이 취급해야 한다는 것이다. 신명기에 언급된 이 모든 명령은 '게르'의 복지를 위한 하나님의 특별한 조치이다. 더욱이 이스라엘 공동체에서 피의 보복을 방지하기 위해 지정된 도피성도 이들에게 열려 있었다(민 35:15).

이주자에 대한 이런 우호적 조치와 혜택은 '게르'와 '토샤브'에 해당하는 것이다. 경제적 관점에서 '토샤브'는 '게르'와 같이 완전히 자유화된 이스

---

[15] Jeffrey H. Tigay, *Deuteronomy, The JPS Torah Commentary* (Philadelphia: Jewish Publication Society, 1996), 229: "고대 이집트에도 가난한 자들이 이삭을 주울 수 있었다는 약간의 증거가 있다. 일부 관행은 이스라엘 땅의 아랍 농부들 가운데 현대에도 남아 있다."
[16] *HALOT*, 693.

라엘 시민과 같다.[17] 그러나 '노크리'에게는 법적 보호가 적용되지 않는다 (신 15:3; 23:21). 그런데 '노크리'로 표현된 룻의 경우는 그녀가 이스라엘에 완전히 동화된 시민이기 때문에 '게르'나 다름없는 자로 보아야 한다.

3) 이주자의 사회적 지위와 권한

이주자 가운데서도 이스라엘 사회에 동화된 '게르'와 '토샤브'는 그 공동체에서 단순히 생계와 복지를 위한 법적 보호를 받을 뿐만 아니라 본토 시민과 같은 사회 진출의 기회를 얻을 수 있다. 그들은 국적을 가지지 않았지만 결혼해서 자녀를 낳을 뿐만 아니라 군 복무도 할 수 있었고(삼하 1:13), 재산을 소유하고 이스라엘 시민을 종으로 거느릴 수도 있었다(레 25:47). 이들 가운데는 이스라엘 사회에서 중요한 지위뿐만 아니라 이스라엘 공동체에 중요한 역할을 한 자들도 있었다.

출애굽과 사사 시대의 지도자 중의 한 사람인 갈렙은 그나스족에 속한 사람으로서 일찍 유다 지파에 배속된 사람으로 보인다.[18] 그는 하나님의 약속에 신실한 자였고 헤브론을 정복한 믿음의 용사였다(민 14:6-9; 수 15:13-14; 삿 1:10). 그의 아우 옷니엘도 순수 이스라엘의 혈통이 아니었지만 드빌을 정복하는 공을 세웠을 뿐만 아니라 이스라엘 첫 사사로서 메소포타미아의 침략자 구산 리사다임을 물리치고 이스라엘을 구원하는 공을 세웠다(수 15:17; 삿 1:13; 3:10).

---

17 Diether Kellermann, "גּוּר," *TDOT*, 448.
18 De Vaux, *Ancient Israel*, 6: "갈렙은 그나스족 여분네의 아들이었다(민 32:12; 수 14:6, 14; 창 15:19; 36:11). 그러나 그들은 가데스에 정주할 때부터 이스라엘과 접촉했다. 그곳은 갈렙이 정탐을 위해 유다의 대표로 거명되었다. 그들이 이 지파에 통합된 것은 여호수아 15:13(14:6-15)과 마지막에 갈렙이 유다의 계보에 첨부된 것이다. 여분네의 아들은 헤스론의 아들, 데페스의 아들, 유다의 아들이 되고(대상 2:9, 18, 24), 여라므엘의 형제가 되었다(대상 2:9)." 밀그롬은 '그나스 족속'의 기원을 에서의 아들 엘리바스의 후손에서 찾는다(창 36:11, 15, 42): Jacob Milgrom, *Numbers, The JPS Torah Commentary* (Philadelphia: Jewish Publication Society, 1990), 391. 그렇게 되면 창세기 15:19에 언급된 '그나스 족속'에 대한 설명이 모호해진다. 사실 그나스족이 언제, 어디서, 어떻게 이스라엘에 합류했는지는 알 수 없다.

삼갈(šamgar)이란 이름은 이스라엘 이름이 아니고 누주문서에 나타난 후리안 이름으로 보인다. 그의 신분은 '아낫의 아들'인데 즉 바알의 배우자이자 전쟁의 신인 아낫을 숭배하는 자라는 뜻이다. 그가 단순히 하비루 출신의 이집트 바로의 용병인지 이스라엘로 이주하여 개종한 외국인인지는 알수가 없으나 이스라엘을 구원한 사사의 역할을 한 타국인이었다.[19]

모세와 함께 온 겐 족속들 가운데 헤벨의 아내 야엘은 사사는 아니지만 야빈의 군대장관 시스라를 죽임으로써 바락보다 더 큰 영예를 얻었다(삿 4:11, 18-21; 5:6). 사사 시대에 모압 여인 룻은 베들레헴 엘리멜렉의 가정에서 이주자로 살면서도 이스라엘 사회에 받아들여져서 그 공동체의 일원으로 가계를 이어갔다(룻 4장).

다윗은 많은 '게림'을 보호하여 성전을 건축하는 데 고용했다(대상 22:2). 그들 가운데 돌을 깎는 석수와 현장감독들이 있었다고 하면서 그 땅에 '게림'이 십오만 삼천 육백 명이었다고 솔로몬은 회상한다(대하 2:17-18, 한글). 왕정 시대에는 이주자의 자손이 이스라엘 엘리트 군인으로 활동한 예도 있다. 우리야는 헷 사람으로 소개되었지만(삼하 23:39; 대상 11:41) '헷 사람'이라는 것이 그가 이주자나 외국인이라는 말은 아닐 것이다.[20] 아마도 이주한 조상의 자손으로서 이스라엘에 잘 동화된 다문화 가정의 일원으로 봐야 할 것이다. 그는 밧세바의 남편으로서 하나님과 왕과 이스라엘에 대한 충성을 맹세함으로써 사악한 다윗의 계략에 넘어가지 않은 자로 잘 알려져 있다.

언약궤와 이스라엘과 유다가 야영 중이고 내 주 요압과 내 왕의 부하들이 바깥 들에 진 치고 있거늘 내가 어찌 내 집으로 가서 먹고 마시고 내 처와

---

[19] 블록은 이스라엘의 구원하는 것이 삼갈의 의도가 아니었지만, 그의 영웅적 행위가 이스라엘에 혜택을 주었다고 한다. Daniel I. Block, *Judges, Ruth*, vol. 6, *The New American Commentary* (Nashville: Broadman & Holman Publishers, 1999), 174; Cf. Robert G. Boling, "Shamgar (Person)," *ABD*, 1156.

[20] P. McCarter, *II Samuel*, *AB* (Garden City, N.Y.: Doubleday. 1984), 285.

같이 자리이까 내가 이 일을 행하지 아니하기로 왕의 살아 계심과 왕의 혼의 살아 계심을 두고 맹세하나이다(삼하 11:11).

그는 이주자의 자손으로서 여호와의 신앙을 받아들인 이스라엘 사람으로 동화되었다고 봐야 한다.

다윗 시대에 가드 사람 잇대는 '노크리'로 분류된다(삼하 15:19). 그는 가드에서 용병 육백 명을 거느리고 이스라엘에 망명 온 군사지도자였다. 다윗은 그를 받아들이기는 했지만, 압살롬의 반란으로 자신의 기반이 무너지자 잇대가 새로운 왕에게로 돌아갈 것을 권했다. 그러나 잇대는 다윗의 권고를 거절하고 다윗에 대한 충성을 맹세했다(삼하 15:21). 잇대와 그의 용병들은 다윗의 신임을 얻어서 압살롬과 치루는 전쟁을 담당한 세 부대 중의 하나가 되는 특권을 누렸다(삼하 18:2).

그러나 잇대와 그의 용병들은 다윗의 개인 부대 중에 속해 있었을 뿐이다.[21] 다윗이 복귀한 후에도 그는 더 이상 언급되지 않았다.

이주자에 해당하는 '게르'와 '토샤브'는 법의 혜택을 누리면서 사회생활에서 이스라엘 시민과 비교적 동등한 지위와 권한을 누린다. 그들이 이스라엘의 일원으로 받아들여지느냐 그렇지 않으냐는 하나님의 언약을 받아들이는가에 달려 있다. 그것은 순혈주의가 아니라 언약이 중요하다는 것이다. 신명기 왕의 규례는 '타국인'(노크리)이 왕이 될 수 없다고 규정하고 있다. 물론 이것은 '노크리'에만 해당되는 것은 아닐 것이다. 왜냐하면, 이스라엘 왕은 형제 가운데서 나와야 하기 때문이다(신 17:15).

만일 '게르'가 왕이 된다면 그것은 언약을 떠난 이스라엘에 대한 하나님의 언약적 심판으로 봐야 할 것이다(신 28:43). 정상적 상태에서는 이스라엘에서 이주민의 지위와 권한에 언약이 중요한 기준이 되지만 그것도 무제한적이지는 않다. 그런데도 외가를 통해 다윗 왕이 탄생한 것은 이주민에 대

---

21   John Bright, *A History of Israel*, 3d ed. (Philadelphia: Westminster Press, 1981).

한 하나님의 특별한 긍휼과 사랑이 그 공동체 내에서 실현된 결과로 봐야 할 것이다.

4) 이주자의 종교적 위치

고대 이스라엘에서는 시민권을 갖지 않은 것으로 보이는 '게르'는 '총회'(qahal)의 일원이 될 완전한 자격이 주어지지 않았다.[22] 조건부로 에돔과 애굽 사람은 삼대 후에 총회에 들어갈 수 있도록 허락을 받았지만 암몬과 모압 사람은 영원히 총회에 들어갈 수 없다(23:3-8). 그래도 '게르'는 기본적으로 안식일을 지켜야 하고(출 20:10; 신 5:14), 또 이스라엘 절기에 참여할 수 있도록 되어 있다(신 16:11, 14). 특별히 본토인과 동일한 규례를 따라서 유월절을 지킬 수 있도록 배려하고 있다(민 9:14).

그러나 유월절에 이레 동안 무교병을 먹어야지 유교물을 먹으면 타국인도 이스라엘 회중에서 끊어진다(출 12:19). 이때 종들은 할례를 받은 후에 규례를 따라서 먹을 수 있지만 '토샤브'는 제외된다(출 12:43-45). 특이한 것은 이스라엘 절기 가운데 초막절에 이주자가 참여할 수 없는 것이다.

> 너희는 이레 동안 초막에 거주하되 이스라엘에서 난 자는 다 초막에 거할지니(레 23:42).

레위기의 제사 규례에서는 '게르'에 대한 언급이 없다(레 1-7). 여기서 '게르'가 제사에 참여할 수 없다는 인상을 받는다. 그러나 몇 가지 제사에 대해서는 '게르'를 언급하면서 그들의 참여를 허용한다. 그들은 회막 문에서 번제의 제물을 드릴 수 있고(레 17:8), 서원제와 낙헌제로 드리는 번제를 드릴 수 있다(레 22:18). 또한, 그들이 할례를 받고 개종하는 조건으로 이스라

---

22   Diether Kellermann, "גּוּר," *TDOT*, 444.

엘 사람과 같이 죄 용서를 위한 제사를 드릴 수 있다(민 15:14-16,26, 29-30).[23] 그들은 속죄일에 참여하여 죄를 속할 기회를 부여받는다.

> 너희는 영원히 이 규례를 지킬지니라 일곱째 달 곧 그달 십 일에 너희는 스스로 괴롭게 하고 아무 일도 하지 말되 본토인이든지 너희 중에 거류하는 거류민이든지 그리하라(레 16:29).

여기서 "스스로 괴롭게 하다"('innā nefeš)란 말은 숙어로서 항상 금식을 의미한다.[24]

'게르'는 각종 정결법에 나타난 금지법에서 본토인과 같다. 피를 마시는 것을 금하는 것(레 17:10, 12, 13)이나 스스로 죽은 동물이나 야생동물의 공격을 받아서 죽은 부정한 고기를 먹는 것을 금하는 정결법은 본토인과 동일하게 적용된다(레 17:15-16). 근친상간과 동성애와 같은 여러 가지 정결법도 이스라엘과 '게르'에게 동시에 적용된다(레 18:26). 또한, 자식을 몰렉에게 바치는 가증한 행위도 금지되었다(레 20:2).

5) 이주자의 가정과 결혼

이스라엘 사람들은 외국인과 결혼하는 것이 율법으로 금지되었다(출 34:15-16; 신 7:3-4). 이 본문들에 언급된 상대는 가나안 부족들이다. 그렇지만 결혼금지 상대는 가나안 부족들에게만 국한되는 것은 아니다. 왜냐하면, 가나안 사람들과 언약을 맺고 혼인하는 것을 금지하는 근본적 이유는 우상숭배의 영향 때문이다. 그러면 배우자가 비록 이주자라고 할지라도 그/그녀가 하나님의 언약을 받아들이면 문제가 되지 않는다는 것이다. 구약에는 이

---

[23] Diether Kellermann, "גּוּר," *TDOT*, 447.
[24] Baruch A. Levine, *Leviticus*, *The JPS Torah Commentary* (Philadelphia: Jewish Publication Society, 1989), 109.

주자와 결혼한 여러 경우를 들고 있다.

(1) 긍정적 결혼 사례

이 경우는 먼저 모세가 미디안 여인 십보라와 결혼한 것을 들 수 있다. 비록 미리암과 아론이 그의 결혼을 비난하기는 했지만, 하나님은 그것을 문제로 삼지 않으셨다(민 12:1-8).[25] 미리암은 모세가 지나쳐 버린 둘째 아들(bēn, 단수 형태)의 할례를 시행한 것은 하나님의 언약을 알고 실행했던 것이다(출 4:24-26).

모압 여인 룻이 말론과 결혼한 것은 그녀가 언약의 가정에 들어와서 이스라엘의 일원이 된 것을 의미한다. 물론 나오미가 이 결혼에 저항하지 않은 것은 언약에 불충한 면모를 드러낸다. 그런 가정에서 룻이 여호와 신앙에 대한 영향을 받아서 믿음을 갖고 베들레헴으로 이주한 것은 아니다. 오직 하나님의 선택으로 말미암아 그녀는 이스라엘의 여호와를 자신의 하나님으로 받아들였다고 볼 수밖에 없다.[26]

하나님에 대한 그녀의 믿음과 하나님이 가난한 자를 위해 마련해 두신 구원의 법에 대한 신뢰로 말미암아 룻이 스스로 이방인이라고 하는 '노크리'라고 하지만 이스라엘의 왕가를 이루게 되는 복을 누렸다.

왕국 시대에 다윗의 아내 가운데 갈렙 족속의 여인 아비가일도 있고, 아람 그술 왕 달매의 딸 마아가도 있었다(삼하 3:3). 다윗이 아비가일과 결혼한 것은 다윗을 홀대한 나발이 죽자 다윗에 대한 하나님의 보호를 예언한 그녀를 아내로 맞아들였다(삼상 25:26). 다윗과 마아가의 결혼은 외교적 의미가 있어 보이지만(삼하 2:9) 그녀가 우상을 숭배한 것은 아니고 신정 왕국의 왕

---

25 구스를 에티오피아로 보고 모세가 에티오피아 여인과 결혼했다는 것은 맞지 않다. 이집트 중왕국 시대 12왕조(주전 18-19세기)의 저주 문헌에는 구스족이 아시아 지역에 속한 것으로 기록되었다("구스 족속의 통치자"). Cf. 신득일, 『광야의 반란』, (서울: CLC, 2015), 106-107.

26 Cf. 신득일, 『구속사와 구약 주석』(서울: CLC, 2017), 85-107.

비로서 이스라엘의 종교를 받아들인 것 같다. 여자의 경우는 앞에서 언급한 밧세바와 헷 사람 우리야의 경우다. 우리야는 이미 이스라엘에 동화된 사람으로 나타났다(삼하 11:11).

(2) 부정적 결혼 사례

솔로몬은 여러 이방인 후궁을 거느리면서 철저하게 왕의 규례를 어겼다(신 17:17). 그들 가운데는 애굽 바로의 딸 외에도 모압과 암몬과 에돔과 시돈과 헷 여인도 있었다(왕상 11:1). 물론 일부다처는 문제가 되겠지만 솔로몬이 이방 여인과 결혼하는 자체는 문제가 되지 않는다. 다만 그들이 이스라엘의 하나님께도 돌아오지 않고 오히려 솔로몬이 이 여인들의 유혹을 받아서 우상 숭배를 하는 것이 문제가 된다(왕상 11:4-8). 이 솔로몬의 죄가 나라가 분열되는 원인이 된다(왕상 11:13).

아합이 시돈 여인 이세벨과 결혼한 것은 이스라엘에 치명적이다. 엣바알의 딸 이세벨이 외국인이라서가 아니라 그녀가 철저한 바알 숭배자였기 때문이다.[27] 문제는 이스라엘 왕의 왕후가 된 이세벨이 여호와의 신앙을 받아들인 것이 아니라 아합이 개종한 것이다. 이세벨의 영향을 받아서 바알 숭배자가 된 아합은 사마리아에 바알 신전을 건축하고 거기에 바알의 단을 쌓고 아세라상을 만들어서 바알 숭배 정책을 폈다(왕상 16:31-33). 아합의 잘못된 결혼이 이스라엘에 최악의 배교 시대를 도래했다.

바벨론 포로에서 돌아온 유대 공동체에서 단행한 에스라와 느헤미야의 개혁 가운데 이방 여인과 결혼한 것이 주요 문제가 되었다. 제사장들(스 10:18-22), 레위인들(10:23-24)과 시민들(10:25-43)이 이방 여인들과 결혼함으로써 하나님의 율법을 어겼다. 말라기 선지자는 포로 후기의 유대 공동체 내에서 일어난 결혼문제를 이교도와 결혼했다고 혹평한다.

---

[27] 'etbaʻal은 'ittōbaʻal과 같은 말로서 '바알이 그와 함께한다'는 뜻이다. 요세푸스는 그를 Ithobalus라고 하면서 그가 아스다롯의 제사장 경력을 가졌다고 했다. Flavius Josephus, Against Apion I, 18.

유다는 여호와께서 사랑하시는 그 성결을 욕되게 하여 이방 신의 딸과 결혼하였으니(말 2:11b).

"이방 신의 딸"이라는 특이한 표현은 "이방 신을 숭배하는 여인"을 의미할 것이다.[28] 에스라의 개혁은 유대인들의 국제결혼은 재건된 신앙공동체에 영향을 미칠 수밖에 없는 혼합주의를 방지하기 위한 것이다.

6) 이주자의 미래

구약은 미래를 향해서 열려 있는 책이기 때문에 이들의 미래 상태에 대해서도 언급한다. 구약 시대 이스라엘 사회에서는 이주민은 늘 이질적 요소를 지니고 살았지만, 미래의 관점에서는 이스라엘에 이주한 거주자는 이스라엘과 본질에서 같은 시민이 된다.

이런 혜택은 역사서에서 이미 암시되었다. 솔로몬의 기도 가운데 놀라운 것은 그가 이방인들을 위해 간구했다는 것이다.

주의 백성 이스라엘에 속하지 않은 이방인이라도 … 기도하거든(왕상 8:41-43; 대하 6:32-33).

여기서 "이방인"은 "이스라엘에 속하지 않은" '노크리'로서 특별한 용무가 있어서 일시적으로 이스라엘에 머무는 외국인이다. 멀리서 온 외국인들이 하나님의 이름과 능력을 '인해' 성전을 향해 기도하는 모든 것을 들어달라는 간구는 정말 놀라운 일이지만 그 기도 응답의 목적을 보면 전혀 놀라운 일이 아니다.

---

[28] David J. Clark and Howard A. Hatton, *A Handbook on Malachi*, UBS Handbook Series (New York: United Bible Societies, 2002), 413.

> 땅의 만민이 주의 이름을 알고 주의 백성 이스라엘처럼 경외하게 하시오며 또 내가 건축한 이 성전을 주의 이름으로 일컫는 줄을 알게 하옵소서 (왕상 8:43; 대하 6:33b).

솔로몬은 "땅의 만민이" 하나님을 알고 경외함으로 그의 백성이 되도록 간구했다. 솔로몬의 기도는 오순절에 일어날 일을 미리 예견한 것이었다. 이것은 이스라엘 국가의 종교에 이미 민족을 초월하는 특징이 있음을 말해 준다. 이런 다민족적 성격은 아브라함의 약속에서 시작된 것이다(창 12:2-3). 이방인들이 하나님의 이름과 그분의 능력으로 인해 이스라엘로 오는 것을 포로 후기에 삽입된 내용으로 볼 필요는 없다. 솔로몬 성전이 언급되었고 스바 여왕과 같은 사람이 이스라엘에 온 것이 실례가 된다(왕상 10:1-13). 솔로몬의 기도는 여호와 하나님이 만민의 하나님이시라는 큰 틀에서 이방인을 수용한다.[29]

에스겔은 미래의 이스라엘 환상 가운데서 이주자(게르)에게 기업을 주라는 명령을 받았다.

> 너희는 이 땅을 나누되 제비 뽑아 너희와 너희 가운데에 머물러 사는 타국인 곧 너희 가운데에서 자녀를 낳은 자의 기업이 되게 할지니 너희는 그 타국인을 본토에서 난 이스라엘 족속같이 여기고 그들도 이스라엘 지파 중에서 너희와 함께 기업을 얻게 하되 타국인이 머물러 사는 그 지파에서 그 기업을 줄지니라 주 여호와의 말씀이니라(겔 47:22-23).

이전에는 '게르'가 재산을 소유할 수 있는 권리는 있었으나 생활터전을 주지는 않았다. 그러나 회복된 이스라엘에서는 그들은 이스라엘 사람과 동등한 시민으로 혜택을 누리게 된다. 그러나 여기에 조건이 있다. 만약 이 사

---

29 신득일, 『구속사와 구약 주석』, 147-149.

람들이 영구 거주자 즉 거기서 자녀를 낳고 정착하는 개종한 자로서 이스라엘의 표준, 종교와 생활방식을 받아들이기를 택하면 그들이 이스라엘 본토인과 같은 대우를 받는 자격을 얻는다는 것이다.[30] 이것은 새 언약 시대에 그리스도 안에서 유대인과 헬라인이 하나가 되어 모두가 아브라함이 자손이 되는 것과 같다(갈 3:28-29).

3. 결론(요약)

구약은 다문화 가정과 사회에 대해 우호적이기도 하고 비우호적이기도 하다. 우호적이란 공동체에 동화되는 정도에 달렸는데 그것은 언약을 받아들이는 것이다. 이주자가 '게르'나 '토샤브'일 경우에 그들은 이스라엘에서 사회적 약자로서 하나님의 특별한 보호 대상이 되었다. 그들은 사회생활에서 다양한 법적 혜택을 누리면서 이스라엘과 동등한 지위를 가졌다(cf. 레 24:22; 민 15:29). 종교적으로는 이스라엘과 똑같지는 않지만, 대부분의 종교적 관례를 따라서 살게 되어 있었다.

결혼과 가정생활에서도 이주민은 여러 가지 제한이 따름에도 불구하고 여호와의 언약을 받아들이면 이스라엘 시민과 아무런 차이가 없다. 다문화 가정의 미래도 마찬가지다. 그때는 그들이 이스라엘 본토인이냐 이주민이냐는 문제가 되지 않는다. 비록 그들이 '노크리'로 분류된다고 할지라도 언약 안에서는 차별이 없다. 그것은 그리스도 안에서 유대인이나 헬라인이나 차별이 없는 것과 같다.

---

30 John B. Taylor, *Ezekiel: Tyndale Old Testament Commentaries* (Downers Grove, IL: InterVarsity Press, 1969), 274.

제10장

구약과 생태계*

1. 서론

일찍이 화이트(Lynn White, Jr.)는 생태계 위기에 대한 기독교의 책임을 물으면서 이렇게 말했다.

> 고대 이교 사상과 아시아의 종교들(아마도 조르아스트교는 제외)과는 정반대로 기독교는 인간과 자연의 이원론을 수립할 뿐만 아니라 인간이 자신의 적절한 목적을 위해 자연을 개발하는 것이 하나님의 뜻이라고 주장했다.[1] … 자연개발에 대한 현대 서구 과학의 사명은 유대교와 기독교의 창조교의(dogma)에 의해 형성된 종교적 헌신의 역동성에 자극을 받았다.[2]

이것은 기독교 창조교리가 현재의 생태위기를 초래했다고 보는 것이다.

더 나아가 나쉬(James A. Nash)는 기독교 신학과 윤리가 대체로 현대 생태위기에 적절히 대처하지 못한다고 지적했다. 그는 기독교 신학 전통이 세 가지 점에서 생태위기의 요인과 관련해 근본적 실수를 했다고 지적했다.

---

* 이 글은 「고신신학」 22집(2020)에 실린 논문이다.
1 Lynn White, Jr. "The Historical Roots of Our Ecologic Crisis," *Science* 155 (1967) 1205.
2 White, "The Historical Roots of Our Ecologic Crisis," 1206.

첫째, 제한된 삶의 환경에 적응하지 못했다.
둘째, 자연과 상호의존적 관계를 인정하지 못했다.
셋째, 인간과 다른 피조물의 연대성에 관한 신학적이고, 생물학적 사실을 호의적이고 공정하게 반응하지 못했다.[3]

이 현상에 대해 그는 기독교 전통의 생태학적 개혁을 주장했다. 그의 주장은 기독교를 철저한 인간 중심의 종교로 보고 인간이 창세기의 문화명령에 나타난 자연정복이 생태위기를 도래했다는 화이트의 근원적 주장과는 달리 기독교 신학의 미숙함을 지적한 것으로 보인다.

그리고 지금까지 성경과 생태학을 연구할 때 빠지지 않는 논쟁점은 하나님-인간-생태의 관계를 표현하는 도식이다. 그것은 생태를 중심으로 하나님과 인간의 관계를 어떻게 규정하느냐의 문제이다.

첫째, 세상을 하나님의 몸으로 본다.[4]
둘째, 동양의 종교와 같이 전체를 통합된 관계로 본다.
셋째, 하나님의 피조물로서 인간과 자연을 동등한 위치에 두어야 한다.[5]
넷째, 하나님을 창조주로 인정하지만, 인간만의 전적 통치권을 인정한다.[6]

---

[3] James A. Nash, "Toward the Ecological Reformation of Christianity," *Interpretation* 50 no 1 Jan. 5-15 (1996) 6.
[4] McFague는 세상을 하나님의 몸으로 인간과 그분의 만남의 장소라고 한다. 물론 이 말로 그가 의도하는 바는 하나님의 초월성을 내재의 방식으로 이해하려고 했다. Sallie McFague, *The Body of God: An Ecological Theology* (Minneapolis: Augsburg Fortress Press, 1993), vii.
[5] 김균진은 자연이 독자적 주체성과 가치와 존엄성을 지닌다고 한다. 그는 만물의 상호 연관성을 강조해 인간과 자연의 친족성을 강조하면서 만물이 하나님의 가족이고 형제자매들이라고 자연을 격상시킨다. 김균진, 『자연환경에 대한 기독교 신학의 이해』 (서울: 연세대학교 출판부, 2009), 165-170, 210.
[6] Cf. Richard Bauckham, *Bible and Ecology* (Waco, Texas: Baylor University Press, 2010), 7.

성경적 생태학과 관련된 이런 제 문제에 맞서서 새로운 생태교리나 생태윤리를 만드는 것이 신학이나 윤리학의 새로운 임무처럼 부상하기도 했다.

그러나 이 모든 문제에 선행되어야 할 일은 성경 자체에 관한 적절한 연구를 통해 본문이 환경과 생태에 대해 무엇을 가르치고 있는가를 살피는 것이다. 물론 생태와 관련해서 성경에 대한 공격에 대해 많은 주석이 제시되었다.[7] 그렇지만 그렇게 본문의 언어적 의미와 신학적 의미를 제시하는 글은 대하기 쉽지 않다. 그래서 이 연구는 신학 노선에 따라서 다르게 나타나는 '생태 신학'의 문제도 정리할 방법이 될 수 있을 것이다.

성경과 생태계 간의 관계를 연구할 때 주로 구약을 중심으로 다루는 경향이 있다. 그 이유는 구약이 창조를 다루고 인간의 피조세계를 다스릴 권한에 대해 언급하고 있기 때문이다. 그래서 이 책은 생태문제와 거기에 관한 규정이 집중된 오경에서 생태와 환경과 관련된 주요 본문을 사건과 주제별로 분류하여 주석함으로써 생태에 대해 오경이 주는 교훈을 제시하고자 한다. 그러나 본문에 대한 편향된 시각으로 생태문제에 접근하는 '생태학적 해석학'은 지양한다.[8]

---

[7] Bauckham의 *Bible and Ecology*와 Horrell의 책도 이런 시도에 속한다. David G. Horrell, *The Bible and the Environment*, 이영미 역, 『성서와 환경』 (서울: 한신대학교 출판부, 2014). Bauckham은 종말론적으로 생태문제를 다루고, Horrell은 조직신학과 생태학을 독자중심비평으로 다룬다.

[8] Norman Habel and Peter Trudinger, "Introducing Ecological Hermeneutics," in *Exploring Ecological Hermeneutics*, eds. Norman Habel and Peter Trudinger (Atlanta, Ga.: Society of Biblical Literature, 2008), 1-8.

2. 본문 주석

1) 창조기사

(1) 엿새 창조

생태계는 창세기 1장의 창조 사역으로부터 시작된다. 엿새 동안의 창조를 기록한 창조기사는 일정한 구조로 되어 있다. 창조기사는 첫째, 둘째, 셋째 날은 환경을 제공하고, 넷째, 다섯째, 여섯째 날은 그 공간을 점유하는 피조물이 창조된다는 점에서 대략의 대칭을 이룬다.

빛-발광체, 궁창, 물-새, 해양생물, 땅-동물, 인간.

또한, 각 날의 창조는 도입(하나님이 이르시되), 명령(~있으라), 완성(그대로 되니라), 평가(좋았더라), 시간 진행(~째 날이라)으로 구성되었다.[9]

둘째 날에는 "좋았더라"(*tōb*)라는 표현이 없는 것에 관한 설득력 있는 설명을 대하기가 어려운데, 그것은 궁창의 윗물과 아랫물 그리고 물과 뭍을 분리하고, 나누는 사역의 연장으로 볼 수 있으므로 셋째 날에 결론적으로 나타난 것으로 보인다. 물론 이 정교해 보이는 대칭 구조를 드러내는 것이 창조기사가 '안식일 신학'에 기초해서 포로 후기에 작성되었다는 가설을 인정하는 것은 아니다.[10]

창조행위가 하나님의 사역이라는 것이 '창조하다'를 의미하는 히브리어 동사 '바라'(*bārā*)에서 확인된다.

---

9   Cf. Gordon J. Wenham, *Genesis 1–15*, vol. 1, WBC (Dallas: Word, Incorporated, 1998), 6.
10   비평가들은 창조기사를 가장 늦은 문서인 '제사 문서'(P)로 돌린다. 이것이 바벨론의 창조신화와 연결되면서 그 주장이 더 구체화되었다. 이 연관성을 최초로 제시한 Fridrich Delitzsch는 구약의 창조기사를 바빌로니아의 창조신화와 비교하면서 구약의 시인들과 선지자들이 마르둑의 영웅적 행위를 야웨에게 바로 옮겨갔다고 한다. Cf. Friedrich Delitzsch, *Babel und Bibel: Ein Vortrag*, (Leipzig: Hinrichs, 1902), 5.

물론 월튼(John H. Walton)과 같은 이는 고대 근동 사상에 기초해서 창세기 1장을 해석함으로써 구약의 창조기사는 하나님이 물질적으로 천지를 창조 했다고 말하지 않는다고 주장한다.

> 창세기 해석에 관한 이 연구의 가장 중요한 결과는 창세기 이야기가 물질의 기원이라기보다는 기능의 기원과 관련되고 신전 이념이 창세기 우주론의 기초가 된다는 것을 인정하는 것이다.[11]

그러나 이 견해는 다른 본문에서 말하는 하나님의 물질 창조에 관해 설명하기가 어려울 것이다(느 9:6; 시 24:1-2; 잠 8:22-31; 사 66:1-2; 렘 51:19; 요 1:3; 행 4:24; 14:15; 17:24). 구약에서 '바라'(bārā)의 주어는 하나님밖에 없다. 이 용법 자체가 창조주로서 하나님의 주재권을 나타낸다.

하나님의 창조 사역은 인간의 글로 묘사할 수 없는 어마어마한 사건이지만 창조기사는 앞에서 제시한 구조를 따라서 간략하게 작성되었다. 그것은 천지 창조에서 인간 창조로 끝나는 것이다.[12] 하나님의 창조 목표는 인간이다. 인간이 창조되기 이전에 이루어진 모든 피조물은 인간을 위한 환경으로 존재하는 것으로 주어졌다.

첫째 날의 빛은 태양이 창조되기 전에 창조되었기 때문에 그것이 무엇인지 단정하기 어렵지만, 하나님의 창조 사역을 드러내는 우주적 빛이라고 말할 수 있을 것이다.[13] 유대 전승은 "하나님의 임재의 빛나는 광채"[14]라 하고,

---

11　John H. Walton, *Genesis 1 as Ancient Cosmology* (Winona Lake, Ind.: Eisenbrauns, 2011), 198-99.
12　과정 신학에서는 이와는 상반되게 하나님의 창조는 아직도 계속되고 있다고 주장한다. Friedrich Ludwig Boschke, *Die Schöpfung ist noch nicht zu Ende* (Gütersloh: Bertelsmann, 1981).
13　E. J. Young, *In the Beginning* (Carlisle, Pa: The Banner of Truth Trust, 1976), 24.
14　Nahum M. Sarna, *Genesis*, *The JPS Torah Commentary* (Philadelphia: Jewish Publication

존 월튼은 "빛이 존재하는 기간"¹⁵이라 말한다.

둘째 날에 하나님은 궁창을 만드시고 물의 한계를 정하셨는데 궁창은 현대인에게는 그냥 눈에 보이는 하늘 즉 하늘의 공간(expanse)을 말한다(NIV).

셋째 날은 물과 뭍을 나누셨다. 물론 그것만으로도 아름다웠겠지만(1:10) 하나님은 생명체가 없는 텅 빈 바다, 흙으로만 덮여 있는 산과 들로 만족하지 않으셨다. 하나님이 땅을 각종 식물과 여러 가지 채소와 씨 맺는 나무로 번성하게 입히셔서 땅을 푸르게 하셨다. 이것은 앞으로 등장할 인간을 위한 환경을 제공하는 것이다.

넷째 날에 하나님이 해, 달과 별들을 창조하셨다.¹⁶ 무엇보다도 이것들이 궁창에, 즉 보이는 하늘에 놓였다는 표현(1:17)은 앞으로 등장할 사람을 중심으로 서술되었다는 것을 의미한다. 그 하늘의 광명은 주야를 나누고, 징조와 사시와 일자와 연한을 이루는 임무를 갖고 있다. 이 사실은 천체를 신으로 숭배하는 바벨론 신화와 큰 대조를 이룬다(태양신: 샤마쉬; 달신: 난나, 신; 별신: 싯굿, 기윤). 본문의 "주관하다"(māšal)라는 말은 천체의 기능을 묘사하는 것으로서 하나의 섬기는 기능일 뿐이다.

> 그들은 생물계를 위한 필수적 준비이자 하나님의 세계의 시계로 쓰인다. 그것이 없이는 땅 위에 식물과 생명이 없을 것이다.¹⁷

Society, 1989), 7.

15　John H. Walton, *Ancient Near Eastern Thought and the Old Testament* (Grand Rapids, Michigan: Baker Academic, 2006), 180.

16　보샹(Beauchamp)은 글자 수까지 맞추어서 구조를 분석했다. 처음 4일간의 전체 낱말 수는 207개, 나머지 날의 수는 206개이기 때문에 넷째 날의 사역이 중심이라고 한다. 하지만 이런 구조분석은 별로 의미가 없다. Paul Beauchamp, *Création et séparation: étude exégétique du chapitre de premier la Genèse* (Paris: Desclée de Brouwer, 1969), 17-31.

17　H. Gross, "מָשַׁל," *TDOT*, 71.

또한, '징조'(*'ōt*)라는 말을 사용한 것도 천체의 기능이 인간을 위한 것임을 의미한다.

다섯째 날에 하나님이 물속에 헤엄치는 것과 공중에 사는 모든 것을 창조하셨다(1:20-21). "하늘의 궁창에 새가 난다"라는 표현도 그냥 공중에 나는 것을 의미하는데, 이것도 사람이 보는 관점에서 서술한 것이다.

"큰 바다짐승"으로 번역된 "탄닌"(*tannīn*)은 "큰 해양생물"이란 뜻이다. 이 말은 다양하게 번역되었는데, "뱀"(출 7:9; 신 32:33; 시 91:13), "악어"(겔 29:3), "힘센 동물"(렘 51:34) 등이다. 공룡이 있었다면 아마도 이때 창조되었을 것이다. 괴물같이 큰 이런 동물들은 가나안의 고대 신화에서 신격을 가진 존재로 숭배를 받는데, 성경은 그것을 단순히 피조물로 묘사하는 동시에, 하나님이 쳐부수어야 할 경쟁자라기보다는 그 생물을 통해 하나님의 무한한 능력을 나타낸다.

하나님은 친히 창조하신 바다 생물과 새들에게 복을 주어서 생육하고 번성하여, 물과 공중에 충만하라고 하셨다. 생육하고 번성하는 것은 이교적 풍산의 제의를 통해가 아니라 하나님이 복주심으로써 가능하다.

여섯째 날에 하나님이 육축과 기는 것과 땅의 생물을 내시고 사람을 남자와 여자로 창조하심으로써 창조 사역은 절정에 이르렀다. 하나님의 명령은 육지의 생물을 가축으로 알려진 육축과 작은 파충류와 곤충에 해당하는 기는 것과 야생동물에 해당하는 땅의 짐승으로 분류된다. 지구에 동물과 식물이 있고 또 그것들이 서식할 수 있는 자연적 조건이 갖추어진 상태에서 인간이 등장한다. 그래서 창조의 목적이 인간이고, 인간은 창조의 중심에 있다.[18]

이 창조의 순서는 생태계는 인간이 존재하기 위한 필수적 조건이라는 것을 보여 준다. 하나님이 창조하신 모든 것은 하나님이 보시기에 좋았다(*tōb*). 물론 이것은 모든 피조물이 동등한 가치를 지녔다고 말하는 것은 아니다.

---

18 유태화는 인간이 창조의 심장에 자리한다는 것을 도표로 그렸다. 유태화, "사회 참여를 위한 개혁신학의 세계관적 근거 모색," 「개혁논총」 제8권 (2008) 174.

그것은 하나님이 받아들일 수 있는 선이자 하나님의 만족을 표현하는 말이다. 인간이 창조되었을 때는 하나님이 모든 피조물을 보시고 "매우 좋았더라"(*tōb meʾōd*)라고 하셨다(1:31). 이 말은 모든 것이 매우 적합하다는 의미를 지닌다. 기능적 측면에서 본다면 "하나님이 선하게 창조하시고, 선하게 고안하신 세상은 역사가 시작해서 그 목표에 이르러서 창조의 목적을 실현하는 세상이다."**19**

또한, 인간과 자연이 조화를 이룬 상태가 하나님을 만족하게 하는 것이다. 여기서 인간은 다른 모든 피조물과 조화롭게 공존하는 존재라는 것을 알 수 있다. 그러나 인간과 자연이 공존한다는 것은 좀 더 많은 설명이 필요하다. 인간을 포함한 모든 피조물이 하나님을 섬기기 위해 창조되었다는 점에서는 양자가 같은 목적을 가진다.**20**

그러나 이것 때문에 진화론이나 자연주의 인간관에 기초해서 인간이 자연 일부라거나 인간과 자연의 가치가 동등하다고 말할 수는 없을 것이다. 자연은 인간 없이도 존재하지만, 인간은 자연 없이는 존재할 수 없다는 말은 맞지만, 이 말이 자연이 인간보다 우월하다거나 더 가치 있다는 것을 말하지 않는다. 이것은 인간이 음식을 먹지 않으면 살 수 없지만, 음식이 인간보다 더 중요하다고 말할 수 없는 것과 같은 이치이다(마 6:25).

하나님은 사람을 자신의 형상과 모양을 따라 지으셨다.**21** "형상"(*ṣelem*)과 "모양"(*dᵉmūt*)이라고 유사한 말을 두 번 사용함으로써 인간은 결코 하나님의 본질이 아님을 강조한다. 창조기사의 이 표현은 고대 근동의 관점에서는 파격적 내용이다. 왜냐하면, 고대 근동 전역에서는 '신들의 형상'이 왕에게만

---

19 Claus Westermann, *Genesis 1–11*, *Biblischer Kommentar Altes Testament* (Neukirchen: Neukirchener, 1976), 229.
20 Nederlandse Geloofsbelijdenis 12.
21 White는 인간은 흙으로 지어졌지만, 단순히 자연 일부가 아니고 하나님의 형상으로 지음 받았다는 것이 자연과 다르다고 한다. 여기서 그가 말하는 이원론적 개념이 나온다. White, "The Historical Roots of Our Ecologic Crisis," 1205.

적용되어서 그들이 땅 위에서 신들의 대리자로 인식되었기 때문이다.[22]

쉬미트(Schmidt)는 구약이 인간 개개인을 하나님의 형상으로 규정하는 것을 일종의 "민주화"라고 주장한다.[23] 그러나 그것은 반대로 말해야 할 것이다. 하나님이 모든 인간을 자신의 형상으로 만드셨지만, 고대 근동 국가에서는 왕이 자신의 통치를 정당화하기 위해 자신이 '신들의 형상'이라고 주장했다고 말하는 것이 옳을 것이다. 인간은 다른 피조물과 분명한 차이가 있고, 하나님의 대리자요 피조물의 대표임을 말한다.

그래서 생태와 관련해 인간은 이 자연계를 다스리도록 위임받은 것이 하나님의 형상의 한 국면이 된다. 다음 단락에서 이에 대해 다룰 것이다.

(2) 문화명령

"문화명령"(cultural mandate)이란 인간의 문화적 활동을 통해 창조세계를 연구하고 발전시키는 그리스도인의 사명이라고 할 수 있다.[24] 이 문화명령이란 말이 적합한지는 모르지만, 이것은 창세기의 다음 구절에 나타난 표현을 정의한 것이다.

> 생육하고 번성하여 땅에 충만하라, 땅을 정복하라, 바다의 물고기와 하늘의 새와 땅에 움직이는 모든 생물을 다스리라(1:28).

이 사명은 단순한 임무가 아니라 그 명령 자체가 복으로 주어졌다.

22　Walton, *Ancient Near Eastern Thought and the Old Testament*, 212.
23　Werner Schmidt, *Alttestamentlicher Glaube in Seiner Geschichte* (Neukirchen-Vluyn: Neukirchener Verlag, 1975), 197.
24　N. Pearcey, & C. B. Thaxton, *The Soul of Science: Christian Faith and Natural Philosophy* (Wheaton, IL: Crossway Books, 1994), 35.

하나님이 그들에게 복을 주시며 하나님이 그들에게 이르시되 생육하고 번성하여 땅에 충만하라, 땅을 정복하라, 바다의 물고기와 하늘의 새와 땅에 움직이는 모든 생물을 다스리라 하시니라(창 1:28).

생태계와 관련하여 인간은 하나님의 형상 곧 하나님의 대리자로서 땅을 정복하고, 모든 생물을 다스리는 임무를 맡았다. "정복하라"로 번역된 히브리어 "카바쉬"(kābaš)는 어원적으로 '밟다'(cf. 아카드어 kabāsum)를 의미한다.[25] 이것은 전체 셈어에서 공통된 의미가 있는 것으로 나타난다.[26] 이 단어는 구약에서 기본적으로 "정복하다" 또는 "압제하다"로 번역되었다(민 32:22, 29; 수 18:1; 삼하 8:11; 대상 2218; 대하 28:10; 느 5:5; 렘 34:16).

본문은 동사 "카바쉬"에 붙은 여성 대명사 접미사 '하'(hā)는 땅의 의미하며 명령형 동사는 "땅을 정복하라"로 번역된다. 구약에서 이 동사가 땅을 대격으로 받는 표현은 여기밖에 없다. 이 단어가 재귀태(니팔)로 쓰여서 '땅이 정복되다'라는 표현으로 쓰였지만, 그것은 전쟁 상황에서는 땅이 환유법으로 사용되어 그 땅의 주민이나 백성이 정복된 것을 의미한다(민 32:22, 29).[27] 그러나 창조기사의 문맥에서는 사람을 정복하는 것이 아니라 땅을 지배하는 것을 의미한다.

이 문맥에서는 '정복하라'는 말은 바로 앞의 명령인 '생육하고 번성하여 땅에 충만하라'는 말과 연결해서 이해해야 할 것이다. 즉 인간은 땅을 채우기도 하고 정복하기도 한다는 것이다. 이것은 일차적으로 많은 사람이 거주하면서 땅을 차지하며 그것을 경작해서 소출을 얻는 것이 될 것이다.[28]

---

[25] 텔 엘 아마르나 서신의 아카드어에는 히브리어와 같은 철자로 나타난다(kabāšum). Amarna Letters 195.
[26] Cf. S. Wagner, "כָּבַשׁ," TDOT, 52.
[27] 이 용례는 에살핫돈의 공적비에도 나타난다. "내가 이집트 땅을 밟자마자(ša ak-bu-su) 그는 멤피스를 포기했다." CAD, 8.
[28] Bauckham, Bible and Ecology, 16-17.

또한, 땅을 정복한다는 것은 단순히 동물의 왕국을 다스리는 정도가 아니라 좀 더 근본적이고 포괄적인 것을 의미한다. 그것은 지리적 경계를 넘어 인간이 거주하는 세상에 대한 임무를 말한다.[29]

'정복하다'란 말 자체는 주어와 목적어의 관계가 강자와 약자를 나타낸다. 이때 강자가 지니는 힘은 하나님의 일을 대신하기 위해 주어진 능력이기 때문에 그의 일은 하나님의 창조목적에 부합하는 일이 되어야 할 것이다. 그것은 인간이 하나님의 대리자로서 그 땅을 인간이 살기에 적합한 환경을 조성하는 데 주도권을 쥔 통치자의 역할이 될 것이다. 그래서 '정복하라'는 말은 인간의 욕망을 충족시키기 위해 인간이 땅과 자연을 착취하는 절대적 통치자의 권한을 부여하지 않는다.

생태계에 대한 좀 더 구체적 명령이 이어서 나온다.

> 바다의 물고기와 하늘의 새와 땅에 움직이는 모든 생물을 다스리라 (창 1:28b).

인간은 하나님으로부터 모든 생물을 다스릴 권한을 위임받았다. "다스리다"로 번역된 히브리어 "라다"(rādā)는 "다스리다" 또는 "통치하다"를 의미하며(왕상 5:4; 시 110:2; 72:8; 사 14:6; 겔 34:4) "마샬"(māšal)과 동의어이다(창 1:16). 이 언어적 고찰을 통해 알 수 있는 것은 이 다스림이나 통치가 '지배권'만을 의미하지 않는다는 것이다.

> 인간의 지배는 소명이나 특정한 임무이지 독재적 지배가 아니다.[30]

---

29 S. Wagner, "כָּבַשׁ," *TDOT*, 54.
30 Gina Hens-Piazza, "A Theology of Ecology: God's Image and the Natural World," *Biblical Theology Bulletin*. 13/4 Oct. (1983) 109.

이것은 인간이 동물의 왕국을 다스리는 것은 단순히 생물의 최고 위치에 있다는 것만이 아니라 이 왕국을 관리하는 청지기의 사명을 맡았다는 것이다. 이 명령이 복된 것은 인간이 하나님의 형상으로서 생태계를 관리하는, 그분의 창조목적에 부합하는 하나님의 일을 수행하기 때문이다.

(3) 낙원과 생태계

하나님이 창설하신 에덴동산은 산이나 숲이라기보다는 정원으로 봐야 할 것이다. "에덴동산"(gan-'ēden)은 '복락의 정원'이라는 뜻이다. 한글 번역에 "창설하다"로 번역된 히브리어 단어 "나타"(nāṭa')는 주로 식물을 경작하는 땅을 목적어로 가지지만 (나무를) '심다,' (밭을) '일구다'는 뜻이다(신 6:11; 28:39; 수 24:13; 렘 29:5, 28).[31] 에덴동산은 하나님이 직접 조성하신 정원이다.

그러나 그 정원은 단순히 나무와 꽃의 아름다움을 보고 느끼면서 즐기는 것만이 아니고 인간에게 먹거리를 제공하는 유실수가 있었다. 그곳은 과수원이 있는 정원이었다. 하나님이 사람에게 직접 양식을 주셨다. 하나님은 여기서 모든 식물이 사람의 먹거리가 되게 하겠다고 하신 말씀을 이루셨다(창 1:29). 이것은 고대 근동의 신들이 자신에게 음식을 공양하도록 인간을 창조한 것과는 근본적 대조를 이룬다.[32] 하나님은 자연이 인간의 생존수단이 되도록 하셨다.

에덴의 정원에 흐르는 네 개의 강 이름이 소개되었다. 비손, 기혼, 힛데겔, 유프라데. 이것은 단순히 물리적 의미보다는 신학적 의미가 강하다. 그곳은 하나님이 거하시는 일종의 성소라고 할 수 있다. 하나님의 임재는 생명을 주는 물의 공급원이자 모든 피조물의 생명과 힘의 근원이 된다.

---

31 J. Reindl and Helmer Ringgren, "נטע," *TDOT* 388.
32 Walton, *Ancient Near Eastern Thought and the Old Testament*, 125, 215.

이 개념은 성경에도 잘 나와 있다. 즉 성전에서 나오는 생명수(겔 47:1-12), 어린 양의 보좌에서 흘러나오는 생명수 강(계 22:1-2) 등이다. 이것은 고대 근동의 사상과도 유사성이 있다.[33] 인간이 하나님의 임재 가운데 있는 자체가 최고의 복이지만 하나님은 다른 피조물인 생태계 안에서 그 복을 더 풍성하게 누리게 하신다.

아담이 '복락의 정원'에서 살았지만 아무 일도 하지 않고 수목의 열매만 먹고 사는 것은 아니었다. 하나님은 아담이 그 정원에서 경작하고 지키는 임무를 주셨다(창 2:15). 경작하고 지키는 것은 하나님이 인간에게 주신 문화명령의 차원에서 이해할 수 있다. 그의 임무는 그 정원의 온전한 상태를 잘 보존하는 것으로 보인다.[34] 그는 땅의 소산이 필요한 자로서 땅이 고갈되지 않도록 지킬 필요가 있었다.

아담의 또 다른 임무는 동물의 이름을 짓는 일이다. 창조기사에 나타난 문화명령의 첫 이행은 동물의 이름을 짓는 아담의 사역에서 나타난다(창 2:19-20). 물론 하와가 아담의 배필로[35] 지음을 받은 것도 이 문화적 사명을 함께 수행하기 위함이다. 아담이 이름을 지어 주는 것은 동물에 대한 권위를 주장하는 것으로 볼 이유는 없지만, 세상을 함께 나누는, 같은 피조물로서 인정하는 것이다.[36]

동물에 대한 아담의 사역은 창조주 앞에서 인간과 동물이 서로 위협이 되지 않고 공존하는 것을 보여 주며, 야생동물은 생태계의 주기를 따라 인간에게 적절한 환경을 제공하면서 인간을 섬기게 되어 있다.

---

33 Walton, *Ancient Near Eastern Thought and the Old Testament*, 124.
34 Sarna, *Genesis*, 20.
35 우리말로 번역된 "배필"의 원문의 의미는 '그에게 맞는'인데 그것이 수식하는 말은 "도움"(*'ēzer*)이다. 이것은 "돕는 자"(시 40:17; 70:5)로 번역할 수 있다. 그런데 독자는 그 "도움"이 여성(*'ezrā*)으로 기록되었을 것으로 기대하지만 남성으로 기록되었다. 중성이 없는 히브리어에서 중립적 용어로 기록되었다. 그 도움이란 단순히 자녀를 생산하고 가사를 돌보고 일터에서 조력자의 역할을 하는 것이 아니라 넓은 의미에서 지지하는 것을 뜻한다.
36 Bauckham, *Bible and Ecology*, 23.

낙원에서 인간의 삶은 하나님의 임재를 경험하면서 생활하는 것이다. 그러나 그 교제가 전부가 아니고 하나님의 아름다운 창조세계 속에서 누리는 삶의 풍요를 보여 준다. 즉 하나님은 자연을 통해 인간이 필요한 복을 주신다. 인간이 받은 사명도 그 생태계를 잘 보존하는 것과 관련된다. 그 임무 수행의 과정이 하나님의 만족을 나타내는 "좋았더라"의 상태를 유지하는 것이다.

2) 인간의 타락과 생태계

인간이 타락한 이후 생태계에 미친 영향은 먼저 뱀에게 나타난다. 뱀은 사탄의 도구가 되어 인류에게 치명적 결과를 가져다준 대가로 모든 가축과 들의 모든 짐승보다 더욱 저주를 받아 배로 다니고 살아 있는 동안 흙을 먹어야 했다(창 3:14).

그런데 여기서 알 수 있는 것은 모든 동물이 저주를 받지만 뱀은 더 많은 저주를 받는다는 것이다. 다른 동물이 저주를 받는 것은 인간의 죄로 말미암아 당하는 생태계의 고통을 의미할 것이다(롬 8:22).

그런데 뱀의 원래 모습에 대해 유대 전승은 고대 근동의 예술에서 보듯이 저주를 받기 전에는 뱀에게 다리가 있어서 뱀이 서서 걸어 다녔다고 한다.[37]

구약비평가들은 뱀이 그때부터 파충류가 되었다는 원인론적(etiological) 이야기로 보려고 한다.[38] 그것은 왜 뱀이 배로 다니는지에 대해 궁금하게 여기는 사람들에게 답을 주려고 만들어 낸 이야기라는 것이다.[39] 이것은 성

---

37 Sarna, *Genesis*, 27.
38 Westermann, *Genesis 1–11*, 352-353.
39 Gunkel은 창세기를 민담의 수집물로 보는데 역사적 민담의 성격을 원인론으로 본다. 그것은 옛것에 대한 아이의 질문에 대한 답과 같다. 그에게는 저주받은 뱀의 이야기는 신화에 불과하다. Hermann Gunkel, *Genesis* (Göttingen: Vandenhoeck und Ruprecht, 1902), XXIII, 17.

경의 권위를 인정하지 않고 그 기사를 너무 쉽게 처리하는 부적절한 관점이다.

다른 해석은 뱀이 배로 다니는 것은 원래 형태이고 저주를 받은 결과로 뱀이 배로 다닐 때 티끌을 먹으리라는 것이다.[40]

아니면 (지금처럼) "배로 다니면서 티끌을 먹을 것이라"로 번역할 수도 있다. 사실 뱀은 흙이나 티끌을 먹지 않는다. 이것은 굴욕적 삶을 의미한다. 다른 본문에서는 인간이 당하는 굴욕을 "흙을 핥는다"(미 7:17; 시 72:9; 사 49:23)고 표현한다. 뱀은 혀를 날름거리면서 흙을 핥게 되는 것을 말할 것이다.

아담의 죄로 인해 땅도 저주를 받는다.

> 땅은 너로 말미암아 저주를 받고 너는 네 평생에 수고하여야 그 소산을 먹으리라(창 3:17).

원래 인간이 자연과 이루었던 조화가 그의 죄로 인해 깨진다는 것이다. 이 저주는 인간의 노동에 내려진 것이 아니라 땅의 비협조적 특성에 내려진 것이다. 그래서 그때부터 인간은 생존을 위해 끊임없이 수고로운 노동을 해야 했다.[41]

땅이 가시덤불과 엉겅퀴를 낼 것이라(3:18)는 말은 그 식물이 사람이 재배하는 식물의 성장을 방해할 것을 의미한다. 이런 식물이 밭에서 자라면서 땅의 자양분을 빼앗고, 햇빛을 가리면 인간은 밭에서 더 많은 수고를 하게 될 것이다. 그것은 하나님이 일구신 에덴동산의 비옥함과는 대조되는 땅의 상태를 말하는 것으로 보인다(호 10:8).

---

[40] John H. Sailhamer, "Genesis," in *The Expositor's Bible Commentary: Genesis, Exodus, Leviticus, Numbers.* ed. Frank E. *Gaebelein*, vol. 2 (Grand Rapids, MI: Zondervan Publishing House, 1990), 55.

[41] Sarna, *Genesis*, 28.

인간의 타락은 생태계 전체에 영향을 미치지만, 그 결과는 인간에게 돌아간다. 본문은 인간의 타락이 자연과의 조화를 벗어나서 인간은 더 많은 수고를 해야 생존할 수 있다는 것에 초점을 둔다. 그러나 이것은 앞으로 인간의 죄성이 생태계에 미칠 영향과 그 결과를 예상하도록 한다.

3) 홍수 이후 생태보존의 언약

홍수사건은 인간의 죄로 인해 세상을 물로써 심판하고 정화하는 사건이다. 이것은 인간에 대한 심판이지만 생태계의 상당 부분이 여기에 포함된다.

> 내가 창조한 사람을 내가 지면에서 쓸어버리되 사람으로부터 가축과 기는 것과 공중의 새까지 그리하리니 (창 6:7).

여기서 히브리어 동사 "마하"(*māḥā*)는 기본적으로 (접시를) '닦아 내다'를 의미한다(왕하 21:13). 하나님은 이 심판으로 새로운 세상을 조성하고자 하셨다. 그 심판에서 동물을 보존하기 위해 정한 짐승 암수 일곱 쌍, 부정한 짐승 암수 둘씩, 공중에 새를 일곱씩 방주에 들이도록 한 조치는 심판 이후에 생태계를 보존하기 위한 것이다(창 7:2-3).[42] 이 동물 중에는 홍수의 수위를 알아보는 데 사용되고(창 8:7-11), 하나님께 드리는 제사의 제물로 사용되는 것도 있다(창 8:20).

홍수 이후 하나님은 노아의 가족들에게 "생육하고 번성하여 땅에 충만하라"고 복을 주셨다(창 9:1). 창조기사에서 보았던 이 번성에 대한 명령은 동물에게는 적용되지 않았지만 아마도 동물의 번성을 전제로 할 것이다. 그렇

---

[42] 여기서 정한 짐승이란 사람들이 먹을 수 있는 기준이 아니고 제물로써 사용될 수 있는지가 기준이 된다. Sarna, *Genesis*, 54. 레위기법이 주어지기 전에도 제사를 위한 규정은 이미 주어진 것으로 보인다.

지 않으면 인간의 생육과 번성에 제약이 따를 것이다. 오히려 인간과 동물의 관계에 대한 새로운 내용이 제시되었다. 짐승이 인간을 두려워하게 되리라는 것과 마치 식물이 인간의 음식이 되듯이 동물이 음식이 될 것이라고 한다(창 9:2-3).

인간은 원래 채식주의자처럼 보였는데 이제부터는 육식도 허용되었다. 그리고 "피째 먹지 말라"는 말은 고기를 먹을 때 피가 전혀 없어야 한 것을 요구하지는 않고[43] 인간이 야수화되는 것을 금하는 것이다. 왜냐하면, 피에 생명이 있기 때문이다(레 17:11; 신 12:23).

에덴동산에서 동물과 평화롭게 지내던 상태가 이 규정으로 인해 그 관계가 복잡해졌다. 그렇다고 동물이 음식으로 제공된 것을 인간과 동물 사이의 평화가 깨어졌다고 볼 수는 없다. 하나님이 이것을 허용하신 것은 다른 피조물은 인간을 위해 존재한다는 것을 보여 주기 때문이다. 그러나 인간이 자신의 삶을 영위하기 위해 동물을 잡아먹는 것이 아니라 자신의 욕구를 충족시키기 위한다면 그 평화의 관계가 깨질 것이다.

하나님은 노아와 그의 후손, 그리고 모든 생물과 우주적 언약을 맺으셨다(창 9:9-11). 그 의미는 다시는 홍수로 생명을 멸하지 않을 것이라는 약속이었다. 사실 여기서 "언약"($b^e r\bar{\imath}t$)이라는 표현을 썼지만, 하나님의 일방적 약속이었다.[44] 그 증거로서 무지개를 두셨다. 하나님이 그것을 보시고 모든 생물을 보존하시겠다는 영원한 언약을 기억하시겠다고 한다(창 9:16).

이 언약으로써 하나님은 후회와 슬픔과 심판 대신에 굳건한 사랑과 평화, 긍휼을 택하셨다.[45] 이 언약은 인간을 죄로부터 구원하기 위한 언약과는 달

---

[43] "제의적으로 말해서, 고기를 먹기 전에 피를 빼는 것은 그 동물에게 생명을 주신 하나님께 그 생명력을 되돌리는 행위이다." John H. Walton, *Genesis, The NIV Application Commentary* (Grand Rapids, MI: Zondervan, 2001), 343.

[44] 언약은 일방적이기도 하고 쌍방적이기도 하다. 그 시작은 일방적이지만 진행은 쌍방적이다. 그러나 약속은 일방적이다.

[45] 하나님은 언약에 신실하신 분이기 때문에 이 언약이 포로 시대의 이스라엘에게도 미래에 대한 위로의 말씀으로 작용했다(사 54:9-10). Bruce C. Birch, "Creation and the Moral

리 인간을 포함한 자연계에 대한 하나님의 언약이다.

노아 홍수는 인간에 의해 주어진 심판이고 그 이후의 회복도 인간을 중심으로 이루어진다. 생태계는 하나님의 피조물 그 자체로서 하나님께 영광을 돌리겠지만 인간을 위한 것임을 알 수 있다. 그러나 인간은 하나님의 일을 위임받았기 때문에 동물을 포함한 생태계의 주인이 아니라 청지기로서 그 역할을 담당해야 한다.

4) 율법과 생태계

율법은 타락한 인간이 자신의 이기적 목적을 위해 생태계를 착취하거나 파괴하는 것을 금하고 있다. 율법에 나타난 생태문제는 가축과 관련된 다양한 규정과 안식년 규례와 전쟁에 관한 법에서 나타난다.

(1) 생태 관련 규정

생태의 일부인 가축은 인간의 소유물로서 재산의 가치를 지닌다. 가축은 인간이 문화적 사명을 수행하는 데 사용된다. 가축은 농부가 땅을 개간하고 농사를 짓는 데 큰 도움을 준다. 또한, 어떤 가축은 교통과 수송수단이 되어서 인간이 문화적 사명을 더욱 잘 수행하도록 도와준다. 이때 가축은 인간의 파트너로서 서로 의존한다. 물론 일을 하지 않는 가축도 집에서 기르는 동안 사람들에게 정서적 안정감을 주고 생명의 가치를 느끼고 생명의 기쁨을 함께 누리도록 한다. 가축이 가족 공동체의 일원과 같이 여겨지는 것은 안식일 법에서 잘 나타난다.

십계명 중 넷째 계명은 안식일에 사람만 쉬는 것이 아니고 집안의 가축도 쉬어야 할 것을 명령한다(출 20:10-11; 신 5:12-15). 인간이 일상적 일에서

Development of God in Genesis 1-11," in *"And God saw that it was Good"*: Essays on Creation and God in Honor of Terence E. Fretheim, ed. F. J. Gaiser & M. A. Trontveit (Saint Paul, MN: Word & World, 2006), 21.

벗어나서 안식을 누릴 때 가축도 쉼을 얻음으로써 고역에 시달리지 않도록 보호를 받아야 했다. 가축이 인간과 함께 안식을 누리는 것은 인간을 위한 효과적 봉사를 하기 위해 돌봄을 받는 것이다.

가축에게 고통을 주지 말고 친절하게 대하라는 율법의 규정이 여러 가지로 나타난다. 놀랍게도 신명기 법은 가축이 먹으면서 일을 하도록 허용한다.

> 곡식 떠는 소에게 망을 씌우지 말지니라(신 25:4).

농부는 타작하는 소가 곡식을 먹지 못하도록 망을 씌워서 계속 일하도록 하지만 율법은 그 사소한 것을 금지한다. 왜냐하면, 의인은 짐승의 필요를 채워야 하는 것을 알기 때문이다.[46] 이런 인도주의적 돌봄은 가축이 고통을 면하도록 하는 규정에도 나타난다.

> 너는 소와 나귀를 겨리하여 갈지 말며(신 22:10).

이 금지 규정은 원래 부자연스럽고 비정상적 결합에 대한 고대의 타부와 관련되지만[47] 수레나 쟁기를 끄는 동물을 보호하는 의미가 크다. 만약 농부가 소와 나귀를 하나의 멍에를 매고 밭을 갈도록 한다면 멍에가 동물의 크기에 맞지 않아서 고통을 받기도 하지만 힘이 센 소가 약한 나귀를 쉽게 지치게 한 것이다. 이것은 인간의 부주의로 동물이 고통을 받지 않도록 하는 규정이다.

---

[46] J. H. Tigay, *Deuteronomy* (Philadelphia: Jewish Publication Society, 1996), 231.
[47] J. G. McConville, *Deuteronomy*, *Apollos Old Testament Commentary* (Leicester, England; Downers Grove, IL: Apollos; InterVarsity Press, 2002), 338.

원수를 이웃처럼 사랑하라는 율법에도 가축에 대한 친절을 언급한다.

> 네가 만일 네 원수의 길 잃은 소나 나귀를 보거든 반드시 그 사람에게로 돌릴 지며(출 23:4).

이것은 동물의 상태를 말하는 것이 아니라 그 가축의 주인이 재산을 잃어버리지 않도록 배려하는 것으로만 볼 수 있을 것이다. 그러나 이 구절과 병행을 이루는 다음 구절은 동물 학대금지와 관련된 것을 알 수 있다.

> 네가 만일 너를 미워하는 자의 나귀가 짐을 싣고 엎드러짐을 보거든 그것을 버려두지 말고 그것을 도와 그 짐을 부릴지니라(출 23:5).

첫째 구절에서 길 잃은 가축은 야생동물과 다르므로 위험한 상황에 노출되지 않도록 주인에게 돌아가서 안정된 보호를 받을 수 있도록 하는 것이다. 둘째 구절은 나귀가 짐을 과하게 실어서 넘어질 때 함께 도와서 짐을 부려야 한다는 규정이다. 동물에게 과도한 노동을 하지 못하도록 배려하는 것이다. 비록 원수나 미워하는 자의 가축이라도 이웃의 가축과 같이 다루어야 한다는 것이다.

하나님께 처음 난 것을 바칠 때도 동물의 본성을 배려하는 내용이 있다. 땅의 열매를 바칠 때는 바로 드리지만, 동물의 경우는 칠 일은 기다렸다가 하나님께 드려야 한다(출 22:30; 레 22:27). 그것은 어미 소와 어미 양의 모성에 대한 최소한의 배려로 보인다. 동물에 대한 잔혹성을 피하도록 하는 것이다. 암소나 암양을 막론하고 어미와 새끼를 같은 날에 잡지 못하도록 하는 것(레 22:28)은 동물의 모성과 어미에 대한 새끼의 본능을 고려하고, 인간적 감정을 상하게 하는 것을 막는 조치로 보인다.

하나님은 식물과 동물을 인간의 음식으로 허락하셨다(창 9:2-3). 그러나 야생동물이라도 지속 가능한 생태계를 염두에 두고 취할 것을 명하셨다.

> 길을 가다가 나무나 땅에 있는 새의 보금자리에 새 새끼나 알이 있고 어미 새가 그의 새끼나 알을 품은 것을 보거든 그 어미 새와 새끼를 아울러 취하지 말고 어미는 반듯이 놓아 줄 것이요 새끼는 취하여도 되나니 그리하면 네가 복을 누리고 장수하리라(신 22:6-7).

이 율법은 둥지의 새를 언급하고 있지만 다른 동물에게도 적용되는 중요한 원리를 제시한다고 봐야 할 것이다. 여기에 대한 약속은 "그리하면 네가 복을 누리고 장수하리라"인데 여기서 "복을 누리다"는 "그것이 네게 좋을 것이다"(yîṭab lᵉḵā)로 번역해야 한다. 그래서 이 말은 사람이 그 원리를 지키면서 먹거리를 지속해서 제공받으면서 누리는 삶을 말한다.

(2) 생태 관련 안식년과 희년 규정

안식년은 안식일의 연장선에서 이해할 수 있다. 안식일이 사람이 쉬는 것을 강조했지만 안식년은 땅이 쉬는 것을 강조한다.

> 일곱째 해에는 갈지 말고 묵혀 두어서 네 백성의 가난한 자들이 먹게 하라 그 남은 것은 들짐승이 먹으리라 네 포도원과 감람원도 그리할지니라(출 23:10; cf. 레 25:1-7).

안식년법의 목적은 우선 안식을 누리는 것이지만 그 결과로 가난한 자, 즉 경작지를 소유하지 못한 자들에게 밭과 포도원과 감람원에서 먹을 것을 주는 것이다. 이 과정에서 안식년법에 생태를 보호하는 규정도 나타난다. 먼저 땅을 쉬게 하면서 거기서 나는 소출을 도움이 필요한 사람과 또 가축이나 야생동물과 나눈다.

땅을 쉬게 하는 것은 휴경기 다음에 더 풍성한 수확을 기대할 수 있고 또 많은 학자가 안식년 규정의 의도가 땅이 더 비옥해지는 것이라고 주장하지만 거기에 대해서는 언급되지 않았다.[48] 더욱이 이 규정은 하나님의 명령으로 주어진 규례이기 때문에 땅의 풍요와 관련된 가나안 종교의 영향을 받아서 이 법이 제정되었다고 생각해서는 안 될 것이다.

과학적으로 한 해 동안 휴경기를 가지면 지력이 회복되어 더 비옥해질 것이다. 그러나 본문은 땅의 비옥함이 아니라 사람에게 초점을 둔다. 하나님은 안식년 규정을 통해 이스라엘을 이상적 언약 공동체로 세우기를 원하셨다. 그러나 여기에 생태계가 제외되는 것은 아니다. 안식년에 누리는 풍요가 사람뿐만 아니라 가축과 들짐승에게도 돌아가는 것은 이스라엘이 풍부한 자연환경과 조화를 이룰 때 이상적 공동체가 될 것을 시사한다.

(3) 생태 관련 전쟁 규례

신명기에 기록된 전쟁의 규례 중에 생태계와 관련된 것은 수목에 관한 언급이다. 성읍을 함락시키는 상황에서 장기전에 돌입하면 현지에서 전술에 필요한 자제를 마련하도록 벌목을 허용하는 내용이다(신 20:19-20). 나무는 전쟁에 쓸 다양한 도구를 만드는 데 유용한 자제가 될 것이다. 군수품을 운반하는 수레와 성벽을 오르는 사다리와 창의 대와 같은 단순한 무기도 만들 수 있을 것이다. 그러나 유실수는 도끼로 찍어 내서는 안 된다.

왜냐하면, 성읍을 점령한 후에 그 열매가 그들이 먹을 양식이 되기 때문이다. 만약에 과목을 잘라 버린다면 그 성읍을 점령한 후에도 그 사람들이 몇 년 동안 그 성읍의 과일을 먹을 수 없을 것이다.

분열왕국 시대에 이스라엘과 유다가 동맹을 맺어서 모압을 공격한 일이 있다. 이때 그 동맹군은 이 전쟁의 규례를 어겼다. 그들은 성읍들을 쳐서 헐고, 돌을 밭에 채우고 우물을 메우고 "모든 좋은 나무"를 쓰러뜨렸다(왕하 3:25). 한글 번역은 "베었다"로 번역했는데 "쓰러뜨렸다"로 번역하는 것이

---

[48] P. A. Barker, "Sabbath, Sabbatical Year, Jubilee," in *Dictionary of the Old Testament: Pentateuch*, ed. T. Desmond Alexander and David W. Baker (Downers Grove, IL: InterVarsity Press, 2003), 699-700.

맞다.⁴⁹ 이 나무들은 과목을 포함한 모든 나무를 가리킬 것이다.

결국, 하나님의 진노가 임해 이스라엘과 유다는 모압 공략에 실패하고 말았다(왕하 3:27). 실패의 이유가 위기에 처한 모압 왕이 왕세자를 성 위에서 번제로 드렸기 때문에 그 희생이 효과가 있었다고 볼 수는 없다.⁵⁰ 그것은 성경적 사상이 아니다. 분명한 것은 이스라엘 연합군이 전쟁의 규례를 어겼기 때문이다. 전쟁에서 과목을 보호하라는 규례는 생태보존을 일차적 목적으로 하지 않는다. 그 의도는 사람이 먹고사는 것에 있다. 즉 수목은 사람을 위해 존재한다는 것이다.

3. 결론

위의 본문 주석에 기초해서 다음과 같은 결론을 내릴 수 있다.

첫째, 모든 피조물은 하나님을 섬기도록 지음 받았다.
둘째, 창조세계인 생태계는 하나님의 능력과 완벽한 솜씨를 보여 준다.
셋째, 자연은 인간의 숭배 대상이 아니다.
넷째, 자연은 인간에게 생존 환경을 제공해 준다.
다섯째, 자연과 인간은 상호의존적이지만 자연은 인간을 섬긴다.
여섯째, 인간은 하나님의 형상으로서 하나님의 창조세계인 생태계를 보전하는 임무를 맡은 청지기로 부름받았다.

---

49 이 동사는 '카라트'(kārat, 자르다)가 아니고 '나팔'(nāfal, 떨어지다)의 사역형(히필)으로 쓰였기 때문에 '쓰러뜨렸다'라고 번역하는 것이 옳다. 이것은 그 과수원을 초토화한 느낌을 준다.
50 Provan은 길하레셋의 아이 인신 제사가 다른 모든 사람의 죽음으로부터 이 도시를 구했다고 한다. Iain W. Provan, *1 & 2 Kings*, Understanding the Bible Commentary Series (Grand Rapids, MI: Baker Books, 2012), 183.

따라서 인간이 생태계를 훼손할 때는 인간의 생존과 하나님을 섬기기 위한 것이지 자신의 이기적 욕구를 충족시키기 위한 것은 아니다. 그것은 지속 가능한 개발이 되어야 할 것이다. 생태계에 대한 오경의 가르침은 인간은 자연을 효과적으로 관리함으로써 하나님이 주신 풍성한 복을 지속해서 누리도록 하는 것이다. 결과적으로 기독교 신학이 환경파괴의 주범으로 여겨지는 것은 잘못된 성경 해석 때문이다.

제11장

구약과 전염병*

1. 서론

한국은 물론 세계가 코로나19 바이러스(COVID 19)로 몸살을 앓고 있다. 여기에 대한 교회의 반응 중 하나가 전염병은 하나님의 진노의 심판이라는 것이다(레 26:25; 신 28:21). 그래서 하나님께로 돌이키면 우리를 회복시켜주실 것이라는 약속(대하 7:13b-14)을 상기시키며 전체 교회에 대한 성도의 회개를 호소하면서 기도 지침을 전하는 지역도 있다.

물론 원래 죄 많은 인간이 늘 회개하면서 살아야 하겠지만 전염병에 감염된 것이 죄의 직접적 원인이라고 말할 수 있는지 또 하나님이 누구에게 진노하시는지 그리고 그 바이러스에 감염된 사람은 정상인보다 더 많은 죄를 지었는지에 대한 의문이 생긴다. 여기서 구약의 신명기적 저주와 회복에 대한 약속을 그대로 이 사회적 현상에 적용하는 것이 적절한 지를 살펴볼 필요가 있다. 이 상황에서 구약이 전염병에 대해 무엇을, 어떻게 말하고 있는지 또 옛 언약의 율법과 약속이 새 언약 시대의 성도에게 어떻게 적용되는지 살피는 것이 현 상황에서 중요하다.

2. 본론

1) 용어와 용법

한글 개역개정판의 "전염병"은 히브리어 명사 "데베르"(*debęr*)에 대한 번역이다.[1] 이 단어가 일관성 있게 한 가지로 번역된 것은 아니고 역병(합 3:5) 또는 염병(레 26:25; 신 28:21; 돌림병,출 9:3, 15)으로 번역되었다.[2] 이 단어들은 같은 의미로서 변화를 주기 위한 표현일 것이다. 이것은 사람뿐만 아니라 동물에게도 적용된다. 이 전염병이 보통 질병이 아니라 죽음에 이르는 치명적 결과를 가져오는 질병이라는 것은 이 단어의 용례에서도 나타난다.

첫째, 마이어(Mayer)가 지적한 대로 "이 단어는 결코 단독으로 나타나지 않고 항상 목록의 부분이나 적어도 병행법으로 나타난다(민 14:12; 합 3:5)."[3] 그 목록은 주로 전염병이 기근과 전쟁과 함께 재앙이 세 가지(tripartite)로

---

* 이 글은 「고신신학」 22집(2020)에 실린 논문이다.
1 HALOT(히브리어사전)는 이 단어가 '재앙'이나 '재난'을 의미하는 아카드어 *dibiru*와 관련된 것으로 소개하고 있다. *HALOT*, 212. 그러나 이 관련성은 별로 없어 보인다. 왜냐하면, 이 단어 자체는 아카드어 정서법에 맞지 않기 때문이다. 아카드어 정서법에 따르면 일반적으로 단모음 앞의 두 개의 개음절에 단모음이 나란히 올 때 둘째 모음은 사라진다. 그래서 정상적인 아카드어 단어는 *dibru*가 되어야 할 것이다. 학자들은 이 말이 수메르어와 관련이 있는 것으로 추측한다. *CAD* d , 135. 아카드어에서 '전염병'에 해당하는 단어는 *mūtānu*이다. *CAD*, d, 134. *dibiru mūtānu ina māti ibbaššû*: 그 나라에 재난과 전염병이 있을 것이다. 이 문장에서 재난과 전염병을 구분해서 쓰고 있다. 전염병에 대한 명확한 예는 이 전조(omen)문이다. *mūtānu dannūtum ibbaššûma aḫum ana bīt aḫim ul irrub*: 극심한 전염병이 있을 것이니 사람들은 서로의 집에 들어가지 말지니라. *CAD*, m, 296.
2 탈무드 타아닛(*Ta'anit* 3:5)에 역병에 대한 정의가 나온다. "'역병'의 의미는 무엇인가? 오백 명의 군사를 가진 성읍에서 사흘 연일 세 구의 주검이 나온다면, 자, 이것은 역병[이 임한 표시]이다. 만일 사망률이 이보다 낮다면 그것은 역병이 [임한 표시가] 아니다." Jacob Neusner, *The Babylonian Talmud: A Translation and Commentary*, vol. 7a (Peabody, MA: Hendrickson Publishers, 2011), 96.
3 Günter Mayer, "דֶּבֶר," *TDOT*, 126.

나타난다는 것이다.[4] 이 관찰은 전체적으로 맞는 말이다(렘 27:13; 겔 33:27; 28:8). 이것이 의미하는 바는 그 전염병이 기근이나 전쟁과 같이 치명적이라는 것이다.

둘째, 칠십인역(LXX)은 이 단어(데베르)를 대체로 일관성 있게 '죽음'(thanatos)이라고 번역했다(출 5:3; 9:3, 15; 레 26:25 등).[5] 또한 라틴어 불가타역도 마찬가지다(mortem). 이 번역은 전염병의 치명적 결과를 반영한 것이다. 물론 앞에서 마이어가 지적한 이 목록의 사례에 예외가 없는 것은 아니다.

다윗이 인구조사로 죄를 지어서 제시된 것은 세 가지이지만 선택한 사흘 간의 전염병이 이스라엘 전역에 창궐하여 칠만 명이 죽었다는 본문에는 다른 재앙이 병행해서 언급되지 않고 그 단어만 나타난다(삼하 24:15). 또한 민수기 본문에서 "내가 전염병으로 그들을 쳐서 멸하고"는 두 개의 재앙이 아니라 전염병의 결과가 백성이 멸망하거나(*NIV*) 그들과의 관계가 단절되는 것으로 봐야 할 것이다(NJPS).

셋째, '데베르'의 동의어로는 '재앙'을 의미하는 히브리어 '막게파'(*maggēfā*)가 있다. 이 단어는 좀 더 포괄적 의미를 지닌 동사 '나가프'(*nāgaf*, '치다')에서 온 명사로서 전염병에 대한 표현에 변화를 주었다(민 17:13-15; 삼하 24:21, 25; 대상 21:17, 22; 슥 14:12). 물론 종양('*ōfel*)에 해당하는 단어이지만 실제로는 전염병을 의미하는 경우도 있다(삼상 5:6-12)

---

4   이런 목록은 고대근동문헌에서도 나타난다. *ANET*, 539. 각주 11 참조.
5   예외적으로 칠십인역은 히브리어 명사 '데베르'를 '다바르'로 이해하고 '로고스'(말씀)로 번역했다. 다만 아퀼라역본은 문자적으로 λοιμόν(역병)이라고 바르게 번역했다.

2) 전염병의 종류

성경은 전염병이라는 일반적 용어를 사용해 해당 공동체가 당하는 고통을 알려 주지만 그 질병이 정확하게 무엇인지를 밝히지 않는다. 그러나 때로는 그 질병이 감염되는 경로와 증세를 알려 주는 경우가 있다. 이런 표현을 단서로 어느 정도는 질병의 종류를 추측해볼 수는 있을 것이다.

애굽에 내려진 열 가지 재앙 가운데 다섯 번째는 가축에 대한 돌림병이다. 그 가축은 말과 나귀와 소와 양에게 내려진 것이다(출 9:3). 이 가축의 질병을 바이러스 감염으로서 구제역(foot and mouth disease)이나 우역(rinderpest)일 가능성이 있다고 한다. 그러나 그 질병이 전염성이 강하기는 하지만 쉼쇼니(Shimshony)는 그 바이러스가 말이나 나귀에게는 해당되지 않고 우역은 낙타에 해당되지 않는다고 한다. 그는 이 질병이 곤충에 의해 감염되는 지구대열병(Rift Valley fever)이라고 한다. 이것이 1977년에 이집트에 대대적으로 발생한 것에서 설득력을 얻는다.[6]

전염병이 사람에게 내려진 경우는 블레셋에서 나타난다. 사사 시대 말기에 이스라엘이 블레셋과의 전쟁에서 패해 법궤를 빼앗겼다. 그때 하나님은 아스돗과 그 주변 주민들을 전염병으로 치셨다. 이때 그 질병이 "독한 종기"(ʿōfel)인데[7] 그것은 단순히 염증으로 인한 종기가 아니고 도시 전체의 재난이 될 정도로 강한 전염성으로 소년과 노년을 가리지 않고 높은 치사율을 보이는 전염병이었다(삼상 5:6-12). 이 질병에 대해 내과의사 출신 구약학자 해리슨(Harrison)은 이렇게 말한다.

---

6 A. Shimshony, Rift Valley Fever Caused the Fifth Plague of Egypt and That of 1977. *Journal of the American Medical Association* 256 (1986) 1444.

7 신명기에서는 이 단어를 치질로 번역했다(신 28:27). 그러나 이 번역은 히브리어 마소라 본문의 '커티브'(전통적으로 전수받은 기록된 본문)의 '오팔림'('ofālīm')이 아니라 이문에 있는 '커레이'(전수받은 본문이 오기로 판단되어 의미가 통하는 말로 이문에 기록하여 수정해서 읽을 것을 권하는 본문)의 '터호림'(*ṭ eḥōrīm*)에 대한 번역이다. 히브리어 'ōfel에는 치질이란 의미가 없다.

놀랄 정도로 객관적으로 기록된 이 묘사는 증상으로 볼 때 쥐벼룩(*pulex cheopis*)의해 사람에게 전달되고 짧은 잠복기와 함께 비말에 의해 전파되는 고대의 무서운 재앙인 선페스트(bubonic plague)의 진단에 대한 풍부한 증거를 제공한다.[8]

이것은 블레셋 사람들의 말대로 다곤과 블레셋 거민들에 대한 심판이었다. 이 사건은 이스라엘의 여호와 하나님의 우월성과 더불어 풍산의 신 다곤에게는 생명이 없고 죽음이 지배한다는 사실을 보여 주는 재앙으로 여겨진다.

스가랴 선지자는 예루살렘을 친 모든 백성에게 내리실 재앙(*maggēfā*) 즉 전염병의 증상을 예언하고 있다. 그것은 살과 눈동자와 혀가 썩는 것이다 (슥 14:12). 이 예언에서 나타나는 증상은 상처가 빠르게 곪아서 무성하게 자라는 일종의 암과 같이 진행되는 것 같다. 그 군사들은 서지도 못하고, 보지도 못하고, 말도 못하게 될 것이다. 이 질병을 현대 의학에서 뭐라고 진단하기는 어렵지만 아시아의 콜레라를 기억나게 한다는 학자도 있다.[9] 그러나 그 섬뜩한 증상은 마치 핵폭탄이 터질 때 방사능에 피폭된 사람을 연상케 한다.[10]

이렇게 본문이 전염병 증상의 특징을 알려 주는 경우도 있지만 대부분은 그 질병이 의학적으로 어떤 종류의 병인지 추측하기가 어렵다. 본문은 단지 그 질병이 죽음을 가져다주는 치명적 질병이라는 것만 분명하게 알려 준다.

---

8 R. K. Harrison, *Introduction to the Old Testament* (Grand Rapids, MI: William B. Eerdmans Publishing Company, 1969), 714.
9 Max Sussman, "Sickness and Disease," ed. David Noel Freedman, *The Anchor Yale Bible Dictionary* (New York: Doubleday, 1992), 9.
10 Andrew E. Hill, *Haggai, Zechariah and Malachi: An Introduction and Commentary*, ed. David G. Firth, vol. 28, *Tyndale Old Testament Commentaries* (Nottingham, England: Inter-Varsity Press, 2012), 267.

3) 전염병의 원인

(1) 백성의 죄에 대한 심판

인간의 죽음과 대부분의 고통이 죄로부터 시작되었지만 특별히 전염병은 인간의 죄에 대한 하나님의 의도적 심판으로 나타난다.

먼저 레위기 율법은 언약을 어긴 백성에 대한 철저한 심판을 경고한다. 하나님의 심판 중에 전염병이 하나로 언급되었다. 즉 전쟁에서 살아남은 자가 성읍으로 피해서 모여 있을지라도 전염병을 퍼뜨리겠다고 하셨다(레 25:25).

복과 저주를 선포하는 신명기 율법(28장)은 이스라엘이 하나님의 말씀을 순종하지 않고, 그의 모든 명령과 규례를 행하지 않는 것은 악을 행함으로 하나님을 잊어버리는 행위이므로 저주를 발하고 있다. 그 저주의 목록 가운데 전염병이 있다.

> 여호와께서 네 몸에 염병이 들게 하사 네가 들어가 차지할 땅에서 마침내 너를 멸하실 것이며(신 28:21).[11]

이 저주는 이미 약속의 땅에 들어간 백성이라도 여호와 하나님과 맺은 언약을 파기하면 그 땅에서도 제거를 당할 것이라는 내용이다.

선지자 예레미야도 전염병과 관련된 레위기와 신명기의 율법을 언급하면서 언약을 파기한 유다 백성의 임박한 심판을 예언했다(렘 21:6-7; 24:10; 29:17-19; 34:17). 그리고 실제로 예루살렘에 이 심판이 임해 그 예언이 성취된 것을 알려 준다(렘 44:13).

---

11   이와 유사한 저주는 이후에 에살핫돈이 우라카자바누(Urakazabanu)의 통치자 라마타야(Ramataya)와 봉신조약을 체결할 때도 나타난다. "… 하늘과 땅의 위대한 신들이 너를 쳐서 … 굶주림, 결핍, 기근과 역병이 결코 너를 떠나지 않을 것이다." *ANET*, 539.

에스겔의 예언은 하나님의 심판의 형태 가운데 전염병과 기근으로 죽을 사람이 삼분의 일이라고 그 비율까지 말해 주었다(겔 5:12).

예루살렘 멸망 이전에도 전염병을 통한 하나님의 심판이 있었다. 아모스는 하나님이 애굽에 내리신 재앙과 같은 전염병으로 이스라엘을 심판했지만 이스라엘이 돌이키지 않았다고 지적한다(암 4:10). 또 전염병과 더불어 칼로 청년들을 죽이고 진영의 악취로 코를 찌르게 했다고 한다. 이 전쟁과 전염병은 이스라엘 역사에 잘 알려지지 않은 사건이다.

사람들은 역사의 진행 가운데 전쟁이 발발할 수도 있고, 전염병과 같은 재앙도 당할 수 있다고 생각할 수 있다. 또 전쟁을 통해 도처에 많은 사람이 죽고, 사회시스템이 제대로 작동하지 않아서 전염병이 창궐하는 것은 자연스런 현상이라고 할 수 있을 것이다. 그러나 성경은 이 재앙이 자기 백성을 돌이키게 하려는 하나님의 심판이라고 설명한다.

(2) 대적에 대한 심판

시돈의 멸망에 대한 예언에서 하나님의 심판 도구 가운데 하나는 전염병이다.

> 내가 그에게 전염병을 보내며 그의 거리에 피가 흐르게 하리니 사방에서 오는 칼에 상한 자가 그 가운데에 엎드러질 것인즉 무리가 나를 여호와인 줄을 알겠고(겔 28:23).

시돈은 원래 페니키아의 주도적인 도시였지만(창 10:15; 신 3:9; 수 13:4, 6; 삿 3:3; 10:12). 에스겔이 예언할 당시에는 시돈이 두로의 그늘 아래 살았다. 시돈이 하나님의 심판의 대상이 된 이유는 유다 왕 시드기야 통치 때에 바벨론을 향한 반란에 가담한 역사가 될 것이다(렘 27:3). 물론 이것은 하나님의 백성을 친 대가로 주어지는 것이 아니라 하나님의 백성이 당하게 될 운명 즉 하나님의 심판의 역사를 거스르는 행위에 대한 대가로 주어질 것이다(렘 27:8).

시돈이 전염병과 피와 칼로 당하는 철저한 재난은 야웨 하나님을 역사의 주관자로 인정하도록 하기 위함이다. 이 예언은 바벨론의 시돈 정복으로 성취되었다. 그것은 느부갓네살의 궁중 기록부에 두로 왕과 가사 왕과 함께 "시돈 왕"이 언급된 것을 보면 알 수 있다.[12] 하나님은 그 심판을 통해 자신의 영광과 거룩함을 나타내시고자 하셨다(겔 28:22).

하박국의 예언에서 하나님의 백성을 구원하기 위해 이스라엘을 대적하는 여러 나라에 대한 심판의 도구 가운데 전염병이 언급되었다.

> 역병이 그 앞에서 행하며 불덩이가 그의 발 밑에서 나오는도다(합 3:5).

이 구절의 번역은 "전염병이 그 앞서가고 역병이 그의 발에 앞서간다"이다. '전염병'과 '역병'은 히브리어로 '데베르'와 '레셉'인데 그것들은 메소포타미아 고대 전승에서 위대한 신의 수행원의 역할을 한다. 고대 근동 사람들은 질병을 마귀로 여겼고, 레셉은 가나안 신의 이름이다. 이 전염병과 역병은 하나님의 현현에 수반되는 수행원같이 의인화되어서 나타났다.[13]

이것은 이방 나라와 그 신들에 대한 하나님의 논쟁(polemic)을 시사한다. 하나님의 우주적 능력 앞에 모두 굴복할 것이라는 이미지를 그려 준다. 하나님은 자기 백성에 대한 언약적 심판의 도구로서 전염병을 사용하셨는데 이제 그것이 이스라엘의 대적을 심판하는 도구로 언급된 것은 그분의 언약적 심판의 정당성을 드러낸다. 또 이것은 하박국의 불평을 해소하는 하나님의 첫 번째 반응이다. 하나님은 이 재앙으로 대적을 심판하시고 자기 백성을 구원하실 것이다.

---

12 *ANET*, 308.
13 G. del Olmo Lete, "Deber," ed. Karel van der Toorn, Bob Becking, and Pieter W. van der Horst, *Dictionary of Deities and Demons in the Bible* (Leiden; Boston; Köln; Grand Rapids, MI; Cambridge: Brill; Eerdmans, 1999), 231–232.

(3) 불분명한 재앙

시편 91편은 하나님을 의지하는 신실한 성도는 하나님의 특별한 보호를 받는다는 내용이다. 하나님은 그의 피난처와 요새가 되셔서 그를 치명적 전염병에서 보호한다고 하신다.

> 이는 그가 너를 새 사냥꾼의 올무에서와 심한 전염병에서 건지실 것임이로다(시 91:3).

그런데 이 '치명적 전염병'의 원인을 알 수가 없다. 시편 기자는 하나님을 의지하는 자가 당하는 포괄적 환난에서 주께서 함께하심으로써 그를 구원하신다는 문맥에서 전염병이 언급된다. 여기에 언급된 환난과 재앙은 대적의 공격과 함께 전염병도 나타난다. 악인으로 표현된 대적은 의인을 공격하는 자로 이해할 수 있지만 전염병은 화생방 무기가 아니라면 대적의 무기가 될 수 없을 것이다.

만약 이 전염병이 하나님의 심판 도구라고 한다면 사냥꾼의 올무와 대적의 화살도 하나님의 심판으로 보아야 할 것이다.

그러나 이 시편 본문은 생활 속에서 예상하지 못한 재난에 대한 하나님의 보호(91:12-13)를 말하고 있기 때문에 이 전염병을 단순히 하나님의 심판으로 단정하기는 어려워 보인다.

4) 전염병의 성격

(1) 경고

모세와 아론이 이집트 왕 바로 앞에서 히브리인들을 보내 줄 것을 요구하며 그들의 임무를 다하지 못해서 야웨께서 "우리"를 "전염병과 칼"로 칠

까봐 두려워한다고 했다(출 5;3).¹⁴ "전염병과 칼"은 하나님의 심판의 도구이다. 여기서 "우리"는 이집트 사람과 히브리인 모두를 가리키지 않고 히브리인을 가리키는 것으로 보아야 할 것이다.

모세는 특별히 이 내용에 대한 계시를 받았는지 모르지만 바로에게는 일종의 경고나 위협으로 들렸을 것이다. 정말 히브리인들이 그런 재앙을 당한다면 애굽의 노동력에 큰 손실을 입게 될 것이다. 하나님이 언제 모세에게 전염병을 말씀하셨는지 모르지만 모세는 전염병을 이스라엘에게 준 경고로 사용했다.

실제로 하나님이 전염병이 백성에게 위협으로 들리도록 말씀하신 적이 있다.

> 내가 전염병으로 그들을 쳐서 멸하고 네게 그들보다 크고 강한 나라를 이루게 하리라(민 14:12).

이 말씀은 정탐꾼의 보고로 인한 백성의 반란에 대한 하나님의 반응으로 나온 것이다. 이 심판이 가혹하게 들리지만 하나님을 경멸하는 것은 가장 큰 죄목에 해당하기 때문에 이것도 하나님의 선한 결정을 봐야 할 것이다(민 14:11).

하나님은 새로운 나라를 일으켜서 자신의 구속역사를 새로 시작하시겠다고 하셨지만 하나님의 약속과 속성에 의존한 모세의 중보기도로 그 말씀은 이루어지지 않았다(민 14:13-19). 결국 전염병으로 그 백성을 죽이겠다는 것은 하나님의 엄중한 경고로 봐야 할 것이다.

---

14 Sarna의 주장과 달리 여기서 "우리"는 이집트 사람과 히브리인 모두를 가리키지 않고 히브리인을 가리키는 것으로 보아야 할 것이다. 왜냐하면, 같은 구절에서 앞에 나타난 '우리'와 달리 이해할 수 없기 때문이다. Nahum M. Sarna, *Exodus, The JPS Torah Commentary* (Philadelphia: Jewish Publication Society, 1991), 28.

(2) 징계

하나님이 전염병으로 자기 백성을 징계하신 구체적 예는 광야에서 일으킨 이스라엘백성의 반란사건에서 나타난다. 고라의 반란에 대한 하나님의 심판에 대해 이스라엘의 반응은 의외였다.

> 이튿날 이스라엘 자손의 온 회중이 모세와 아론에게 원망하여 이르되 너희가 여호와의 백성을 죽였도다(민 16:41).

"온 회중"은 그 심판이 하나님에 의한 것인 줄 알지만 그들은 모세와 아론이 죽였다고 강조했다. 왜냐하면, 이 문장에서 구태여 "너희"('attęm)라는 주어를 쓰지 않아도 되지만 두 사람에게 죽은 자에 대한 책임이 있다는 것을 강조하기 위해 그것을 썼기 때문이다. 이것은 그들이 하나님께 중상적 고발을 한 것이다. 그러나 실제로는 모세와 아론은 백성을 위해 중보기도를 하며 재난을 면하기 위해 그들이 할 수 있는 최선을 다했었다(민 16:22). 그래서 하나님은 반란자들만 벌하셨던 것이다.

그들은 멸망당한 그 반란자들을 "여호와의 백성"이라고 했다. 그들은 반란자들의 영향을 받았는지 아니면 이스라엘이 당한 참변에 대해 감상적 태도를 취했는지 몰라도 모세와 아론은 지나치고, 그 참되고 신실한 지체들이 죽임을 당했다고 생각한다(민 16:3). 그래서 그들은 자발적으로 모여서 회중을 만들어 모세와 아론을 대적했다.

개역개정의 "회중이 모여 모세와 아론을 칠 때에"에서 "칠 때"라는 번역은 좀 애매하다. 마치 폭행을 가한 것처럼 보인다. 그러나 히브리어 원문은 "그들이 대적했을 때"로 번역된다. 그때 여호와의 영광이 회막의 구름 가운데 나타나고(민 16:42), 하나님은 순식간에 그 회중을 멸하려고 하셨다(민 16:45). 모세와 아론이 다시 엎드려 간구하는 행위는 백성의 생각과는 달리 그들이 지도자를 오해했다는 사실을 증명한다. 그러나 그때 모세와 아론의 간구는 소용이 없었다.

이미 재앙(*negef*)이 시작되었다(민 16:46b, 개역개정은 "염병"이라고 번역했다). 이 재앙은 다음 몇 절에서 나타난 "막게파"(*maggefa*)로서 "염병" 또는 "역병"으로 번역된다. 그것이 어떤 종류의 질병인지는 알 수 없지만 페스트와 같은 심한 전염병인 것 같다. 하나님은 이 전염병을 이용한 심판으로 "이 회중"을 멸하겠다고 말씀하셨지만 결국 아론의 중재로 인해 14,700명을 제외한 온 회중의 목숨은 건졌다.

이 사건에 나타난 전염병은 하나님의 심판의 도구로 쓰였지만 결과적으로 공동체를 정화하는 징계의 의미가 있다.

전염병이 하나님의 징계의 도구로 사용된 또 다른 경우는 다윗의 인구조사의 결과로 주어진 심판에서 나타난다. 그런데 사무엘서의 본문만 보면 다윗이 하나님의 명령에 순종해 인구조사를 하는데 그것이 무슨 문제가 되는지 궁금해진다(삼하 24:1). 그러나 역대기 본문은 다윗의 상태를 알려 준다.

> 사탄이 일어나 이스라엘을 대적하고 다윗을 충동하여 이스라엘을 계수하게 하니라(대상 21:1).

이것은 다윗이 승승장구한 업적에 대해 사탄의 유혹을 받아서 교만을 드러낸 것으로 봐야 할 것이다. 하나님은 죄인들이 그 마음에 가진 욕망과 악한 의도를 드러내실 수 있고 또 그렇게 하신다.[15] 사무엘서에도 다윗이 죄를 지었음을 스스로 인정하고 있다(삼하 24:10, 17).

하나님은 다윗의 죄에 대한 심판으로 세 가지를 제시하시며 하나를 선택하도록 하는 특이한 형식을 취하셨다(삼하 24:13). 죄에 대한 하나님의 심판은 엄중하다. 그런데 이 지도자의 죄에 대한 심판 내용은 가혹하기는 하지만 가차없는 것은 아니었다. 그것은 이 심판이 멸망을 위한 것이 아니라 징계의 의미가 있다는 것을 엿볼 수 있는 대목이다. 하나님은 백성에 대한 연

---

15 신득일, 『101가지 구약 Q&A』(서울: CLC, 2015), 120-121.

민 때문에 죄를 지은 상태에서도 마치 아무 일도 없었다는 듯이 어물쩍 넘어가지는 않으신다. 죄에 대한 대가는 반드시 치러져야 했다. 다윗의 선택은 벌을 받아도 하나님의 사랑 안에 거하겠다는 것이다(삼하 24:14).

사흘 동안 7만명의 사람이 전염병으로 죽었다. 야웨의 사자가 예루살렘을 멸하려고 했을 때 하나님은 천사에게 그 재앙을 거두라고 하셨다. 왜냐하면, 하나님이 그 재앙을 슬퍼하셨기 때문이다(삼하 24:16).[16] 하나님은 심판을 즐기는 이방신과는 다르다. 그분은 공의로운 분이시지만 자비와 은혜가 더 많으신 분이다(출 34:6).

하나님은 갓 선지자를 통해 회복을 위한 지침을 주시고 다윗은 아라우나의 타작마당에 제단을 쌓고 번제와 화목제를 드림으로써 재앙이 그쳤다(삼하 24:25). 하나님은 다윗의 죄에 대한 심판을 백성에게 내림으로써 그 공동체를 정화하셨다. 이 심판은 왕에 대한 징계의 성격을 지니고 있다.

5) 회복

구약의 율법은 백성의 죄에 대해 전염병 심판을 선언하지만 동시에 그 심판에서 회복되는 방법도 알려 준다. 전염병이 죄에 대한 심판으로 주어졌다면 논리적으로 거기서 벗어나는 길은 죄에서 돌이키는 회개가 될 것이다. 그렇지만 신명기 율법은 전염병에서 벗어나는 회개를 적시하지 않고 포괄적 범주에 넣어서 다루고 있다. 백성이 죄를 범해 저주를 받는 상황에서도 그들이 진심으로 야웨께로 돌이키면 생명의 복을 누리게 된다(신 30:10). 이스라엘이 생명과 복을 누리는 길은 회개하고 야웨의 명령과 규례와 법도를 지키는 것이다(신 30:16)

16　여기서 개역개정의 '후회하다'는 가능한 번역이지만 문맥상 맞지 않다. Joyce G. Baldwin, *1 and 2 Samuel: An Introduction and Commentary*, vol. 8, *Tyndale Old Testament Commentaries* (Downers Grove, IL: InterVarsity Press, 1988), 317.

전염병에서 회복되는 것을 구체적으로 설명하는 부분은 솔로몬의 기도에 나타난다.

> 혹 내가 하늘을 닫고 비를 내리지 아니하거나 혹 메뚜기들에게 토산을 먹게 하거나 혹 전염병이 내 백성 가운데에 유행하게 할 때에 내 이름으로 일컫는 내 백성이 그들의 악한 길에서 떠나 스스로 낮추고 기도하여 내 얼굴을 찾으면 내가 하늘에서 듣고 그들의 죄를 사하고 그들의 땅을 고칠지라(대하 7:13-14).

이 구절은 역대기에만 있는 구절로 그 내용은 솔로몬의 간구에 대한 하나님의 응답이다(대하 6:26-31). 특별히 여기에 언급된 사항은 기근, 메뚜기 재앙, 점염병과 같은 백성의 복지와 관련된 것이다.

백성이 이런 종류의 재난을 당할 때 하나님은 재난을 면하게 하시는 데는 조건이 따른다. 그것은 진심으로 죄에서 떠나서 하나님께로 돌아가는 것이다. "내 이름으로 일컫는 내 백성"이란 표현은 앞에서 성전에 적용된 것과 같이(대하 6:33) 백성에 대한 하나님의 소유권과 통치권을 표현하는 것이다.[17] 즉 하나님의 선택된 백성이라는 말이다. 솔로몬은 "주의 이름을 인정"하고, "죄에서 떠나고"(6:26), "성전을 향하여 기도하거든"(6:29)이라고 간구했지만 하나님의 기도 응답의 조건은 행동이 따르는 진실한 회개와 겸손 그리고 기도와 주의 얼굴을 찾는 것이다.

"얼굴을 찾다"란 표현은 '은혜를 얻기 위해 권세를 가진 자를 찾는다'는 것에 대한 관용구다(삼하 21:1; 대상 16:11; 시 24:6; 27:8; 105:4; 호 5:15).[18] 그래서 "내 얼굴을 찾으면"이란 말은 곧 여호와를 찾는 것이다(시 105:3).

---

17 Labuschagne, "קרא," *THAT* II (Stuttgart: Kaiser, 1976), 671.
18 H. Simian-Jofre, "פָּנִים," *TDOT* 11, 598–599; A. S. van der Woude, "פָּנִים," *THAT* II, 455. 아카드어로 '얼굴을 찾다'는 표현은 '도움을 청한다'는 관용구이다. *eše'i panīki* (내가 당신의 도움을 청합니다). *CAD* Š II, 357.

히브리어 원문의 순서대로 자기를 낮추고, 기도하고, 하나님을 찾고, 악한 길에서 돌아서면 "내가 하늘에서 듣고 그들의 죄를 사하고 그들의 땅을 고칠지라"(14b)고 하셨다. 하나님은 백성을 용서하시고 회복시키신다. 여기서 '그들의 땅을 고친다'는 말은 단순히 땅과 관련된 농작물에 국한되지 않고, 그 땅에 사는 동물이나 가축은 물론 백성을 포함한 약속의 땅에서 누리는 총체적 삶의 회복을 표현하는 말로 쓰인다.[19]

질병과 관련된 실례는 히스기야가 자기를 깨끗하게 하지 않은 상태에서 유월절 양을 먹어 규례를 어긴 자들을 위해 기도했을 때 하나님이 그의 기도를 들으시고 백성을 낫게 하신 일이 될 것이다(대하 30:20). 아마도 규례를 어긴 자들은 언약적 저주를 받아 중병에 걸렸을 것이다(레 26:14).

실제로 하나님의 심판으로 내려진 전염병에서 이스라엘이 회복되는 사례는 아론의 중재로 인한 속죄의식에서 나타난다(민 16:41-50).

앞 단락에서 고라의 반란에 대한 심판을 보고 모세와 아론이 백성을 죽였다고 반란을 일으킨 백성에 대한 심판은 모세와 아론의 기도에도 불구하고 전염병이 무섭게 확산되었다. 그 절박한 순간에 모세는 주도권을 쥐고 필사적으로 문제를 해결하려고 했다. 만일 이 재난이 자연적 역병이라고 한다면 모세의 생명도 위태로울 것이다. 그러나 이것은 하나님의 심판으로 주어진 것이기 때문에 그는 담대하게 그 불가능해 보이는 일을 시도하며 아론에게 명령했다.

> 너는 향로를 가져다가 제단의 불을 그것에 담고 그 위에 향을 피워 가지고 급히 회중에게로 가서 그들을 위하여 속죄하라(민 16:46).[20]

---

[19] Martin J. Selman, *2 Chronicles: An Introduction and Commentary*, vol. 11, *Tyndale Old Testament Commentaries* (Downers Grove, IL: InterVarsity Press, 1994), 356.

[20] 향으로 죄를 속하는 것은 향 자체가 속죄의 효력을 지닌 것은 아니다. 그것은 중재자 아론의 역할에 대한 가시적 상징으로 보아야 할 것이다.

이 명령의 초점은 백성을 속죄하는 데 있다.[21] 아론은 자신의 권위로써 책임을 지고 모세가 명한 대로 행했다. 그는 회중 속으로 달려가서 속죄하기 위해 그 위험 지역에 섰다. 이 속죄의 행위는 대제사장도 죽은 자들에게 노출되어 자신을 더럽힐 수 있기 때문에 매우 위태로운 일이었다(레 21:11). 그는 산 자와 죽은 자 사이에 서서 속죄를 해야 했다(민 16:48). 아론의 모습은 우리의 진정한 중보자이신 그리스도의 모습이다. 그의 사역의 효력도 주님의 속죄에 근거한 것이다.

아론은 회막문을 바라보면서 아직 하나님의 심판을 받지 않은 다수의 사람들을 위해 중재했다. 속죄는 피의 제사로 말미암아 이루어지지만(레 4) 여기서는 향로의 향을 피우면서 동물 희생제사를 대신해서 속죄의식을 행하는데 이것은 속죄일에 대제사장이 향로를 가지고 지성소로 들어가는 것과 유사하다(레 16:12-13).[22] 아론은 염병이 그칠 때까지 거기에 있었다.

더 큰 재난을 피하기 위해 위험을 무릅쓰고 속죄했을 때 기적이 일어났다. 하나님이 세우신 공인된 대제사장은 아론이라는 것이 확정되는 순간이다. 이렇게 아론의 중재를 통해 하나님은 염병이 그치게 하시고 백성과의 화해를 허락하셨다. 이미 만사천칠백 명이 죽었지만 아론의 속죄로 인해 전염병은 사라졌다. 이 사건을 통해 이스라엘은 하나님의 자비와 기회를 완전히 놓친 것처럼 보이는 상황에서 주님이 베푸신 속죄를 기억해야 했다. 이 본문에는 백성이 회개했다는 말이 없지만 회개 없는 속죄는 불가능하기 때문에 이 회복의 길도 회개를 통한 속죄로 보아야 할 것이다.

---

21 '속죄하다'는 히브리어 *kāfar*인데 이 동사가 '칼' 형일 때는 '덮다,' '칠하다'는 의미를 지니지만 '피엘' 형일 경우에는 '속죄하다,' '경감시키다'는 의미를 지닌다. 이런 용법은 그 전의 동종어 아카드어에도 동일하게 적용되었다(G. *kapārum*; D, *kuppurum*). Cf. Shin, *The Ark of Yahweh in Redemptive History*, (Eugene, Oregon: Wipf & Stock, 2012), 16-17.

22 그렇지만 '속죄'란 말이 '덮다'를 의미하는 것으로 보고 Noordtzij가 말하는 것처럼 그 향로의 연기가 백성을 덮어서 가려서 죄를 속죄했다고 이해하는 것은 근거가 없다. 그것은 현실적으로도 맞지 않고 언어적으로도 맞지 않다. A. Noordtzij, *Het boek Numeri, Korte Verklaring* (Kampen: Kok, 1941), 187. 그렇다고 제단의 불을 강조하면서 그 불이 죄를 사하는 능력이 있다고 말해서는 안 된다.

3. 결론

한글로 전염병, 염병, 돌림병으로 번역된 '데베르'는 구약에 나타난 전형적 표현으로서 죽음으로 이어지는 치명적 질병으로 나타난다. 그것은 주로 하나님은 언약적 심판으로 사용된다. 언약적 심판이란 것은 그 백성에게는 가혹한 것이지만 가차없는 파멸은 아니고 백성에 대한 경고나 징계로서 공동체의 정화를 위해 사용된 긍정적 측면도 있다.

이렇게 전염병을 통한 백성에 대한 심판은 옛 언약 시대에 하나님이 자기 백성을 다루시는 방식이다. 그래서 그 재앙에 대한 해결책은 죄에서 떠나 하나님께 돌이키는 것이다. 또한 하나님은 전염병을 사용해 이스라엘의 대적에 대한 심판으로 자기 백성을 구원하기도 하신다. 물론 하나님의 백성이 원인을 알 수 없는 전염병으로 고통을 받고 또 위협에 직면할 수 있다. 그렇지만 분명한 것은 전염병이 인간의 실수나 자연발생으로 보이는 것이라도 그것도 하나님의 주권적 역사로 봐야 한다는 것이다.

하나님의 심판은 오늘도 다양한 형태로 나타나기 때문에 전염병이 개인이나 사회의 심판의 원인이 될 수도 있을 것이다. 그러나 하나님이 전염병을 자기 백성의 죄로 인한 심판으로 사용하신 구약의 사례를 새 언약 시대에 그대로 적용할 수는 없을 것이다. 그렇다고 해서 이 시대에 확산되는 전염병이 성도에게 아무런 영적 의미가 없다고 말해서는 안 될 것이다.

모든 것이 하나님의 주권에 속하기 때문에 인류가 당하는 고통에 하나님이 있는 것은 분명하다. 성도는 전염병 확산의 위세 앞에서 인간이 얼마나 연약한 존재인가를 깨닫고, 자신을 살피며, 인간의 모든 질고를 담당하신 그리스도(사 53:4)를 더욱 의지함으로써, 그 전염병이 가져다주는 염려와 공포에서 벗어나서 믿음으로 하나님의 뜻을 묻는 신중한 태도가 필요하다.

CLC 추천도서

101가지 구약 Q & A 1
신득일 지음 | 신국판 | 240면

독자들에게서 받은 구약의 난해한 질문들 가운데 101가지를 발췌해 문답형식으로 구성했다. "창세기 1:1의 번역과 의미", "'바라'와 '아사'에 의한 과학적 설명", "아담의 이름과 백이십 년의 수명", "희년의 현대적 의미", "여성을 받는 남성 인칭대명사", "다윗과 요나단의 나이 차이" 등 다양한 내용이 본서『구약과 현실 문제』를 읽는 데 참고자료가 될 것이다.

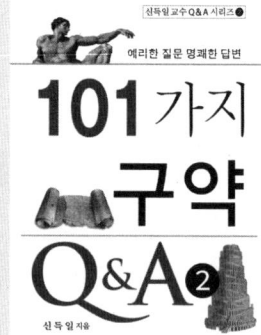

101가지 구약 Q & A 2
신득일 지음 | 신국판 | 244면

평소 신학생에게 받았던 수많은 질문 중에 까다롭고 중요한 내용을 101가지 추려서 그에 대해 이해하기 쉽게 설명했다. "창조기사와 창조신화의 관계", "배우자의 의미", "그리스도인의 율법 준수", "동성애와 교회의 태도" 등 다양한 내용이 본서『구약과 현실 문제』에서 다룬 주제들을 이해하는 데 도움이 될 것이다.